普通高等学校交通类专业规划教材

交通运输法教程及案例分析

段爱媛　编著

华中科技大学出版社
中国·武汉

内 容 简 介

本书以现行交通运输法律法规为依据,较为系统地阐述了交通运输领域所涉及的交通运输法律关系和有关客、货运输的法律规定。全书内容共分四篇,主要介绍了交通运输法规总论、旅客运输法律制度、货物运输法律制度、货物运输保险法律制度。

全书既注重对重要的交通运输法律法规的法理解释,又结合具体的典型案例进行法理分析,具有较强的实用性,可作为高等院校物流工程、交通运输、交通工程等专业交通运输法规课程的教材,也可作为相关行业管理人员学习交通运输法规的参考书。

图书在版编目(CIP)数据

交通运输法教程及案例分析/段爱媛编著. —武汉:华中科技大学出版社,2015.3(2025.1重印)
ISBN 978-7-5680-0766-5

Ⅰ.①交… Ⅱ.①段… Ⅲ.①交通运输管理-法规-中国-高等学校-教材 Ⅳ.①D922.14

中国版本图书馆 CIP 数据核字(2015)第 064334 号

交通运输法教程及案例分析　　　　　　　　　　　　　　　段爱媛　编著

策划编辑:万亚军
责任编辑:王　晶
封面设计:范翠璇
责任校对:刘　竣
责任监印:张正林

出版发行:华中科技大学出版社(中国·武汉)　　电话:(027)81321913
　　　　　武汉市东湖新技术开发区华工科技园　　邮编:430223
录　　排:武汉三月禾文化传播有限公司
印　　刷:武汉邮科印务有限公司
开　　本:710mm×1000mm　1/16
印　　张:18.75
字　　数:373千字
版　　次:2025年1月第1版第3次印刷
定　　价:58.00元

本书若有印装质量问题,请向出版社营销中心调换
全国免费服务热线:400-6679-118　　竭诚为您服务
版权所有　侵权必究

前　言

由于交通运输在促进经济发展、保证经济正常运行、推动社会进步和方便人民群众生活等方面起到关键性作用,决定了交通运输活动必须要有一些特殊的法律环境和规则来支持,即要求交通运输活动必须在法定规则下展开。在新世纪,交通运输大类专业面临进一步按照"宽口径、厚基础"的通识教育理念的要求,改革课程体系,编写出版新教材。本书就是以新的视角,在全面梳理和总结各种运输方式的交通运输法律法规的基础上组织编写的。

本书以现行交通运输法律法规为依据,较为系统地阐述了交通运输领域所涉及的交通运输法律关系和有关客、货运输的法律规定,内容覆盖几种主要的现代运输方式和多式联运。既注重对重要的交通运输法律法规的法理解释,又结合具体的典型案例进行法理分析,具有较强的实用性。

本书具有理论性与应用性相结合的显著特点。全书分为四篇,主要内容有:交通运输法规总论、旅客运输法律制度、货物运输法律制度、货物运输保险法律制度。本书对交通运输法规的内容进行了系统的总结,在编写的过程中加入了本学科领域最新的研究成果和相关案例,可以激发学生学习本专业课的兴趣。通过对教材的深入学习,不仅可以使学生系统掌握交通运输法学的相关知识,接触到最新的研究成果,而且可以引导学生主动去探索和解决交通运输法学领域亟待解决的问题。

本书由华中科技大学段爱媛编写。在本书编写过程中,得到了华中科技大学郑俊杰提供的指导和帮助,得到了单婧婷、唐国栋、王敏、罗聪、陈思锦、刘丰嘉等同学的大力协助,在此表示诚挚的谢意。另外,本书还参考、借鉴了大量的文献、资料,在此向上述有关作者表示衷心的感谢!

本书的编写作为交通运输法规教材改革的尝试和探索,在材料组织和体系编排上存在不足之处,敬请各位专家、同行和读者不吝批评、指正。

编　者

2015 年 2 月

目 录

第一篇 交通运输法规总论

第一章 交通运输法概述 ………………………………………………………… (3)
 第一节 交通运输法规的基本概念 ……………………………………… (3)
 第二节 交通运输法规体系的构成 ……………………………………… (4)
 第三节 交通运输法规的类型 …………………………………………… (6)
 第四节 交通运输法规的调整对象及其基本原则 ……………………… (9)
  思考题 ………………………………………………………………… (12)

第二章 交通运输法律行为、关系和体系 …………………………………… (13)
 第一节 交通运输法律行为 ……………………………………………… (13)
 第二节 交通运输法律关系 ……………………………………………… (14)
 第三节 交通运输法律体系 ……………………………………………… (16)
  思考题 ………………………………………………………………… (18)

第二篇 旅客运输法律制度

第三章 旅客运输法律制度概述 ……………………………………………… (21)
 第一节 旅客运输方式分类 ……………………………………………… (21)
 第二节 旅客运输合同的概念和法律特征 ……………………………… (23)
 第三节 旅客运输合同中主要当事人的义务 …………………………… (24)
  思考题 ………………………………………………………………… (26)

第四章 道路旅客运输法律法规 ……………………………………………… (27)
 第一节 道路旅客运输管理法规概述 …………………………………… (27)
 第二节 道路旅客运输合同 ……………………………………………… (27)

第三节　道路旅客行李、包裹的托运 …………………………………(32)
　　第四节　道路旅客运输保险与安全 ………………………………………(33)
　　思考题 ……………………………………………………………………………(35)

第五章　铁路旅客运输法律法规 …………………………………………………(36)
　　第一节　铁路旅客运输管理法规概述 …………………………………(36)
　　第二节　铁路旅客的权利与义务 …………………………………………(38)
　　第三节　铁路旅客运输合同 ………………………………………………(43)
　　第四节　铁路旅客行李、包裹的托运 …………………………………(44)
　　第五节　铁路旅客运输保险与安全 ………………………………………(49)
　　思考题 ……………………………………………………………………………(56)

第六章　水路旅客运输法律法规 …………………………………………………(57)
　　第一节　水路旅客运输法规概述 …………………………………………(57)
　　第二节　水路旅客的权利和责任 …………………………………………(59)
　　第三节　水路旅客运输合同 ………………………………………………(60)
　　第四节　水路旅客行李、包裹托运 ………………………………………(63)
　　第五节　水路旅客运输保险与安全 ………………………………………(65)
　　思考题 ……………………………………………………………………………(73)

第七章　海上旅客运输法律法规 …………………………………………………(74)
　　第一节　海上旅客运输法律法规概述 …………………………………(74)
　　第二节　海上旅客的权利和义务 …………………………………………(75)
　　第三节　海上旅客运输合同 ………………………………………………(77)
　　第四节　海上旅客行李、包裹的托运 …………………………………(78)
　　第五节　海上旅客运输保险与安全 ………………………………………(79)
　　思考题 ……………………………………………………………………………(87)

第八章　航空旅客运输法律法规 …………………………………………………(88)
　　第一节　航空旅客运输法规概述 …………………………………………(88)
　　第二节　航空旅客的权利与义务 …………………………………………(89)
　　第三节　航空旅客运输合同 ………………………………………………(90)
　　第四节　航空旅客行李包裹托运 …………………………………………(92)
　　第五节　航空旅客运输保险与安全 ………………………………………(95)
　　思考题 ……………………………………………………………………………(102)

第三篇　货物运输法律制度

第九章　货物运输法律制度概述 ·· (105)
 第一节　货物运输方式的分类 ·· (105)
 第二节　货物运输合同的概念和法律特征 ······································ (106)
 第三节　货物运输合同的订立 ·· (108)
 第四节　货物运输合同当事人及其效力 ··· (110)
 第五节　国际货物运输法概述 ·· (115)
 思考题 ·· (118)

第十章　道路货物运输法律法规 ·· (119)
 第一节　道路货物运输法概述 ·· (119)
 第二节　道路货物运输合同 ··· (121)
 第三节　道路货物运输责任的划分 ··· (125)
 第四节　道路货物运输费用 ··· (127)
 第五节　道路货运事故和违约处理 ··· (129)
 思考题 ·· (135)

第十一章　铁路货物运输法律法规 ··· (136)
 第一节　铁路货物运输法概述 ·· (136)
 第二节　铁路货物运输合同 ··· (138)
 第三节　铁路货物运输责任的划分 ··· (141)
 第四节　铁路货物运输价格 ··· (143)
 第五节　铁路货运损害赔偿 ··· (147)
 第六节　国际铁路货物运输 ··· (149)
 思考题 ·· (156)

第十二章　水路货物运输法律法规 ··· (157)
 第一节　水路货物运输法概述 ·· (157)
 第二节　水路货物运输合同 ··· (158)
 第三节　货物的接收与交付 ··· (166)
 第四节　水路运输的特别规定 ·· (167)
 思考题 ·· (171)

第十三章　海上货物运输法律法规……………………………………(172)
　　第一节　海上货物运输法概述…………………………………(172)
　　第二节　海上货物运输合同……………………………………(174)
　　第三节　提单……………………………………………………(177)
　　第四节　海上货物运输责任的划分……………………………(182)
　　第五节　海上货物运输费用……………………………………(185)
　　第六节　海上货物运输国际公约………………………………(188)
　　思考题……………………………………………………………(196)

第十四章　航空货物运输法律法规……………………………………(197)
　　第一节　航空货物运输法概述…………………………………(197)
　　第二节　航空货物运输合同……………………………………(200)
　　第三节　航空货物运输责任的划分……………………………(202)
　　第四节　航空货物运输费用……………………………………(204)
　　第五节　国际航空货物运输……………………………………(206)
　　思考题……………………………………………………………(211)

第十五章　多式联运法律法规…………………………………………(212)
　　第一节　多式联运运输法概述…………………………………(212)
　　第二节　多式联运合同…………………………………………(216)
　　第三节　多式联运运输责任的划分……………………………(217)
　　第四节　国际货物多式联运法律制度…………………………(219)
　　思考题……………………………………………………………(222)

第四篇　货物运输保险法律制度

第十六章　保险和保险合同概述………………………………………(225)
　　第一节　保险……………………………………………………(225)
　　第二节　保险合同………………………………………………(229)
　　第三节　货物运输保险概述……………………………………(231)
　　思考题……………………………………………………………(238)

第十七章　道路货物运输保险法律……………………………………(239)
　　第一节　道路货物运输保险法概述……………………………(239)

第二节　道路货物运输保险合同 …………………………………… (239)
　　思考题 ……………………………………………………………… (245)

第十八章　铁路货物运输保险法律 ………………………………… (246)
　　第一节　铁路货物运输保险法概述 ………………………………… (246)
　　第二节　铁路货物运输保险合同 …………………………………… (246)
　　第三节　铁路货物运输保险条款 …………………………………… (248)
　　第四节　国际铁路货物运输保险 …………………………………… (251)
　　思考题 ……………………………………………………………… (255)

第十九章　水路货物运输保险法律 ………………………………… (256)
　　第一节　水路货物运输保险法概述 ………………………………… (256)
　　第二节　水路货物运输保险合同 …………………………………… (256)
　　思考题 ……………………………………………………………… (265)

第二十章　海上货物运输保险法律 ………………………………… (266)
　　第一节　海上货物运输保险法概述 ………………………………… (266)
　　第二节　海上货物运输风险 ………………………………………… (267)
　　第三节　海上货物运输保险合同 …………………………………… (269)
　　第四节　国际海上货物运输保险公约 ……………………………… (273)
　　思考题 ……………………………………………………………… (280)

第二十一章　航空货物运输保险法律 ……………………………… (281)
　　第一节　航空货物运输保险法概述 ………………………………… (281)
　　第二节　航空货物运输保险合同 …………………………………… (281)
　　第三节　国际航空货物运输保险 …………………………………… (284)
　　思考题 ……………………………………………………………… (286)

参考文献 ……………………………………………………………… (287)

第一篇　交通运输法规总论

第一章 交通运输法概述

第一节 交通运输法规的基本概念

所谓交通运输法规,是指国家立法机关为了加强交通运输管理而颁布的法律以及国家行政机关依照宪法和法律的有关规定制定和发布的行政法规、规章,是集行政法、民法和经济法为一体的调整交通运输关系的法律规范的总称。

交通运输法规是调整交通运输行政权力的创设、行使以及监督过程中发生的各种社会关系的法律规范。

制定交通运输法规的目的是维护国家利益,规范交通运输秩序,保护公民、法人和其他组织的合法权益。

一、交通运输法规的性质

交通运输法规在法学分类上归属于行政法的范畴,包括一系列交通运输经营、管理方面的法律、行政法规、部门规章、地方性法规和地方政府规章等法律规范,以及大量的技术性规范。

所谓法律规范,是指由国家确定并认可,体现统治阶级的意志,并以国家强制力保证实施的行为准则。

所谓技术性规范,是指人们合理利用自然、生产工具、交通工具和劳动对象的行为准则,它只调整人与自然之间的关系,并不具有阶级性。违反了这些行为准则,会造成生命、财产巨大的损失和严重危害,因而被直接规定在有关法律文件中,使之成为具有法律规范性质的技术文件。

一些没有规定在法律文件中的技术规范(如操作规程、技术规程等)文件,一般也被确定为有关人员必须履行的法定义务。

交通运输法规是为了适应交通运输的发展而产生的,而且随着交通运输的发展会发生相应的改变。适应交通运输市场要求的法规能够促进交通运输的发展,反之,就会阻碍交通运输的发展。它是交通运输行政管理机关运用法律手段管理交通运输、取缔违反交通运输秩序的行为的依据,是维护交通运输秩序的重要途径。

二、交通运输法规的特征

（一）管理性

交通运输法规的主要功能是对交通运输相关的公共事务进行管理，即对交通运输工具以及与交通运输相关的公民、法人和其他组织进行管理，对违反交通运输法律规范的公民、法人和其他组织进行行政处罚。

（二）强制性

交通运输法规是国家意志的体现，由国家强制力保证实施。如果不能有效地实施交通运输法规，那么，交通运输法规在公布之后依然属于一纸空文，就得不到贯彻执行；如果不对违反交通运输法规的人加以处罚，交通运输法规就形同虚设，没有任何约束力。因此，必须通过国家强制力保证交通运输法规的贯彻实施。

（三）普遍性

交通运输法规是由国家意志单方面规定了管理相对人的权利和义务，任何管理相对人都必须严格履行义务，且不得以任何借口违反的一种法律规范。也就是说，交通运输法规具有普遍约束力，违反交通运输法规要受到制裁和处罚。

（四）分散性

交通运输法规是一个总的名称，它分散在各个有关交通运输的法律规范之中，并由法律、行政法规、部门规章、地方性法规和地方政府规章等组成。

（五）交织性

交通运输法规是集实体与程序于一体的部门性行政法律规范。在一个法律规范文件中，既规定了交通运输管理权力的取得、行使以及对当事人产生的后果进行处理等内容，又同时规定了行使行政权力的程序，以及对违法行使行政权力的行为的监督和处理的内容。这不仅是科学效率的要求，而且也是交通运输行政管理活动本身的特点所决定的。

（六）变动性

由于社会关系、经济关系经常处于变动之中，因此，交通运输管理权力，以及因交通运输管理权力形成的交通运输行政管理关系也必须随之变动。交通运输法律规范具有较强的变动性，需要适时地废、改、立。

第二节 交通运输法规体系的构成

交通运输法规属于行政法的范畴。所谓交通运输法规的法律渊源是指交通运输法规的外部表现形式和根本来源。只有了解并掌握交通运输法规的法律渊源，才能正确理解交通运输法规的本质属性和适用范围。我国交通运输法规的法律渊源有以下几种。

一、宪法

宪法是国家的根本大法，具有最高法律效力，是国家其他一切法律立法的依据。宪法规定了包括交通运输管理在内的行政权力的来源和行使权力的基本形式、行政组织的权限、公民权利与行政权力的关系以及处理原则。

二、法律

法律是指全国人民代表大会及其常务委员会制定的基本法律。法律中涉及行政权力的取得、行使以及对其加以监督和进行补救的规范，均为与交通运输管理相关的法律规范。如《中华人民共和国公路法》、《中华人民共和国行政处罚法》、《中华人民共和国行政诉讼法》、《中华人民共和国行政许可法》等不仅规定了包括交通运输管理在内的行政权力的范围、行使界限、程序，而且规定了对行政权力的监督和对受害人的补救等内容，这些都是交通运输法规最重要的法律渊源。法律作为交通运输法规的渊源，具有较高的等级，是其他渊源的依据，行政法规、规章等规范一般都具有执行性和从属性，是法律的具体化，且不得与法律相抵触。

三、行政法规

行政法规是指国务院根据宪法和法律，按照规定的程序制定的各类规范性文件的总称。由于法律对包括交通运输管理在内的有关行政权力规定得比较原则、抽象，不具有很强的操作性，因此，还需要由行政机关进一步具体化。行政法规就是法律具体化的一种形式，行政法规的效力仅次于法律，高于地方性法规和地方政府规章。行政法规作为法律渊源，必须具备以下两个条件：

（1）行政法规从属于宪法和法律，不得与宪法和法律相抵触；
（2）行政法规必须是按照法定程序和方式制定和发布的。

四、地方性法规

地方性法规是指由省、自治区、直辖市以及省会市、自治区首府及国务院批准的较大市的地方人民代表大会及其常务委员会，根据本地需要，在不与宪法、法律和行政法规相抵触的前提下制定、颁布的规范性文件。

五、民族自治条例和单行条例

民族自治条例和单行条例是民族自治地方的人民代表大会依照宪法、民族区域自治法和其他法律规定的权限,结合当地的特点而制定的规范性文件。

六、规章

规章分为部门规章和地方规章。部门规章是指国务院部委根据法律和国务院的行政法规、决定、命令,在本部门权限内,按照规定程序制定的规定、办法、实施细则等规范性文件的总称。地方规章是指省、自治区、直辖市以及省会市、自治区首府及国务院批准的较大市的人民政府根据法律和行政法规、地方性法规所制定的适用于本行政区域的规定、办法、实施细则、规则等规范性文件的总称。规章是交通运输管理活动的重要依据,其数量之多、适用范围之广、使用频率之高是其他形式的法律渊源无法相比的。

七、国际条约

我国参加和批准的国际条约,如果内容涉及交通运输行政权力的行使和公民、法人的权利义务,那么,这些条约同样是交通运输管理法规的法律渊源。例如,根据2000年8月25日《全国人民代表大会常务委员会关于我国加入世界贸易组织的决定》和2001年11月由前国家总书记江泽民签署的批准书(即《中华人民共和国加入议定书》)的有关交通运输方面的协议,与其他法律规范一样,对交通运输管理机关以及公民、法人或其他组织同样具有法律效力。

八、法律解释

有权对法律、法规、规章做出解释的机关所做的解释,如涉及交通运输行政管理的权利以及公民、法人和其他组织的权利义务,也是交通运输法规的渊源。

第三节 交通运输法规的类型

交通运输法规可分为两大类,一类是经济法规,另一类是社会法规。

一、经济法规

为了提供可靠的运输服务和促进经济发展,政府积极利用经济法规保护承运人,保证运输服务的可得性和稳定性。所谓可得性,即指承运人所提供的适当服务对于任何需要服务的企业都能很容易获得,而稳定性则意味着承运人的利润将会得到充分保障,以利其进行长期经营。经济法规的内容通常包括市场准入和退出规章、费率规章、服务水准规范和运输补贴等。

(一) 准入和退出规章

准入和退出规章的内容涵盖了运输企业从设立到退出行业的全过程。在美国,为了确保运输服务的稳定性,市场准入规章通常规定市场准入承运人的数目,每个承运人所能服务的地区,其中包括运输服务的起始地和目的地。这种限制的目的是控制大市场的竞争性质,同时确保小市场可获得的服务水准。与准入规章相对应的是退出规章,即为了确保适当的服务水准,经济法规规定,如果承运人离开市场会导致服务水准大幅度下降,则限制其离开市场的能力。

我国的各种运输行业的准入通常采用许可证制度。我国对公路运输企业实行许可证制度,《公路运输管理暂行条例》第七条规定:"交通主管部门根据社会需要和其生产能力、经营范围、技术和经营条件情况,在三十天内提出审核意见,符合条件的发给经营许可证明。"从事营运性公路运输的单位和个人如果停业,应在办理停业手续后,方可以公告停业。

凡从事营运性的水路运输,必须由交通主管部门审查批准,领取"水路运输许可证"和"船舶营业运输证"方能营业。中华人民共和国沿海、江河、湖泊以及其他通航水域的旅客、货物运输,必须由中国企业、单位或个人使用悬挂中华人民共和国国旗的船舶经营。未经中华人民共和国交通运输部批准,外资企业、中外合资企业、中外合作经营企业不得经营中华人民共和国沿海、江河、湖泊以及其他通航水域的旅客、货物运输。

航空运输企业的设立、变更和终止以及企业内部和外部的关系,必须符合《中华人民共和国民用航空法》规定的条件,并由国家有关法律调整。按照审批权限和审批程序的规定,凡经批准开办的航空运输企业,由民用航空局颁发经营许可证。《中华人民共和国民用航空法》第九十二条规定:"设立公共航空运输企业,应当向国务院民用航空主管部门申请领取经营许可证,并依法办理工商登记;未取得经营许可证的,工商行政管理部门不得办理工商登记。"第九十三条规定:"设立公共航空运输企业,应当具备以下条件:(一)有符合国家规定的适应保证飞行安全要求的民用航空器;(二)有必需的依法取得执照的航空人员;(三)有不少于国务院规定的最低限额的注册资金;(四)法律、行政法规规定的其他条件。"第九十六条规定:"公共航空运输企业申请经营定期航班运输(以下简称航班运输)的航线,暂停、终止经营航线,应当报经国务院民用航空主管部门批准。"

(二) 费率规章

我国对运输业的费率实行严格管制,各种运输方式的费率均有明确的运价表予以规定,运输企业要严格按照运价表收取运输费,并由交通运输部、民用航空局等行政部门及其下属机构负责监督执行。除非特别批准,运输企业不得变更运价。例如,《中华人民共和国铁路法》(以下简称《铁路法》)第二十五条规定:"国家铁路的旅客票价率和货物、包裹、行李的运价率由国务院铁路主管部门拟定,报国务院批准。国家铁路的旅客、货物运输杂费的收费项目和收费标准由国务院铁路主管部门规定。国家铁路的特定运营线的运价率、特定货物的运价率和临时运营线的运价率,由国务院铁路主管部门商得国务院物价主管部门同意后规定。地方铁路的旅客票价率、货物运价率和货物运输杂费的收费项目和收费标准,由省、自治区、直辖市人民政府物价主管部门会同国务院铁路主管部门授权的机构规定。兼办公共旅客、货物运输营业的专用铁路的旅客票价率、货物运价率和旅客、货物运输杂费的收费项目和收费标准,以及铁路专用线共用的收费标准,由省、自治区、直辖市人民政府物价主管部门规定。"第二十六条规定:"铁路的旅客票价,货物、包裹、行李的运价,旅客和货物运输杂费的收费项目和收费标准,必须公告;未公告的不得实施。"

(三) 服务水准规范

服务水准规范的内容涵盖运输业经营的技术和服务标准。《中华人民共和国铁路法》、《铁路货物运输规程》、《铁路旅客及行李包裹运输规程》、《中华人民共和国公路管理条例》、《汽车旅客运输规则》、《汽车货物运输规则》、《国内水路运输管理条例》、《水路旅客运输规则》、《国内水路货物运输规则》、《中华人民共和国民用航空法》、《中国民用航空旅客、行李国内运输规则》、《中国民用航空货物国内运输规则》等法规对运输设备的提供、班次、时刻表、票据、运营线路等都有比较明确的规定,例如,《中华人民共和国铁路法》第十三条对铁路服务水平做出了规定,《中华人民共和国民用航空法》(以下简称《民用航空法》)第九十五条对航空服务水平做出了规定。交通安全则有诸多交通安全规则加以规范。我国目前的服务水准管制规范,对有关安全、运输工具、运输业从业技术人员的考核以及运输合同条款方面的规定较多,也较为详细,而对于服务的水平、次数等规定比较笼统。

(四) 运输补贴

我国运输补贴分为中央财政补贴和地方财政补贴两级。中央财政补贴主要用于铁路和管道,补贴方式主要是差额式补贴,即由中央财政拨款弥补运输企业运营亏损。前几年,我国铁路就采取此种补贴方式。地方财政补贴主要用于补贴城市公共交通,对城市公共交通运输企业包括地铁、公共汽车等进行补贴,补贴方式主要是差额式补贴。现在对运输业的一些特殊经济管制放宽了,但仍有许多经济管制措施保留了下来或改变了形式,以保证运输市场的正常秩序。

二、社会法规

社会法规既涉及运输当事的双方,又涉及运输可能影响到的所有其他人,包括安全管制、环境保护等。在社会法规方面,各国政府的干预程度可以说一直在增加。例如,《铁路法》对铁路运输企业在运输营运过程中对社会应该承担的环境保护义务做出了具体规定,即铁路运输企业应当采取措施,防止对铁路沿线环境造成污染,主要包括防治大气污染、防治噪声污染、防止固体废弃物污染等。防止对铁路沿线环境污染,既是法律赋予铁路运输企业的义务,也是实现社会可持续发展的客观要求,必须引起高度重视。

第四节 交通运输法规的调整对象及其基本原则

一、交通运输法律规范的适用范围

所谓交通运输法律规范的适用范围,是指交通运输法律规范在什么时间、什么地点、对什么人发生法律效力的范围。它包括空间效力范围、时间效力范围和对人的效力范围三方面。

（一）交通运输法律规范的空间效力范围

由于我国交通运输涉及各种现代运输方式,因此,交通运输法律规范的空间效力范围如下。

1. 铁路运输法律规范的空间效力范围

它主要包括国家铁路、地方铁路、专用铁路、铁路专用线、合资铁路(国内)及中外合资铁路等的运输。地方铁路、专用铁路、铁路专用线、合资铁路(国内)、中外合资铁路都是我国铁路运输网的组成部分,也是整个交通运输网的组成部分。

2. 公路运输法律规范的空间效力范围

它主要包括国家干线公路(简称国道),省、自治区、直辖市干线公路(简称省道),县公路(简称县道),乡公路(简称乡道)和专用公路等五个行政等级公路的运输。

3. 水路运输法律规范的空间效力范围

本书所称水路运输是狭义上的,主要指国内水路运输。因此,水路运输法律规范的空间效力范围主要包括我国沿海、江河、湖泊及其他境内通航水域及其港口的水上运输和船舶。

4. 海上运输法律规范的空间效力范围

它主要包括我国港口与外国或世界上其他地区港口之间的国际海上运输和船舶,部分规定也适用于我国港口之间的海上运输及船舶。

5. 航空运输法律规范的空间效力范围

航空运输以是否民用为标准,可划分为民用航空运输和非民用航空运输两大类,本书所称航空运输主要指民用航空运输。其法律规范的空间效力范围主要包括我国领陆和领水之上的空域,即中华人民共和国领空的航空运输、民用机场以及民用航空器等。

(二)交通运输法律规范的时间效力

它主要是指交通运输法规体系中的各项具体法律规范从什么时候开始生效。如我国《中华人民共和国铁路法》的时间效力是从1991年5月1日开始的。

(三)交通运输法律规范对人的效力

它主要是指交通运输法规体系中的各项法律规范对什么人有效。这里所说的"人",既包括自然人,也包括法人或其他社会组织。自然人中包括我国公民和外国人。即凡是与交通运输生产经营活动有关的一切自然人、法人或其他社会组织都必须遵守我国交通运输法律、法规和规章的规定,违者应承担相应的法律责任。

二、交通运输法律规范调整的对象

交通运输法规体系是我国经济法规体系中的一个组成部分,同其他法律、法规和规章一样,调整着特定(或一定)的社会经济关系。根据现阶段我国交通运输的特点及走向,我国交通运输法律规范的调整对象主要是交通运输特定的经济关系。

(一)国家对交通运输的宏观调控与管理过程中发生的宏观经济管理关系

所谓宏观经济管理关系,是指国家对整个国民经济的管理关系,就交通运输部门而言,是指国家对整个交通运输行业的管理关系。现代市场经济需要政府宏观调控,这是已为国内外市场经济发展的实践所证明的。交通运输是国家重要的基础设施,又具有很强的网络特性,在中国的具体国情条件下,更需要政府的宏观调控。这是确保国家、社会利益的需要,是维护市场经济秩序的需要,也是顺利推进交通运输企业改革的需要。

(1)国家通过制定全局性的决策,建立交通运输法律和法规,以及通过领导、组织、管理与监督等方式,理顺交通运输经济活动中的各种经济关系。

(2)国家职能管理部门代表国家依法对交通运输部门与其他部门之间的关系进行管理与监督,即通过下达各种有关计划、指标等来实现交通运输的社会经济效益。

(二)国家对交通运输企业作为市场主体的主体行为的经济管理与监督关系

(1)政府职能部门代表国家对交通运输企业的经济活动进行具体的管理与监督。

(2)政府和有关主管部门为交通运输企业从事经济活动提供社会服务,并根据各自职责依法对交通运输企业的经济行为进行管理和监督。

(三)交通运输企业内部组织、成员之间的微观经济管理关系和经济协作关系

交通运输企业或公司内部存在的经济关系,既有经济管理关系,也有经济协作关系。企业或公司存在着计划、生产、分配、财务核算等方面的管理关系,也存在着

内部组织之间的协作关系。交通运输企业要走向市场，就得转换其经营机制，从而这些经济关系就必须通过立法加以调整，只有这样才有利于规范交通运输企业或公司的组织和行为，保护交通运输企业或公司作为市场主体的合法权益。

（四）交通运输企业与其他市场主体间的经济关系

在市场经济条件下，各市场主体从事的各项经济活动应当遵循自愿、平等、公平和诚实、守信的原则。交通运输企业走向市场既然是必然趋势，它与其他市场主体之间发生的经济关系也就成为交通运输法规体系调整的内容。具体来说，主要包括以下三种关系。

（1）交通运输企业与其他市场主体之间的商品交易关系，这是市场和商品经济发展的必然结果，这种交易关系既是经济法调整对象的重要内容之一，也是作为交通运输法律规范调整的内容之一。

（2）交通运输企业与其他市场主体之间的竞争关系，它应当遵守《中华人民共和国反不正当竞争法》，应能促进交通运输企业与其他市场主体进行公平的竞争。

（3）交通运输企业与其他市场主体之间的经济协作关系，这是社会化生产和市场经济发展的必然趋势。国家应通过立法，规范交通运输企业与其他市场主体在经济协作活动中各自的权利、义务和关系，这有利于引导市场主体行为向着健康方向发展。

总之，交通运输法律规范所调整的特定经济关系就是上述经济管理关系和经济协作关系。必须看到，交通运输所包含的社会经济关系是一个错综复杂的体系，因此，调整交通运输经济关系的法律除了交通运输法规体系、经济法外，还有其他法律，例如民法、商法、劳动法、行政法等。有些经济关系可能在法律部门之间有交叉或重叠情况，这更说明了建立和完善交通运输法规体系的必要性。

三、建立和完善交通运输法规体系所遵循的基本原则

交通运输法规体系是我国社会主义经济法规体系的一个组成部分，是调整交通运输领域内各方向的社会关系的法律规则的有机组合，是按照一定的规律组合起来的、内部有机联系的、门类齐全、干支分明、互相协调的统一整体，是一个由法律、法规和规章组成的完整系统。因此，从大的方面看，建立交通运输法规体系应当遵循以下原则。

（一）坚持以马克思主义法学理论为指导的原则

交通运输法规体系是我国社会主义经济法规体系的一个组成部分，是马克思主义法学思想和理论在我国交通运输法制实践中的具体应用。因此，在建立交通运输法规体系的同时，必须坚持以马克思主义法学理论为指导的原则，坚持交通运输法规体系中的社会主义方向，运用马克思主义的法学研究方法，深入细致地研究交通运输法律问题，以便建立有交通运输特点的法规体系。

（二）坚持理论联系实际的原则

交通运输法规体系的研究与建立，是加强我国交通运输立法工作和交通运输法制建设的一项重要任务。因此，在研究交通运输法规体系的过程中，应当把理论与实际紧密结合起来。应从我国交通运输实际情况出发，进行科学总结分析，合理归纳，使交通运输法规体系具有一定的实际意义。既要使现有的交通运输法律、法规和规章在实际应用中发挥应有的作用，最大限度地发挥法律规范的功能，又要通过交通运输法规体系的建立，促进我国交通运输立法工作的发展，使交通运输的立法计划、立法项目能够充分反映交通运输的实际，切实可行，具有可操作性。

（三）坚持从全局出发，维护国家法制统一的原则

从全局出发，一方面要从交通运输建设事业发展的全局出发，使交通运输法规体系的内容与交通运输建设事业做到高度的协调一致；另一方面，又要使交通运输法规体系本身能够协调一致，自成体系，完整、系统、协调、科学和合理，使交通运输法律、法规和规章能够覆盖交通运输行业的各个领域，做到各个方面有法可依、有章可循。在此基础上，还要考虑到交通运输法规体系是国家法规体系的组成部分，其法律原则不能违背国家法规体系的基本精神。要适应国家现行的立法体制的需要，既要处理好交通运输法规体系与国家法规体系的关系，又要处理好交通运输法规体系与其他部门法规体系的关系。由于交通运输行业是国民经济的一个部门，它要与其他经济部门、管理部门发生各种各样的联系，因此，在法律上极有可能出现交叉的情况，所以要做好交通运输部门与其他部门的法律协调工作。只有处理好这些方面的关系，才能保证整个国家法制的协调统一。这也是建立交通运输法规体系的一项重要任务。

（四）借鉴国内外有益经验的原则

国外交通运输发展的历史，特别是市场经济发展的历史比我国悠久，交通运输立法比较完善，交通运输管理基本上实现了法制化。因此，借鉴国外交通运输立法的有益经验，可以提高我国交通运输法制建设的工作效率，可以使建立的交通运输法规体系更有可行性，更切合交通运输将来发展的情况。同时，也应借鉴我国其他经济部门的立法经验，分析这些部门法规体系的结构、内容，这也可以使我们在交通运输法规体系的立法过程中少走一些弯路。

思考题

1. 交通运输法规的特征有哪些？
2. 我国交通运输法规体系的构成是怎样的？
3. 交通运输法规的类型有哪些？
4. 交通运输法规的调整对象有哪些？

第二章　交通运输法律行为、关系和体系

第一节　交通运输法律行为

一、交通运输法律行为的概念

交通运输法律行为,是指交通运输主体的行为。交通运输主体是交通运输法律关系的主要内容之一,所有参与交通运输活动的人(包括自然人和法人、其他社会组织)都是交通运输法律关系的主体,都要按照法律的规定或者合同的约定享有权利、承担义务。

二、交通运输法律行为的类别

从交通运输系统来看,其法律行为主要包括以下五个方面。

(一)交通运输规划法律行为

交通运输规划法律行为,涉及的主体包括国家交通运输规划主管部门、规划编制部门、城市规划主管部门、相关的运输企业,这些法律行为所产生的规划法律关系,涉及交通运输基础建设与国家规划部门之间的关系,可以归入行政法律关系之中。目前,有关综合运输的规划法律规范,基本上是由各个部门的法规规定的,在国家层面上并没有统一的有关交通运输规划的法律规范。即使在城市建设中,其规划的内容也很少涉及综合交通运输的规划,而仅注重于市内交通的规划。

(二)交通运输基础设施建设法律行为

这类法律行为包括建设工程设计法律行为、施工法律行为、质量监管法律行为、劳动用工法律行为、发包与承包法律行为等,因此建设所形成的建设法律关系是多种多样的。这类法律关系的内容非常丰富,涉及规划部门、设计部门、建设单位、施工企业、监理机构、质量检验、安全管理等方面,现有的法律包括《中华人民共和国城乡规划法》、《中华人民共和国建筑法》、《中华人民共和国合同法》、《中华人民共和国安全生产法》等基本法律和运输行业法律规范。

(三) 交通运输经营法律行为

这类行为主要是交通运输经营人与客户之间的运输关系,其核心是实现人与物的位移,也是交通运输活动的目的。交通运输经营法律行为主要是运输合同行为,交通运输经营人按照旅客或者托运人的要求,将人或者货物运送至目的地,托运人或者旅客支付相应的运输费用。这类法律行为的基本法律包括《中华人民共和国合同法》、《中华人民共和国铁路法》、《中华人民共和国民用航空法》、《中华人民共和国海商法》、《中华人民共和国公路法》等。

(四) 交通运输安全法律行为

运输安全与运输活动紧密相连,特别是现代交通运输业,运输速度快、运量大,其风险性也大,对运输安全的要求也很严格。因此,各国都特别重视对运输生产的安全管理,设立专门的机构监督运输安全行为。我国有关运输安全的立法主要有《中华人民共和国海上交通安全法》、《中华人民共和国道路交通安全法》、《铁路运输安全保护条例》、《中华人民共和国民用航空法》等。

(五) 交通运输标准法律行为

对于现代交通运输而言,标准化建设是保障交通一体化的前提和基础。运输各行业之间,应当有相一致的标准,如为方便联合运输,在运输工具方面应当有适合联运的标准。目前的集装箱已经基本实现全球标准化,实行统一的标准箱,方便港口作业、公路和铁路运输倒装接运。

标准化法制建设涉及的内容非常多,既有硬件标准,也有服务标准。标准建设是现代化运输的必然要求,是社会化大生产的必然要求。因此,在完善运输标准时,应当在综合运输的统一化前提下,充分反映不同运输方式的要求,实现标准系列化、层次化的目的,从而推进综合运输业务的开展。

第二节 交通运输法律关系

一、交通运输法律关系的概念

运输法律关系是人们在运输生产过程中所形成的社会关系。运输法律关系涉及的范围和内容比较广泛,既有建设交通运输基础设施过程中所形成的设计、施工、监理等社会关系,也有交通运输工具的开发、制造、销售、使用所形成的社会关系,以及运用交通运输工具完成人与物的位移的运输关系。这里通常所讲的运输法律关系,一般是指基于完成人与物的位移的运输法律关系,也就是说,仅针对运输行为所产生的法律关系。广义上的运输法律关系,还包括运输建设以及与运输相关的法律关系。

交通运输法律行为,反映的是参与交通运输活动的主体的行为,包括合法行为和不合法行为,或者称为作为和不作为,由此而产生的后果反映在法律上就是法律关系。因此,交通运输法律行为是交通运输关系的前提,交通运输法律关系是交通运输法律行为的必然后果。

在合法的交通运输法律行为情况下所产生的交通运输法律关系,其主体的权利是合法的、有效的,是受到法律保护的;而在不合法的行为情况下所产生的交通运输法律关系,其违法行为人要对行为的后果负责,所产生的法律关系通常是侵权损害法律关系,这里的侵权损害的法律后果既包括行政责任,也包括民事和刑事责任。例如,破坏交通运输设施的行为,就是非法行为,行为人要承担赔偿运输企业的损失的民事责任,构成犯罪的还要承担刑事责任。

二、交通运输法律关系的特点

交通运输法律关系,是基于交通运输法律规范而形成的社会关系,具有以下特点。

(一) 调整对象的综合性

交通运输法律关系调整对象的综合性,是指在交通运输关系中,既有纵向的交通运输行政管理法律关系,也有横向的平等主体之间的民事法律关系;既体现国家与交通运输行业的关系,也体现客户与交通运输企业的关系。在主体方面,既有国家行政机关,也有自然人、法人和其他社会组织。

(二) 涉及内容的广泛性

在交通运输法律关系的客体上,涉及的内容是相当复杂的,可以说凡是交通运输以及与其相关的产业都是交通运输法律关系的调整内容。如科学技术在运输行业的应用,也是交通运输法律关系所要规范的内容。

(三) 权利义务的复杂性

在交通运输法律关系中,权利义务的内容非常复杂。既有行政权利义务的内容,也有民事权利义务的内容,甚至还有刑事权利义务的内容。因此,在制定交通运输法律规范时,既要考虑国家对交通运输业管理活动所需要的行政法律规范,也要有完善的交通运输经营方面的平等主体之间的民事法律规范;既要考虑交通运输行业的整体发展所需要的综合运输法律规范,也要考虑各运输方式所应具有的特定的法律规范。

三、交通运输法律关系的要素

交通运输法律关系的要素包括主体、客体和内容三个方面。

(一) 交通运输法律关系的主体

交通运输法律关系的主体,是指参与整个交通运输活动的人。这里的"人",既包括自然人,也包括法人及其他社会组织。法人有企业法人、社团法人和政府机关;其他组织的范围比较广,既有非法人企业,如合伙,也有法人社团组织等。自然人乘坐运输工具,与承运人发生旅客运输合同关系;货主托运货物,与承运人是货物运输合同关系;政府管理交通运输业,形成运输行政管理关系;社会中介机构为运输业提供咨询服务,形成咨询服务法律关系等。所有与交通运输业相关的当事人都是交通运输法律关系的主体。

(二) 交通运输法律关系的客体

客体是法律关系主体的权利义务所指向的对象。在交通运输关系的客体方面,具体包括以下四个方面:一是运输劳务行为;二是政府的管理行为;三是智力成果;四是相关的物。在交通运输经营方面,劳务行为是最常见的客体;而在交通运输建设方面,规划、施工、监理等在法律关系上也是客体;而在建设过程中,采购原材料等行为所形成的关系,其客体则是物;在新技术应用方面,其客体为智力成果。

(三) 交通运输法律关系的内容

交通运输法律关系的内容,是指主体的权利义务。不同的法律关系,其内容是不同的。比如,旅客运输合同法律关系,其主体承运人的基本权利是收取运费,基本义务是保证将旅客安全正点地运送到旅行目的地,旅客则有权要求承运人将其安全正点地运送至旅行目的地,同时要支付运费。

第三节 交通运输法律体系

一、交通运输法律体系的概念

(一) 法律体系

法律体系是指法律规范之间的有机结合体,所要解决的基本问题是法律规范之间的内在联系与区别。由于社会是一个庞大、复杂的有机整体,各种社会活动、利益关系都是相互作用并内在地联系在一起的,而任何一项法律又都具有直接调整社会活动和社会关系的作用,一个国家不可能通过单项法律的作用实现对社会整体的管理。社会的整体性和法律调整范围的单一性,要求各项法律部门必须相互配合、紧密联系,只有成为一个完整的法律体系,才能有效地实现管理社会整体的目的。交通运输行为涉及各个方面,既有交通运输基础设施规划、建设过程中的行为,也有交通运输生产过程的托运人、收货人、旅客、承运人之间的行为;既有运输方面的民事法律行为,也有行政管理方面的行政法律行为。所有这些交通运输行为,都是靠法律规范的规范性、指导性、协调性、强制性来约束和保障的。

(二) 交通运输法律体系

交通运输法律体系,是指以交通运输法律规范之间的内在联系为纽带而建立起来的法律系统。具体来说,交通运输法律体系是指以国家制定的交通运输基本法为基础,以各种运输方式的基本法律为主干,以交通运输主管部门发布施行的行政规章为补充,形成的不同等级、不同层次、内容完备、界限明确、结构合理、组织严密的统一协调的法规群体。

我国目前的交通运输立法是以行业法为基础的分散立法的模式。各种交通运输方式都有相应的法律体系,而法律体系之间缺乏有机的联系和协调。究其原因,除了对各种交通运输方式的共性认识不足以外,行业管理、部门立法相互独立也是其重要的因素。从运输行业来看,完成社会的人的流动和物的流动的过程,需要各种运输方式的配合与协调。

二、交通运输法律体系的特点和内容

(一) 交通运输法律体系的特点

我国的交通运输法律体系,具有以下特点。

1. 法律规范的整体性

交通运输法规体系中的各项法规在时间、空间上是相互联系、相互作用的,它是以国家基本法律为依据、以运输法律为主体、以运输法规和规章为补充的法律规范体系。在这个体系中,总体目标是一致的,立法原则是统一的,等级层次是清晰的。

2. 法律规范的关联性

作为交通运输法律体系组成部分的各单项法规之间,单项法规与群体法规之间是相互依存、相互衔接的,是部分与整体的关系。法律规范的关联性,一方面表现为不同的法律规范之间具有高度的一致性,如在运输规范方面,铁路运输与其他运输方式在主体上是一致的,在行为规范上是一致的;另一方面,表现为不同的法律规范之间具有互相渗透、互相借鉴、互相融合的倾向,以致在某些共性问题上的统一性要求越来越高。

3. 法律规范的层次性

在交通运输法规群体中,我们看到,不同法规之间层次清晰,形成以不同运输方式的法律基础为基础、以法规为主体的交通运输法规群体。在纵向关系中,法律、行政法规、地方法规、规章之间具有明显的等级性。在横向关系中,分为若干相互联系、相互作用又各自独立的分系统。

4. 法律规范的稳定性

作为交通运输法律体系的法律、法规,是按照一定法定程序制定与颁布的。因此,在一定时间范围内相对稳定。而我国目前缺少交通运输法律体系的最基础的法律规范——综合运输法,这对交通运输行业综合规划、协调发展是不利的。因此,从综合运输的发展趋势来看,需要在研究交通运输基本法律制度的共性基础上,制定综合运输法,以规范综合运输中各种运输方式联网联运的问题,为建立完善的交通运输体系提供法律保障。

(二) 交通运输法律体系的内容

交通运输法律体系的内容,包括各种运输方式的所有法律规范。交通运输法律体系作为一个法规群体,其内容十分丰富。从层次上讲,宪法作为国家的根本大法,其法律原则和规则也是交通运输立法的基础和依据,因此,作为交通运输法律体系的渊源来讲,宪法是其中最重要的法律规范。在宪法之下,涉及民事、行政和刑事的基本法律,也是交通运输法律体系的渊源。如《中华人民共和国合同法》和《中华人民共和国民法通则》(以下简称《民法通则》),涉及民事基本法律规范,是交通运输合同的基础和立法依据。

思考题

1. 交通运输法律行为指的是什么?
2. 交通运输法律行为的特点有哪些?
3. 交通运输法律关系的内容和特点是什么?
4. 交通运输法律关系的要素有哪些?
5. 我国交通运输法律体系的特点是什么?
6. 我国交通运输法律体系有何发展趋势?

第二篇　旅客运输法律制度

第三章 旅客运输法律制度概述

第一节 旅客运输方式分类

一、道路旅客运输

道路旅客运输是灵活、方便、实用并最受欢迎的运输形式,是指以旅客为运输对象,以汽车为主要运输工具,实现有目的的旅客空间位移,为社会公众提供服务,具有商业性质的运输活动。

道路旅客运输包括班车(加班车)客运、包车客运、旅游客运。

(一) 班车客运

班车客运是指营运客车在城乡道路上按照固定的线路、时间、站点、班次运行的一种客运方式,包括直达班车客运和普通班车客运。加班车客运是班车客运的一种补充形式,是在客运班车不能满足需要或者无法正常运营时,临时增加或者调配客车,使其按客运班车的线路、站点运行的方式。

(二) 包车客运

包车客运是指以运送团体旅客为目的,将客车包租给用户安排使用,提供驾驶劳务,按照约定的起始地、目的地和路线行驶,按行驶里程或者包用时间计费并统一支付费用的一种客运方式。

(三) 旅游客运

旅游客运是指以运送旅游观光的旅客为目的,在旅游景区内运营或者其线路至少有一端在旅游景区(点)的一种客运方式。

二、铁路旅客运输

铁路旅客运输是铁路运输的一个重要组成部分。

广义上的旅客,是指出外旅行的人。铁路旅客,是指乘坐火车出外旅行的人的总称。铁路旅客运输是指铁路部门运用自己的交通运输工具,将乘坐火车的旅客安全、准时地运送到指定地点的生产活动。铁路通过执行自己的职务来履行输送旅客的责任和义务,旅客依据国家宪法和法律赋予的合法权益,享有在乘坐火车旅行过程中的一切权利,同时又要履行自己的义务。由此可见,旅客与铁路有着不可分割的社会联系。旅客是铁路旅客运输的唯一服务对象。没有旅客就没有铁路旅客运输,没有铁路旅客运输也就谈不上铁路旅客。旅客与铁路运输的统一,就构成了铁路旅客运输。

铁路旅客来自四面八方,来自五湖四海,是在铁路旅客运输中形成的社会群体。铁路旅客运输需要有一个安定的、良好的运输秩序。这个秩序的形成,一方面需要铁路与旅客以及各个方面的一致努力,另一方面也需要运用法律的手段加以调整。这种调整,既要调整铁路与旅客之间的关系,又要调整旅客与旅客之间的关系,还要调整铁路旅客运输中各个工作部门之间以及铁路旅客与运输工作人员之间的关系等。没有这种法律的调整,铁路旅客运输活动就无法维持。

旅客与铁路的关系,是一种社会关系。具体地说,是由铁路旅客运输合同所引起的双方当事人的权利和义务的关系。这种关系,要求铁路与铁路旅客双方都必须认真履行各自的义务,尽到自己的责任。否则,对于由此而引起的一切不良后果将由违约人承担法律责任。

三、水路旅客运输

水路旅客运输是利用船舶或其他浮运工具,在江河、湖泊、水库、人工水道、海洋等水域运送旅客及其行李的运输方式。

水路旅客运输按其航行区域,可划分为三种类型:远洋旅客运输、沿海旅客运输和内河旅客运输。

远洋旅客运输通常是指除沿海运输以外所有的海上国际旅客运输。按船舶航程的长短和周转的快慢来分,又可分为"远洋"和"近洋"运输两种。前者是指我国与其他国家或地区之间,经过一个或数个大洋的海上旅客运输,如我国与东、西非洲,欧洲,南、北美洲,地中海,红海,澳大利亚等地区之间的运输。后者是指我国与其他国家或地区之间,只经过沿海或太平洋或印度洋的部分水域的海上旅客运输,如我国与朝鲜、日本、印度尼西亚等地区之间的运输。

沿海旅客运输是指沿海区域各港之间的旅客运输。我国沿海旅客运输的范围包括:自辽宁的鸭绿江口起,至广西壮族自治区的北仑河口止的大陆沿海,以及我国所属的沿海岛屿及其与大陆间的全部水域内的旅客运输。我国沿海旅客运输以上海、大连、广州为中心,主干航线有16条。

内河旅客运输是指船舶通过国内江湖、河川等天然或人工水道,经营营运业务的旅客运输。它与沿海旅客运输和远洋旅客运输相比,船舶吨位较小,成本也小得多。在我国,作为水上运输的一个重要组成部分,是内陆腹地和沿海地区旅客运输的纽带,在现代化的运输中起着重要的辅助作用。

四、航空旅客运输

航空旅客运输可分为:国内航空旅客运输、国际航空旅客运输。

(一) 国内航空旅客运输

国内航空旅客运输是指根据旅客运输合同,其出发地、约定经停地和目的地均在中华人民共和国境内的航空运输。

(二) 国际航空旅客运输

国际航空旅客运输是指根据旅客运输合同,无论运输有无间断或者有无转运,运输的出发地、目的地或者约定经停地之一不在中华人民共和国境内的运输。

第二节 旅客运输合同的概念和法律特征

一、旅客运输合同的概念

客运合同又称旅客运输合同,是指承运人将旅客及行李运抵目的地,旅客为此支付票款的合同。《中华人民共和国合同法》第二百九十三条规定:"客运合同自承运人向旅客交付客票时成立,但当事人另有约定或另有交易习惯的除外。"这就是说,有偿的旅客运输合同通常自承运人向旅客交付客票时成立,客票是旅客运输合同的书面形式和有效凭证。根据运送工具的不同,客运合同可分为铁路客运合同、公路客运合同、水路客运合同、航空客运合同等。客运合同一般采用票证形式,如车票、船票、机票等。

旅客运输属于公共运输,承运人通过公布价目表向社会公众发出要约邀请。购票人支付票价的行为为要约,承运人发给客票的行为为承诺。因此,自购票人取得客票时起,双方意思表示一致,客运合同成立。关于合同的订立和履行,应当注意以下事项。

(一) 审查承运人主体的运输资格和履行合同的能力

这包括运输资质、运输工具的安全性、紧急情况突发处理方案等。

(二) 注意合同生效时间及转让

(1) 车票、船票等既是客运合同的表现形式,同时又是有价证券。客运合同虽然自旅客购得客票时成立,但合同并未同时生效,而是自检票时起生效。

(2) 作为有价证券,除记名的客票外,其他不记名的客票在检票之前可以转让。

（三）双方无正当理由都不得影响、延误合同履行

客运合同是诺成合同，双方经过要约、承诺，形成意思表示一致，合同即告成立。合同订立生效后，承运人不得在无正当理由下任意解除、延误或拒绝履行合同，旅客无正当理由不得延误合同履行。

（四）客运合同的特殊情形

旅客运输合同自旅客购得客票时成立只是通例，法律允许当事人另行约定。此外，按照交易习惯另行确定合同成立时间的除外。出现旅客先乘坐后补票的常见情形时，旅客运输合同自旅客登上交通工具时成立，其后旅客补票的行为则是旅客向承运人履行支付票款的合同义务。因为此时双方的行为表明，双方已就运输合同达成协议，只是双方的合同为非书面形式。

二、旅客运输合同的法律特征

客运合同自承运人向旅客交付客票时成立，属即时清结的合同形式。但当事人另有约定或者另有交易习惯的除外。客运合同是一种较特殊的合同，它的运输标的是人而不是物，所以客运合同具有其特殊性。

（1）旅客既是合同一方当事人，又是运输对象。

（2）客运合同通常采用票证形式。

（3）客运合同包括对旅客行李的运送。

客运合同为运输合同的一种，具有如下法律特征。

（1）客运合同的标的为运输旅客的行为。客运合同是旅客与承运人关于运输旅客的协议，客运合同的目的是承运人按时将旅客安全送达目的地，因此，客运合同的标的即为运输旅客的行为。

（2）客运合同为实践合同。客运合同自承运人向旅客交付客票时成立，但当事人另有约定或者另有交易习惯的除外。

第三节　旅客运输合同中主要当事人的义务

一、旅客的义务

（一）旅客有持有效客票乘运的义务

客票作为表示承运人有运送其持有人义务的书面凭证，是收到旅客承运费用的收据。客票并非旅客运输合同的书面形式，但它却是证明旅客运输合同的唯一凭证，也是旅客乘运的唯一凭证。因此，无论采用哪一种运输方式，旅客均须凭有

效客票才能承运,除特别情形外,不能无票承运。旅客无票乘运、超程乘运、越级乘运或者持失效客票乘运等不当乘运的,应当按照规定补交票款的全部或者不足部分,承运人可以按照规定加收票款。否则,承运人可以旅客未履行基本的合同义务而终止合同的履行,并有权在适当的地点要求旅客离开运载工具或返回适当等级乘坐。

（二）旅客有限量携带行李的义务

旅客在运输中应当按照约定限量携带行李。超过限量携带行李的,应当办理托运手续。

（三）旅客有不随身携带或者在行李中夹带违禁物品的义务

旅客不得随身携带或者在行李中夹带易燃、易爆、有毒、有腐蚀性、有放射性以及有可能危及运输工具上人身和财产安全的危险物品或者其他违禁物品。旅客违反规定的,承运人可以将违禁物品卸下、销毁或者送交有关部门。旅客坚持携带或者夹带违禁物品的,承运人应当拒绝运输。另外,旅客随身携带或在行李中夹带违禁品的,还应承担相应的行政责任,情节严重的,还须承担刑事责任。

二、承运人的义务

（一）承运人的告知义务

承运人应当向旅客及时告知有关不能正常运输的重要事由和安全运输应当注意的事项。所谓有关不能正常运输的重要事由,是指因承运人的原因或天气等原因使运输时间迟延,或运输合同所约定的车次、航班取消等影响旅客按约定时间到达目的地的事由。

（二）承运人有按照客票载明的时间和班次运输旅客的义务

客票是证明旅客运输合同有效成立的书面凭证,客票上所载明的时间、班次经承运人和旅客双方当事人意思表示一致,从而成为合同内容的重要组成部分,对此,双方均应按约定履行。承运人只有按客票载明的时间、班次运输,才属于全面、适当地履行了合同。

（三）承运人在运输过程中的救助义务

承运人在运输过程中,应当尽力救助患有急病、分娩、遇险的旅客。如果承运人对患有急病、分娩、遇险的旅客不予救助,因其不作为即可被要求承担民事责任。

（四）承运人的安全运送任务

运输合同生效后,承运人负有将旅客安全送达目的地的义务,即在运输中承运人应保证旅客的人身安全。对旅客在运输过程中的伤亡,承运人应承担损害赔偿责任,但伤亡是旅客自身健康原因造成的或者承运人证明伤亡是旅客故意、重大过失造成的除外。这种免责事由的规定,说明承运人应对旅客的人身伤亡承担无过错责任。承运人对旅客伤亡的赔偿责任及其免责事由的适用,不仅限于正常购票乘车的旅客,也适用于按照规定免票、持优待票或者经承运人许可搭乘的无票旅客。

(五) 承运人负有安全运输旅客自带物品的义务

在运输过程中,旅客自带物品毁损、灭失,承运人有过错的,应当承担损害赔偿责任。

(六) 强制缔约义务

对于旅客通常、合理的要约,承运人不得拒绝承诺。如果承运人拒载,旅客可以向交通运输主管部门投诉,主管部门有权对拒载承运人给予处罚。

思考题

1. 旅客运输合同的法律特征有哪些?
2. 简述旅客运输合同中主要当事人的义务。

第四章 道路旅客运输法律法规

第一节 道路旅客运输管理法规概述

为规范道路旅客运输及道路旅客运输站的经营活动,维护道路旅客运输市场秩序,保障道路旅客运输安全,保护旅客和经营者的合法权益,依据《中华人民共和国道路运输条例》及有关法律、行政法规的规定,2005年7月13日交通运输部发布了《道路旅客运输及客运站管理规定》,并根据2012年12月11日中华人民共和国交通运输部令2012年第8号《关于修改〈道路旅客运输及客运站管理规定〉的决定》对管理规定进行了第4次修正。

规定所称道路客运经营,是指用客车运送旅客、为社会公众提供服务、具有商业性质的道路客运活动,包括班车(加班车)客运、包车客运、旅游客运。

道路客运管理应当坚持以人为本、安全第一的宗旨,遵循公平、公正、公开、便民的原则,打破地区封锁和垄断,促进道路运输市场的统一、开放、竞争、有序,满足广大人民群众的出行需求。

全国道路客运管理工作由交通运输部主管。县级以上地方人民政府交通运输主管部门负责组织领导本行政区域的道路客运管理工作。县级以上道路运输管理机构负责具体实施道路客运管理工作。

第二节 道路旅客运输合同

一、道路旅客运输合同及其特征

(一)道路旅客运输合同的概念

运输合同,又称为运送合同,根据我国《中华人民共和国合同法》第二百八十八条的规定,道路旅客运输合同是指道路客运经营者与旅客达成的旅客支付规定的运输费用,客运经营者按车票规定内容将旅客运送到指定地点的协议。

(二) 道路旅客运输合同的特征

"运输合同"体现的是比民事合同、经济合同更为具体的、特定的经济关系。运输活动中发生的运输合同具有独特的法律特征。这些特征基本上是由运输生产方式的特性决定的。因此,从现实生产方式特征和国家宏观调控需要这两个基本出发点研究运输合同将更具有理论和实践意义。道路旅客运输合同有以下特征。

1. 运输合同原则上为双务、有偿合同

根据当事人双方权利义务的分担方式,合同可分为双务合同和单务合同。双务合同是指当事人双方相互享有权利、承担义务的合同。在双务合同中,一方享有的权利正是对方承担的义务,反之亦然,每一方当事人既是债权人又是债务人。单务合同是指仅有一方当事人承担给付义务的合同。道路旅客合同的双方当事人,即运输经营人和旅客,均既负有义务又享有权利。如经营人有完成旅客及行李全程运输的义务,并有收取旅行费用的权利;而旅客有支付旅行费用的义务,也有在运输过程中出现的意外等损害时向经营人索赔的权利。因此,道路旅客运输合同具有双务合同的特点。

根据当事人取得权利是否须偿付代价,合同可分为有偿合同和无偿合同。有偿合同是指享有合同权利必须偿付相应代价的合同;无偿合同是指享有合同权利而不必偿付代价的合同。在道路运输合同中,运输经营人以完成全程运输为代价取得收取运费的权利,而旅客实现个体及行李位移的权利则是以支付旅行费用为代价的。因此,道路旅客运输合同为有偿合同。

2. 运输合同既有诺成合同,也有实践合同

依据合同的成立是否以交付标的物为要件,合同可分为诺成合同与实践合同。诺成合同是指当事人意思表示一致即成立的合同,实践合同是指除当事人意思表示一致外,还必须交付标的物才能成立的合同。在订立道路旅客运输合同时,只要旅客与运输经营人意思表示一致,合同即依法成立。显然,包车客运合同属于诺成合同;班车(加班车)客运输合同、旅游客运合同是实践合同。

3. 运输合同的客体为运输行为或运输劳务

在我国民法理论和经济法理论上,运输合同属于提供劳务的合同,合同标的是运送行为本身,而不是被运送的货物或人身。

4. 运输合同的形式

运输合同的形式可以是口头的,也可以是书面的,但通常以标准合同出现。

5. 车票是道路旅客运输合同的主要表现形式

车票是道路旅客运输合同的主要表现形式,合同成立的时间以客运经营者售出车票为准,对旅客没有特定要求,任何人只要持票就可以上车。

二、道路旅客运输合同的分类

旅客运输合同按运营方式可分为班车客运合同、旅游客运合同、包车客运合同、出租客运合同、行包运输合同和客运服务合同等。其中班车客运合同又可分为直达班车客运合同、普通班车客运合同、城乡公共汽车客运合同等。

三、道路旅客运输合同的法律规定

(一) 承运人的基本条件

(1) 道路客运经营者必须办理相关手续,取得合法经营许可方可参加运营,可以是国有运输企业,也可以是民营运输企业,还可以是个体经营户。

(2) 营运客车必须经过车辆管理部门验车合格,保持良好的技术状况,满足营运要求。

(3) 客车驾驶人员必须持有相应的准驾证,年龄不得超过60岁,3年内无重大交通事故记录,并具备一定的业务知识。

(4) 有健全的安全生产管理制度,包括安全生产操作规程、安全生产责任制度、安全生产监督检查制度、驾驶人员和车辆安全生产管理的制度。

(二) 客运车票的相关规定

(1) 车票应写明到发站点名称、发车时间、班次、发售日期和票价等内容。

(2) 售票方式可采用车站售票、站外设点售票、随车售票、上门售票、电话订票等。

(3) 道路客运车票分为全价票、儿童票、伤残军人票等。

(4) 票面指定的乘车日期、车次,一次完毕行程为有效期限。

(5) 对于退票、误乘和漏乘、遗失车票、无票乘车等情形,应按照有关规定处理。

(三) 旅游客运合同的特殊规定

(1) 旅游客运的发车站点除符合一般站点的规定外,还应设置旅游区线路图、景区简介,公布旅游车型和导游服务项目等。

(2) 旅游车上应备有饮用水、常用药等服务性物品。

(3) 提供旅游综合服务的旅游客运使用旅游客票,无旅游综合服务的旅游客运可使用班车客票。

(4) 提供旅游综合服务的旅游客运,退票须在开车前办理,退还原票款中的运费部分;无旅游综合服务的旅游客运,退票按班车退票办理;旅客中途终止旅游的,不予退票。

(四)包车客运合同的特殊规定

(1) 用户要求变更使用包车时间、地点或取消包车的,须在使用前办理变更手续。
(2) 运输经营者要求变更的,也须与用户协商并取得用户同意后方可变更。
(3) 包车必须使用包车票,不得使用其他票种。

(五)出租车客运合同的特殊规定

(1) 出租车要安装经有关部门检验、合乎标准的计价器。
(2) 出租车客运的计费方式分为计程和计时两种。
(3) 空驶出租车受乘客招拦停车后,一般不得拒载。

四、道路旅客运输合同要约

(一)要约的概念及成立条件

1. 要约的概念

要约是合同订立必须经过的两个阶段之一,依照我国《合同法》,要约是指合同当事人一方以订立合同为目的而向对方做出的明确的意见表示。

2. 要约的成立条件

(1) 要约的目的必须是订立合同。
(2) 要约的内容应当具体确定。
(3) "要约"与"要约邀请"。

要约邀请是指希望他人向自己发出要约的意思表示,如招商广告、发宣传价目表等都是要约邀请。要约邀请只表达了一种愿望,但是没有提出合同的内容,是一种事实行为,而非法律行为。

在道路运输合同中,其要约与要约邀请的特别之处,在于要约人往往只能以运输的起点和终点等有限条款为意思表示。

(4) 要约人应是具有缔约能力的特定人。
(5) 要约必须送达于受要约人。
(6) 要约应以明示方式发出。

(二)要约的效力

要约的效力是指要约对要约人、受要约人的约束力。要约人包括托运人、旅客;受要约人指承运人。

1. 要约生效的时间

要约在送达于受要约人时生效,或在受要约人了解了要约内容时生效。

2. 要约对要约人的效力

一旦受要约人承诺,要约人即受其要约的约束,与受要约人订立合同。在受要约人承诺之前,要约人原则上可以撤销其要约。

3. 要约对受要约人的效力

对受要约人,在要约生效后即取得了承诺的资格,但不负担承诺的义务。

4. 要约的存续时间

要约的存续时间是指要约在多长时间内持续具有法律效力。一般来说,要约中规定了要约的有效期间的,则在该期间内有效;如果要约中没有规定有效期间的,则根据具体情况来确定,口头要约对方但没有即时做出承诺的,要约便失效;书面要约的有效期间为合理期间。

(三) 道路客运合同中要约的表现形式

(1) 先购票、后乘车的情况,旅客买票即为要约,旅客为要约人。

(2) 先上车,后买票,视情况而定。

对于城市公共交通运输,旅客乘车行为即为要约;对于长途客运,在客车运行途中,旅客招拦车辆行为即为要约。在车辆停驶状况下,经承运人许可,旅客登乘车辆,则首先做出明确意思表示的人的行为即为要约。针对未经承运人许可,旅客登乘车辆后,旅客或承运人提出购票或要约的意思表示即为要约。

(3) 对于出租车客运,旅客招拦出租车即为要约。

(4) 对于采用取票制的预订客票情况,旅客取票并付款行为即为要约,预订行为则不是要约。

(5) 对于采用送票制的预订客票情况,承运人送票即为要约,预订行为是预约合同。

(6) 包车运输情况下,旅客填写"汽车旅客运输包车预约书"即为要约。

五、道路旅客运输合同的履行

(一) 承运人的主要义务

(1) 按照规定的期限、班次将旅客运送至旅行目的地。
(2) 保证运输安全。
(3) 车辆必须处于适运状态。
(4) 为旅客旅行提供良好的服务。
(5) 及时披露信息。
(6) 途中遇到非常情况或发生事故时,应尽力抢救。
(7) 其他法律规定的运输义务。

(二) 旅客的主要义务

(1) 支付规定的运费票价。
(2) 遵守承运人的规章制度,协助运输安全。
(3) 不携带危险品及其他限带禁运物品。

六、道路旅客运输合同的变更与解除

(一) 合同的变更

合同的变更是指在合同没有履行或没有完全履行之前,因订立合同所依据的主客观情况发生变化,承托双方依据法定条件和程序对原合同中的某些条款进行修改或补充的法律行为。要变更旅客运输合同的形式时,如果是旅客向道路承运人提出签证改乘的,经道路承运人同意后,合同变更成立,当事人双方应当按照变更后的合同履行各自的义务。如果是旅客的原因而导致合同变更的,旅客应承担相应的法律责任,其表现形式就是要支付一定的费用。如果是道路承运人责任导致合同变更的,承运人也应补偿旅客的损失。

(二) 合同的解除

合同的解除是指在合同没有履行之前,因订立合同所依据的主客观情况发生变化,承托双方依据法定条件和程序终止旅客运输关系的法律行为。

因发生特殊情况导致旅客运输合同的履行不可能或者不必要,当事人可以解除合同。解除合同的主要标志就是退票。如果是旅客的原因而解除合同的,退票时道路承运人应当核收规定的退票费;如果是道路承运人的责任造成合同解除的,道路承运人不能收取退票费。

(三) 旅客变更或解除合同的法律规定

(1) 班车开车两小时前,旅客可办理签证改乘,改乘以一次为限。

(2) 当次班车开车时间两小时前可办理退票,解除合同,开车一小时后,不办理退票。

(3) 由旅客原因导致合同变更或解除的,旅客承担责任和费用。

(四) 客运承运方变更或解除合同的法律规定

(1) 班车在始发站停开、晚点或变更车辆类别时须及时公告。

(2) 由于承运方变更合同引起旅客退票,须全额退款。

(3) 变更车辆类别,应退还或补收票价。

(4) 班车运行途中变更路线或绕道,票价差额不退不补。

(5) 包车运输的客运承运人要求变更合同的,须事先与旅客协商同意后方可变更或解除。

第三节 道路旅客行李、包裹的托运

行李、包裹(简称行包)的运输是道路旅客运输的重要组成部分。行包须凭有

效客票托运,且不能超越客票的有效行程和规定的质量。《中华人民共和国合同法》、《中华人民共和国道路运输条例》、《汽车旅客运输规则》都在道路旅客运输的行李托运方面做出了相关规定。

(1) 旅客托运行包,应有站方开具的汽车旅客运输行包票,一般不超过40千克。

(2) 旅客随身携带的物品,每张全票免费10千克,每张儿童票免费5千克,体积不能超过0.02立方米,长度不能超过1.8米,超过规定时,其超过部分按行包收费,占座位时按实际占座位数购票。

① 行包应由托运人包装完整牢固,行包中不得夹入危险品、易碎品、贵重品、禁运品等,以保证人身财产的安全。

② 旅客托运的行包应由站务工作人员查看包装、件数、标志以及有无危险品等,并进行计量、开票、收费、填写标签以及将标签吊挂在每件行包上。

③ 根据行包随车联填好交接清单,对号点件装运,装载的先后次序应按先远后近、下重上轻的顺序均衡装载,装好后的行包要加盖雨布,系牢绳索。行包的交接运送是一个中间环节,要交接清楚,避免差错。

④ 客车到达后,驾驶员应与车站值班人员履行行包交接手续。托运人凭票提取行包时,应该核对提取单和标签,点明件数和查验质量,交付行包时由承运部门收回提取单。

⑤ 旅客在中途无站点地方提取行包时,驾乘人员须查对无误,方可将行包交付旅客并收回行包提取单。

第四节　道路旅客运输保险与安全

客运保险是客运安全的一个保障方式,也是出现交通事故后的一个救济措施,更是一个重要的经济手段,因此强化客运保险尤为重要。无论是客车经营者,还是运营部门都需要高度重视保险、强化保险,努力变被动为主动,化事后为事前,防范于未然。

在保险期限内,旅客在乘坐保险单明细表中列明的被保险人客运车辆过程中遭受人身伤亡或财产损失的,依法应由被保险人承担的经济赔偿责任,保险人按照保险合同的约定负责赔偿。

下列原因造成的损失、费用和责任,保险人不负责赔偿:

(1) 战争、敌对行为、军事行动、武装冲突、恐怖活动、罢工、暴动、民众骚乱;

(2) 核反应、核子辐射和放射性污染;

(3) 地震、海啸;

(4) 政府部门的行政行为或执法行为;

(5) 投保人、被保险人或其代表或其雇员的故意行为或重大过失行为;

(6) 被保险人或其代表或其雇员的人身伤亡及其所有、使用或管理的财产的损失;

(7) 任何罚款、罚金或惩罚性赔款;

(8) 被保险人的间接损失;

(9) 康复费、整容费、精神损害赔偿;

(10) 报废车辆、擅自改装车辆或其他不符合国家规定的车辆发生事故所致的损失;

(11) 驾驶人员饮酒、吸食或注射毒品、被药物麻醉后驾驶客运车辆时发生的损失或责任;

(12) 无有效机动车驾驶证的驾驶人员驾驶客运车辆时发生的损失或责任;

(13) 驾驶人员驾驶与驾驶证准驾车型不相符合的客运车辆时发生的损失或责任;

(14) 旅客因疾病(包括因乘坐客运车辆感染的传染病)、分娩、自杀、自残、殴斗、犯罪或故意行为造成的人身伤亡和财产损失;

(15) 旅客托运行李或随身携带物品本身的原因或缺陷或属性造成的损失;

(16) 被保险人提供除道路旅客运输之外的其他服务(如旅游、观光等)时,旅客遭受的人身伤害或财产损失;

(17) 保险单明细表中规定的应由被保险人自行负担的每次索赔的免赔额。

案 例 分 析

一、命丧小客车

(一) 案情

2000年7月27日,四川姑娘黄青梅准备搭乘北京海淀334号公交车,上车掏钱买票后,发现乘坐的牌号为京B/B5552小公共汽车是336号,在汽车开动后不久,黄青梅发现搭错车并要求下车,由于车门未关好,导致黄青梅跌地抢救无效而死。交警支队做出认定,车方负事故的主要责任,受害人方负次要责任,并在建议书中要求车方承担80%的经济损失。事后黄青梅父母以北京灵山客运汽车管理中心违约为由诉至法院。

法院判决被告赔偿黄青梅父母丧葬费16000余元、生活费5万元和精神损失费12万元。

(二) 评析

本案主要过错在于承运人,旅客没有在法定上能使承运人可以免除违约责任的过错。根据《合同法》第三百零二条规定:"承运人应当对运输过程中旅客的伤亡承担赔偿责任,但伤亡是旅客自身健康原因造成的或者承运人证明伤亡是旅客故意、重大过失造成的除外。"在违约诉讼中,即使旅客本身存在一定过错(不是重大故意或过失),也应由承运人承担全部的违约责任。

二、国道线上被撞

(一)案情

1999年10月29日,颜桂莲乘坐国营温岭运输公司的浙JC8099大客车,从武汉回浙江温岭,当夜11:00,车经江西上饶郊区,在国道线旁停车,方便乘客小便,颜桂莲在去公路对面时被过路汽车撞伤,肇事车辆随即逃逸,颜桂莲被其他人送至上饶地区医院治疗,诊断为额叶、左枕叶脑挫伤并出血,额骨凹陷性骨折等,10天之后,因心肌梗塞死亡。后家属以承运人违约为由,提起诉讼,要求赔偿死亡补偿费60800元及医药费、交通费共计82444.30元。2000年11月23日,法院以死者之伤与承运人违规停车有关,死者之死与其受伤有关,判决由原告负担44871元,由承运人负担32451元。

(二)评析

在公路旅客运输中,旅客一方提起违约诉讼,必然涉及赔偿标准。但现在法院判决适用标准均采用侵权的损害赔偿标准,即适用道路交通事故处理办法规定的标准,均以侵权所在地省级公安部门确定的道路交通事故损害赔偿标准来确定死亡补偿费及伤残补偿费。在公路运输合同中则没有这方面的司法解释,因为一般的公路旅客运输纠纷,乘客与承运人的所在地与事故发生地均为同一地,所以这方面的纠纷争议不大。在本案例中,提起违约诉讼后,有管辖权的法院中有始发地的武汉法院,还有被告所在地及运输目的地的温岭法院,如果依侵权诉讼,还可以由交通事故发生地的上饶人民法院管辖。在赔偿标准上,法院适用何地的标准,最后还是由法官自行裁定。在诉讼中提出应参考事故发生地的交通事故赔偿标准来确定赔偿数额,以求减轻承运人的赔偿责任;因为在事故发生时,浙江省规定的死亡补偿费为60800元,而江西省则只有33590万元。但法院最后以旅客及被告所在地的浙江省标准来确定补偿费,判决书却没有说明适用被告所在地的赔偿标准的理由。实际操作中难以确定适用何种标准,同我国立法滞后存有密切的关系。

思考题

1. 道路旅客运输合同的概念、特征和内容是什么?
2. 道路旅客运输合同的形式有哪些?
3. 简述道路客运合同的订立、合同的履行、合同的变更或解除的程序、内容和条件。
4. 我国法律在道路旅客运输行李托运方面有哪些一般性规定?

第五章 铁路旅客运输法律法规

第一节 铁路旅客运输管理法规概述

正常的社会秩序,稳定协调的社会关系,是社会生存和发展的需要,当然也是铁路旅客运输存在和发展的需要。这种正常的秩序和关系怎样才能建立起来呢?这就需要运用包括法律在内的各种社会规范对铁路运输中的社会关系进行调整,对人们的社会行为加以规范。所以说,法律在铁路旅客运输中具有十分重要的作用。

一、法律在铁路旅客运输中的指导作用

法律是一种特殊行为规范的规范体系,具有规范人们行为的指导作用。在铁路旅客运输过程中,铁路内部的及其与之构成某些联系的人们,他们的行为动作都需要通过法律的指导作用加以调整。

例如,法律对行为人自己行为的指导,具有重要作用。法律确定的要求,是要人们根据法律规范的指导去行为,而不能违反,否则就要承担法律后果。如《中华人民共和国宪法》(以下简称《宪法》)第三十七条规定:"中华人民共和国公民的人身自由不受侵犯。"公民在乘坐火车中,作为列车工作人员要为他们做好服务,尽到责任(即作为),而不能非法侵犯乘车公民的人身自由(即不作为),如果非法侵犯了乘车公民的人身自由,那么就要承担一定的法律后果(在这里叫做承担否定式的法律后果)。

又如,法律对他人行为的评价,具有指导作用。法律,能够对他人的行为是否合乎法律规范做出判断、衡量或评价,由于这种评价标准多种多样,情况异常复杂,所以更显得这种评价十分必要。为了保证铁路运输的安全,规定乘车旅客不能携带易燃、易爆、易腐的物品进站上车。然而有的旅客却公然违反,法律规范就是要对这种不应当行为做出评价,进而加以约束。另外,对于人们的行为的合法性也应当进行评价,肯定其行为为应当这样行为。当然,对于他人行为的评价还要分为法律评价和非法律评价两种。

二、法律在铁路旅客运输中的强制作用

无论是一般的社会规范还是特殊的社会规范,它都具有强制性的基本属性。所谓强制性,是指社会规范具有强制人们遵守的约束力。它以服从为前提,以制裁为后盾,不但有精神力量上的强制,而且也有物质力量上的强制。这种强制作用在铁路旅客运输过程中表现得十分突出。在铁路旅客运输工作中,为了确保运输的安全,保护公民的合法权益,保护国家财产不受损失,使人们普遍增强安全感,就必须在强调优质服务的前提下,正确处理服务与被服务的关系,其中任何一方的违法犯罪行为,都应该受到法律的制约。同时双方(特别是服务的一方,即铁路部门)都有责任加强预防工作,使人们增强安全感,尤其是铁路运输部门责无旁贷。

法律在铁路旅客运输中的强制作用,是对违法者的行为而言的,如果不违法,就不存在强制的问题。这种制约和强制作用,不仅表现在对违法者的违法犯罪行为的制裁、惩罚上,而且也表现在对违法犯罪行为的预防上,同时还表现在以这个约束或强制的作用来保护广大旅客的合法权益和国家的财产方面等。要确保铁路旅客运输活动的正常进行,充分发挥法律在铁路旅客运输中的强制作用是十分必要的。只是由于社会规范的性质各有不同,其强制的性质、范围、实现的程度和方式有所不同而已。

三、法律在铁路运输中的教育作用

法律在铁路旅客运输中的教育作用,主要是通过法律在铁路旅客运输中的具体实施来实现的。主要体现在两个方面:一是当人们的合法行为受到法律的承认和保护的时候,这种正当的行为就必然得到社会的承认,因而得到社会舆论的正确评价,受到群众的支持、赞扬以及单位、领导的表彰和鼓励,于是这种行为便成为一种楷模,对其他一些人的行为就产生了示范和榜样的作用。这是法律在铁路旅客运输中的正面教育作用。另一种情况是,当某人因为自己的违法行为受到法律制裁的时候,这种制裁所产生的社会效果,也必然对其他人产生一种教育作用。发生在铁路旅客运输过程中的任何一种违法或者犯罪,当其受到惩罚时,人们就会从中汲取教训,受到教育。这是法律在铁路旅客运输中从另一个侧面所产生的教育作用。

综上所述,我们看到,作为一个庞大企业的铁路客运系统,要使自己获得生存和发展,要使自己在国民经济发展中发挥应有的作用,就必须通过国家的宪法和法律对铁路旅客运输进行全面的调整和控制。国家宪法、法律的制定和实施,国家法律体系的变化和发展,也必然对铁路运输产生巨大的制约和影响作用。由此可见,铁路旅客运输事业的发展,与国家宪法和法律的实施是不可分割的。特别是宪法和法律在铁路旅客运输中的实施,使铁路本身所施行的一整套完备而又复杂的规

章、规程、制度在运输生产活动中得到了更好的贯彻落实,这就为铁路旅客运输的自身发展提供了充分的可能。由此,我们可以清楚地看到法律在铁路旅客运输中的重要地位和重要作用。

第二节 铁路旅客的权利与义务

一、铁路旅客的权利

铁路旅客的权利,是指铁路旅客在整个乘车过程中所依法享有的权利,即在购票、候车、检票进站、上车、直到旅程终点站下车出站整个过程中的乘车以及托运行李、包裹中所依法享有的权利。这些权利,是宪法赋予的公民权利在铁路旅客运输中的具体体现。

铁路旅客享有的权利,归纳起来,主要有以下五个方面。

(一) 安全乘车的权利

安全乘车的权利,是铁路旅客购票、乘车直到旅程终点站,完成整个旅行过程所必须具备的最主要的权利之一。这一权利同宪法规定的公民人身权利的要求是一致的,是公民人身权利在铁路旅客运输中的具体化。旅客安全乘车的权利,包括以下两点。

(1) 旅客有权要求铁路旅客运输部门做出安全运输的行为,认真维护车站、列车秩序,加强安全管理,从售票、候车、检查进站、上车,到组织列车安全运行,保证旅客及其行李、包裹安全到达目的地,铁路客运部门对此都应当尽职尽责。

(2) 旅客在乘车旅行的整个过程中,其人身自由权利、财产权利,应该得到完全的保障。当旅客的人身权利、自由权利、财产权利受到来自铁路的或者其他方面的危害而造成损害时,有权诉诸法律,向有关部门或司法机关提出控告和损害赔偿的正当要求,有关部门或司法机关应该受理旅客的控告,依法保护旅客的合法权益。

(二) 准时乘车的权利

根据铁路旅客运输所固有的特点和要求,旅客享有准时乘车的权利。具体表现如下。

1. 有准时购买客票的权利

按照规定,铁路旅客运输部门设有多种售票形式,而且有确定的售票时间,如果因为铁路客运部门的主观责任而影响了旅客的购票和中转签字,那么,铁路客运部门就应该承担法律责任或由此而产生的经济赔偿责任。

2.有准时办理行李、包裹托运的权利

旅客的行李随人、随票、随车托运,这是旅客运输赋予旅客的基本权利之一,如果因为铁路客运方面的责任造成行李、包裹的误运、漏运或错交、漏交、损坏、丢失等,旅客有权要求铁路客运部门承担法律责任或经济赔偿责任。

3.有准时检票、进站、上车、下车、出站的权利

铁路客运工作人员根据《铁路旅客运输规程》的有关规定,按照开车的时间,准时检票,引导旅客准时进站上车,如果由于铁路客运部门的责任而造成旅客误乘、漏乘,那么,旅客有权要求铁路客运部门承担法律责任或经济赔偿责任。

(三) 合理交费的权利

合理交费的权利,是旅客在乘车、托运行李和包裹以及饮食等方面按照规定交付费用的权利。这一权利的履行,是旅客权利和义务的统一。在享有权利的同时,又履行了义务。

旅客坐火车旅行中所需要交付的各种费用,铁路客运部门规定有明确的收费标准,这个标准是国家物价局认可的,由国务院批准实行,即使有个别的运杂费标准,也是由省(市)、自治区的物价部门批准的和在交通运输部备了案的,任何人无权变动,铁路旅客运输部门只能按照规定的标准核收各种费用,不允许在标准之外收取任何不该收的费用,如果发生了多收或滥取的现象,旅客有权提出质询、批评或向有关部门和司法机关提出控告。

(四) 要求铁路客运部门在旅客旅行中提供方便的权利

这个权利的提出和实施,是由我国的社会主义制度所决定的。"人民铁路为人民"是铁路运输的宗旨。

为了方便广大旅客,铁路旅客运输部门将一系列便民措施固定下来作为规章制度加以贯彻。从售票、托运行李和包裹、中转签字,到乘车中旅客的饮食、饮水以及客货的接取送达等,都有不同的责任标准。如果铁路客运方面因为某一失职行为造成了旅客的某些不便或者物质上的损失,那么,旅客有权提出批评或者向有关部门和司法机关提出控告,请求经济赔偿。此外,乘车旅客,对自己在乘车旅行中发现的铁路或其他部门以及个人的违法失职行为,有提出批评、建议、申诉、控告或检举的权利。

铁路旅客除依法享有安全乘车、准时乘车、合理交费等各项基本权利外,还享有以下各项具体权利。

(1) 旅客有乘坐各次列车、购买各种座别的客票(软卧票另有规定),根据自己的意愿在铁路规定的范围内自由选择到任何站的权利。

(2) 残废军人、在校学生享有凭证明在规定的范围内购买半价客票的权利。

(3) 旅客有要求退票的权利。旅客的退票要求符合铁路有关规定时,车站应

当按规定办理退票手续,旅客因病(包括同行人)在客票有效期间内有在中途退票的权利;由于车站误售或旅客误购了客票,旅客有要求换购新票的权利;当旅客发生误乘时,有请求及时变更乘车的权利。

(4) 旅客有变更座别、铺别的权利,如果符合有关规定,条件允许,列车应当满足旅客的要求。

(5) 旅客根据自己的意愿,在符合规定的范围内,有变更路径的权利。

(6) 旅客享有在规定的范围内托运或者变更托运行李、包裹的权利,车站应为旅客提供方便。如果旅客的行李、包裹办理了托运手续,而铁路客运部门又无故地逾期运送,旅客有要求铁路客运部门承担逾期运到违约金的权利。

(7) 旅客在乘车中因意外事故造成伤害和损害,有依据旅客意外伤害强制保险条例规定向铁路客运部门提出损失赔偿的权利。

(8) 如果在车站、列车上因饮水、饮食的问题上发生了中毒事故,并且是铁路方面的责任,那么旅客有对铁路客运有关部门提出诉讼请求,并由铁路客运部门承担损失赔偿的权利。

根据我国铁路旅客运输的有关规定,旅客在乘车过程中出现下列情况之一时,不能享有上述几项具体权利。

(1) 旅客因为违法犯罪而受到法律追究时。

(2) 旅客违反铁路的规定而经劝阻不改时。

(3) 旅客无票乘车或持用失效客票与伪造、涂改的假客票乘坐火车时。

(4) 借用别人的市郊定期客票乘车时。

(5) 持市郊客票乘坐非指定的列车时。

(6) 旅客使用减价客票而没有减价凭证或不符合减价条件而乘坐火车时。

铁路旅客权利的实现,一方面要求旅客本人在履行义务的同时去行使自己的权利,另一方面铁路客运部门的工作人员应该尽职尽责,以维护旅客的合法权益,特别是铁路公安、司法机关要运用法律武器,确保旅客权利的行使。如果旅客权利受到非法侵害,不管这种侵害行为来自何方、何人,铁路公安、司法机关都要保护旅客权利的正当行使。

铁路旅客享有公民应该享有的各种权利,这里主要论述对旅客人身权利的法律保护。

旅客的人身权利,是指旅客的人身以及与人身有关的权利,即旅客的生命安全、身心健康、人身自由、人格和名誉等权利。旅客的人身权利是旅客旅行生活的必要条件,是旅客从事旅行活动的基础。只有旅客的人身权利得到切实的保障,才能有效地行使旅行中的其他各项权利。为此,国家通过各种法律、法规有效地保护旅客的这种权利。

为了确保公民人身权利,我国《中华人民共和国刑法》(以下简称《刑法》)具体规定了侵犯公民人身权利的各种罪名及量刑标准。这就为确保铁路旅客的人身权利提供了法律保障。

1. 侵犯旅客的人身生命权利的犯罪

侵犯旅客的人身生命权利的犯罪包括故意杀人罪和过失杀人罪。这种犯罪，是侵犯公民人身权利、民主权利的犯罪中最严重的犯罪。旅客的人身生命权是旅客一切权利中最重要的权利，如果生命权利被非法剥夺，其他的人身权利和民主权利等都无从谈起。因此，任何非法剥夺旅客人身生命的行为，不管是故意的还是过失的，都必须追究刑事责任。

2. 侵犯旅客人身健康权利的犯罪

侵犯旅客人身健康权利的犯罪，包括故意伤害罪和过失伤害罪。旅客的身体健康是其进行正常的旅行生活的前提条件。旅客的健康一旦遭到非法的侵害，不仅给旅客本人的旅行生活带来不幸和痛苦，而且直接影响到铁路的旅客运输。特别是在车站上或在列车上故意伤害旅客健康的犯罪行为，不但使旅客的身体遭到严重损害，而且还破坏了铁路的治安秩序。因此，这些犯罪是当前打击的重点。

3. 侵犯旅客人身自由权利的犯罪

旅客的人身自由权利，是指旅客在乘车旅行中，按照宪法和法律的规定，对自己的人身、行动安全有自由支配的权利，不受任何人、任何国家机关的非法侵犯。

享有人身自由权利，是旅客在乘车旅行生活中必须具备的前提条件。没有人身自由，旅客就无法享有旅行中的其他一切权利。

侵犯旅客人身自由权利的犯罪，涉及拐卖人口罪、非法拘禁罪、非法管制罪、非法搜查罪等几个方面的犯罪。这类犯罪，不仅使旅客的人身自由权利受到非法侵害，而且严重地破坏了铁路旅客运输秩序。保障旅客的人身自由权利，保护铁路旅客运输的正常秩序，是宪法和法律赋予铁路部门特别是铁路公安和司法机关的重要任务之一。

4. 侵犯旅客的人格、名誉权利的犯罪

所谓人格，反映在法律上的，就是能够作为权利和义务主体的一种资格。享有这种资格的权利，就是人格权。人格权包括荣誉权、名誉权、肖像权、姓名权等。公民的人格权反映在铁路旅客运输上，也就是在乘车、旅行全过程中作为一名乘客所具有的人格尊严的权利。

旅客在乘车旅行过程中，不论年龄、性别、职业、文化水平、宗教信仰、民族等方面存在着多么大的区别，但是他们的地位都是平等的，享有的权利是一样的，对于铁路客运部门来说，他们都是自己的旅客，都是旅客运输中的服务对象，都是旅行中的客人。

我国《宪法》第三十八条规定："中华人民共和国公民的人格尊严不受侵犯。禁止用任何方法对公民进行侮辱、诽谤和诬告陷害。"我国《刑法》明确具体地规定了侵犯他人人格、名誉的犯罪的罪名及其处刑标准。在铁路旅客运输中侵犯旅客的人格、名誉权的犯罪主要有侮辱罪、诽谤罪。

5. 侵犯女性旅客身心健康的犯罪

这主要有强奸罪、奸淫幼女罪和强迫妇女卖淫罪等。这类犯罪严重地损害了妇女和幼女的身心健康。在铁路的列车、车站以及其他与铁路客运服务工作有关的场所发生这类犯罪,必然使铁路的声誉遭到严重的破坏,严重地扰乱了铁路运输秩序,所以这类犯罪历来是打击的重点。同这类犯罪进行坚决的斗争,是铁路部门特别是铁路公安和司法机关的一项十分重要的任务。

二、铁路旅客的义务

铁路旅客的义务是指国家、社会和铁路旅客运输部门依照有关的法律,要求铁路旅客必须承担的一种责任。

铁路旅客的义务是我国宪法规定的公民各项义务在铁路旅客运输中的具体化。铁路旅客的义务中不允许存在与宪法和法律规定的公民义务相违反、相抵触的内容。这正是为了保证宪法和法律在铁路旅客运输中的正确实施所必需的。

铁路旅客的义务分为作为的义务和不作为的义务。所谓作为的义务,就是要求铁路旅客必须做出一定的行为。例如,旅客在乘坐火车之前需要取得铁路客运部门准许乘车的凭证(火车车票);而要取得火车车票,必须向铁路车票发售处所交付相应的价款(持有免费乘车证的旅客不交付价款),这是一个有偿性的交换活动过程。只有按时购买车票,在购票的同时,交付足额的价款,才能取得乘坐火车的有效凭证,才能得到乘车的准允。这种购买车票的过程,就是旅客履行作为的义务的过程。

所谓不作为的义务,是指旅客必须不做出一定行为的义务。例如,铁路旅客在乘车过程中,不准非法占有其他旅客的财物,不准对其他旅客实施侵害行为;不超越所持客票票种的限制而乘坐不应乘坐的列车或席别;不准损害车站、列车上的设备等,这些都属于不作为的义务的履行。

无论是作为的义务还是不作为的义务,都体现了我国法律对公民的要求。违反了法律的要求,必然要通过法律来解决。依据不同情况,对于违反法律要求的行为,分别由民事法律(如《民法》)、行政法律或刑事法律(如《刑法》)来调整。

(一) 民法规范的义务

民法规范的义务,要求旅客的行为不得超出民法规定的范围。民法规定了旅客在乘车旅行过程中做什么是合法的,做什么是不合法的,这都有一定的界限,在这个界限以内作为或不作为,就是合法的行为,就是对旅客民事法律义务的正确履行。否则,超出了民事法律规定的界限的作为或不作为,就属于违反民事法律的行为。例如,旅客在托运行李、包裹的过程中,国家明确规定不准在行李、包裹中夹带、匿报易燃、易爆等危险物品和其他禁运物品,而旅客违反这一规定就属于违法行为。再如旅客乘车中,因非法侵犯了其他旅客的人身自由权利(如非法扣留他人乘车的客票,索取他物,耽误了他人准时上下车等)而引起的民事诉讼,就是没有履行旅客的义务而导致的民事法律后果。

(二)行政法律规范的义务

行政法律规范的义务是指旅客必须在行政法律所要求、所允许的范围内活动,正确履行法定的义务。如果超出这个范围,就属于违反行政法律的违法行为。例如,某厂有10多名青年工人,经常乘坐市郊列车上下班。他们在乘车时,不遵守列车上的规定,扰乱列车秩序,多次在车上起哄、捣乱、乱打乱闹、你拥我挤,破坏了列车秩序,按照治安管理处罚条例有关条款的规定,分别对他们处以警告、罚款或拘留的行政处罚。这是他们不能认真履行行政法律规范的义务所必须承担的行政法律后果。

(三)刑法规范的义务

刑法规范的义务是指在刑法所规定允许的范围内活动。旅客要正确履行自己的义务,就必须使自己的作为或不作为不得超出刑法所规定、所允许的范围,否则就是不履行法定的义务,轻者是违法,重者便构成了犯罪。例如,有的人在车上为争占一个座位,采取野蛮手段,动用凶器将他人扎伤或致死,就属于触犯刑法的犯罪行为,就要受到刑法的处罚。

旅客在乘车旅行中的任何超出法律规定范围的作为或不作为,都是违背法律的行为,都要受到法律的制裁。所以,旅客履行义务,必须依照法律的规定进行。

第三节 铁路旅客运输合同

客票是旅客运输合同的证明,旅客持有客票一般也就意味着其与承运人之间有运输关系的存在,旅客凭客票就可以要求承运人履行运输的义务。但是由于客票具有流通性和一次性的特点(如铁路旅客运输中的火车票),所以旅客也必须履行持有效的客票进行乘运的义务。

在铁路旅客运输中常常出现旅客无票进行乘运、越级乘运、超程乘运或者持已经失效的客票进行乘运的现象。所谓越级乘运就是指旅客自行乘坐超过客票指定的等级席位,如在动车旅客运输合同中,旅客买的是二等座的客票,但他却自行占了一等座的席位。所谓超程乘运就是旅客自行乘运的到达地超过了客票指定的目的地。对于旅客无票乘运、超程乘运、越级乘运或者持失效客票乘运的行为,按照

《中华人民共和国铁路法》第十四条规定:"旅客乘车应当持有效车票。对无票乘车或者持失效车票乘车的,应当补收票款,并按照规定加收票款;拒不交付的,铁路运输企业可以责令下车。"

根据本条的规定可以看出,承运人对旅客这种行为的处理可以分为如下两个层次。

首先,旅客无票乘运、超程乘运、越级乘运或者持失效客票乘运的,应当向承运人补交票款。此外承运人或者有关主管部门有权颁布规定,旅客无票乘运、超程乘运、越级乘运或者持失效客票乘运的,承运人可以按规定加收票款。补足票款是乘客的义务,所以本条用了"应当",至于是否按规定向乘客加收票款,则由承运人自己酌情处理,所以用了"可以"二字。

其次,旅客不交付票款的,承运人可拒绝运输。这里的"拒绝运输"是指承运人有权在适当的地点令其离开运输工具。若旅客拒不交付票款,承运人在适当地点令其离开运输工具后,承运人仍有权向旅客追偿。

第四节　铁路旅客行李、包裹的托运

一、铁路行李、包裹运输合同

铁路行李、包裹运输合同是指承运人与托运人、收货人之间明确行李、包裹运输权利义务关系的协议。行李、包裹运输合同的基本凭证是行李票、包裹票。

行李票、包裹票主要应当载明如下事项。

(1) 发站和到站。

(2) 托运人、收货人的姓名、地址、联系电话、邮政编码。

(3) 行李和包裹的品名、包装、件数、质量。

(4) 运费。

(5) 声明价格。

(6) 承运日期、运到期限、承运站站名戳及经办人员名章。

行李、包裹运输合同自承运人接收行李、包裹并填发行李票、包裹票时起成立,到行李、包裹运至到站交付给收货人为止履行完毕。

二、托运人的基本权利义务

(一) 托运人的权利

(1) 要求承运人将行李、包裹按期、完好地运至目的地。

(2) 行李、包裹灭失、损坏、变质、污染时要求赔偿。

(二)托运人的义务

(1)缴纳运输费用,完整、准确填写托运单,遵守国家有关法令及铁路规章制度,维护铁路运输安全;

(2)因自身过错给承运人或其他托运人、收货人造成损失时应负赔偿责任。

三、承运人的基本权利义务

(一)承运人的权利

(1)按规定收取运输费用,要求托运的物品符合国家政策法令和铁路规章制度。对托运的物品进行安全检查,对不符合运输条件的物品拒绝承运。

(2)因托运人、收货人的责任给他人或承运人造成损失时向责任人要求赔偿。

(二)承运人的义务

(1)为托运人提供方便、快捷的运输条件,将行李、包裹安全、及时、准确运送到目的地。

(2)行李、包裹从承运后至交付前,发生灭失、损坏、变质、污染时,负赔偿责任。

四、行李与包裹的范围

(一)行李的范围

行李是指旅客自用的被褥、衣服、个人阅读的书籍、残疾人车和其他旅行必需品。行李中不得夹带货币、证券、珍贵文物、金银珠宝、档案材料等贵重物品和国家禁止、限制运输的物品、危险品。

行李每件的最大质量为50千克。体积以适于装入行李车为限,但最小不得小于0.01立方米。行李应随旅客所乘列车运送或提前运送。

(二)包裹的范围

包裹是指除行李之外的适合在旅客列车行李车内运输的小件货物。包裹分为如下四类。

一类包裹:自发刊日起5日以内的报纸;中央、省级政府宣传用非卖品;新闻图片和中、小学生课本;

二类包裹:抢险救灾物资,书刊,鲜或冻鱼类,肉、蛋、奶类,果蔬类。

三类包裹:不属于一、二、四类包裹的物品。

四类包裹:一级运输包装的放射性同位素、油样箱、摩托车;泡沫塑料及其制品;国务院铁路主管部门指定的其他需要特殊运输条件的物品。

包裹每件的体积、质量与行李的相同。运输超过规定质量的包裹和四类包裹中三项品名的物品时,应经调度命令或上级书面运输命令批准。铁路运输企业可制定本管辖范围内包裹运输的范围。

(三)不能按包裹运输的物品

(1)尸体、尸骨、骨灰、灵柩及易于污染、损坏车辆的物品;

(2)蛇、猛兽和每头超过20千克的活动物(警犬和运输命令指定运输的动物除外);

(3)国务院及国务院铁路主管部门颁发的有关危险品管理规定中规定的危险品、弹药以及承运人不明性质的化工产品;

(4)国家禁止运输的物品和不适于装入行李车的物品。

五、行李、包裹的托运与承运

旅客在乘车区间内凭有效客票,每张可托运一次行李,残疾人车不限次数。托运下列物品时,托运人应提供规定部门签发的运输证明。

(1)金银珠宝、珍贵文物、货币、证券、枪支;

(2)警犬和国家法律保护的动物;

(3)省级以上政府宣传用非卖品;

(4)国家有关部门规定的免检物品;

(5)国家限制运输的物品;

(6)承运人认为应提供证明的其他物品。

托运动、植物时应有动、植物检疫部门的检疫证明。托运放射性物品、油样箱时,应按照国务院铁路主管部门的规定提供剂量证明书、油样箱使用证。

六、保价运输

行李、包裹运输分为保价运输和不保价运输,托运人可选择其中一种运输方式。

按保价运输时,可分件声明价格,也可按一批全部件数声明价格。按一批办理时,不得只保其中一部分。

按保价运输的行李、包裹要核收保价费。一段按行李、一段按包裹托运时,全程按行李核收保价费。保价的行李、包裹发生运输变更时,保价费不补不退。因承运人的责任造成托运取消时,保价费全部退还。

承运人对按保价运输的行李、包裹可以检查其声明价格与实际价格是否相符;如拒绝检查,承运人可以拒绝按保价运输承运。

七、包装和货签

行李、包裹的包装必须完整牢固,适合运输。其包装的材料和方法应符合国家或运输行业规定的包装标准。承运后、交付前包装破损、松散的,承运人应负责及时整修并承担整修费用。

行李、包裹每件的两端应各有一个铁路货签。货签上的内容应清楚、准确并与托运单上相应的内容一致。

托运易碎品、流质物品或一级运输包装的放射性同位素时,应在包装表面明显处贴上"小心轻放"、"向上"、"一级放射性物品"等相应的安全标志。

八、包裹的押运

托运金银珠宝、货币证券、文物、枪支、中途需饲养的动物等,必须派人押运。押运人应购买车票并对所押物品的安全负责。承运人应为押运人的购票提供方便。

车站行李员对已经办理承运的包裹应通知押运人装车日期和车次。列车行李员应对押运人进行登记并告之安全等注意事项。

九、运到期限

行李、包裹的运到期限以运价里程计算。从承运日起,行李的运期,在运程为 600 千米以内的为三日,超过 600 千米时,每增加 600 千米增加一日,不足 600 千米也按一日计算。包裹的运期,在运程为 400 千米以内的为三日,超过 400 千米时,每增加 400 千米增加一日,不足 400 千米也按一日计算。快运包裹按承诺的运到期限计算。

由于不可抗力等非承运人责任发生的停留时间加算在运到期限内。

(1) 行李、包裹超过规定的运到期限运到时,承运人应按逾期日数及所收运费的百分比向收货人支付违约金。一批中的行李、包裹部分逾期时,按逾期部分运费比例支付。违约金最高不超过运费的 30%。行李、包裹变更运输时,逾期运到的违约金不予支付。收货人要求支付违约金时,凭行李票、包裹票在行李包裹到达次日起 10 日以内提出。

(2) 收货人要求将逾期运到的行李运至新到站时,可凭新车票办理,不再支付运费,承运人也不再支付违约金。

(3) 行李、包裹超过运到期限 30 天以上仍未到达时,收货人可以认为行李、包裹已灭失而向承运人提出赔偿。

十、到达保管、通知和查询

行李从运到日起、包裹从发出催领日起,承运人免费保管 3 天,逾期到达的行李、包裹免费保管 10 天。因事故或不可抗力等而延长车票有效期的行李按车票延长日数增加免费保管日数。超过免费保管期限的,按日核收保管费。

包裹到达后,承运人应及时通知收货人领取。通知时间最晚不得超过包裹到达次日的12点。

收货人询问行李、包裹是否到达时,承运人应及时予以查找。对逾期未到的行李、包裹应及时做查询记录。

十一、装卸、交付和转运

将行李、包裹从行李房的收货地点至装上行李车,或从行李车卸下至规定的交付地点,各为一次作业。由发站或到站分别收取装费或卸费。

收货人凭行李、包裹领取凭证领取行李、包裹。如将领取凭证丢失,必须提供本人身份证、物品清单和担保人的担保书,承运人对上述清单、证件和担保人的担保资格认可后,由收货人签收办理交付。如在收货人声明领取凭证丢失前行李、包裹已被冒领,承运人不承担责任。

经当事人双方约定,包裹也可使用领取凭证的传真件领取,约定内容应记载在包裹票记事栏内。收货人要求凭印鉴领取包裹时应与承运人签订协议并将印鉴式样备案。经约定凭传真件或凭印鉴领取时,收货人不得再凭领取凭证领取。

(1) 凡要求使用包裹票传真件提取包裹的发货人,应向发站提出申请。发货人为个人的,应在托运单上注明,由车站确认后受理;发货人为单位的,必须与车站签订协议。

(2) 发站在办理承运时,必须在包裹票记事栏各联中注明"凭传真件提货"字样,凡计算机打印的包裹票,该字样也必须由计算机打印。

(3) 到站办理交付时,应首先确认包裹票上有"凭传真件提货"字样,对于收货人为个人的,凭传真件、收货人身份证、身份证复印件领取;对于收货人为单位的,凭收货单位介绍信、提货人身份证、身份证复印件领取。传真件、介绍信和身份证复印件留存。

收货人领取行李、包裹时,如发现有短少或异状应在领货时及时提出。承运人必须认真检查,必要时可会同公安人员开包检查。检查发现有损失时,应编制事故记录交收货人作为要求赔偿的依据。

旅客如继续旅行,要求将行李继续运至新到站时,可凭新车票及原行李票重新办理托运。

十二、变更运输

托运人在办理托运手续后,可按如下规定办理一次行李、包裹变更手续(鲜活包裹不办理变更),核收变更手续费。

(1) 在发站装车前取消托运时,退还全部运费。

(2) 装运后要求运回发站或变更到站的(行李只办理运回发站或中止旅行

站),补收或退还已收运费与实际运送区间里程的运费差额。

(3)旅客在发站停止旅行,要求仍将行李运至到站时按包裹收费,应补收发站至到站的包裹与行李运费的差额。

办理变更运输后产生的杂费按实际产生的核收。如已收运费低于已产生的杂费时,则不补收杂费也不退还运费。但因误售误购客票产生的行李变更时,不收变更手续费。

十三、品名、质量不符及无票运输的处理

发现品名不符时,在发站,应补收已收运费与正当运费的差额;在到站,加收应收运费与已收运费差额两倍的运费。到站发现质量不符应退还时,退还多收部分的运费。应补收时,只补收超重部分正当运费。如将国家禁止、限制运输的物品或危险品伪报其他品名托运,则在发站取消托运,在中途站停止运送(在列车上发现危险品交前方停车站),均通知有关部门和托运人处理,已收运费不退,按四类包裹另行补收运输区段的运费及保管费。

发现无票运输的物品,按实际运送区间加倍补收四类包裹运费。

十四、无法交付物品的处理

对于无法交付的行李、包裹或旅客的遗失物品、暂存物品,承运人应登记造册,妥善保管,不得动用。枪支弹药、机要文件以及国家法令规定不能买卖的物品应及时交有关部门处理。容易变质的物品应及时处理。

行李从运到日起,包裹从发出通知日起,遗失物品、暂存物品从收到日起,承运人对于 90 天以内仍无人领取的物品应在车站进行通告。通告 90 天以后仍无人领取时,应报上一级主管部门批准后予以变卖。

对于变卖所得款项,扣除所发生的保管费、变卖手续费等费用的剩余款额,旅客、托运人、收货人在 180 天以内来领取时,承运人凭旅客、托运人、收货人出具的物品所有权的书面证明办理退款手续。不来领取时,上缴国库。属于事故行李、包裹的变卖款拨归承运人收入。

第五节 铁路旅客运输保险与安全

一、铁路旅客意外伤害强制保险的概念、特征及现实中的问题

保险是保险人对于被保险人由于自然灾害或意外事故所造成的经济损失给予赔偿,或对个人因死亡或丧失工作能力给予物质保证的一种制度。

按照保险的标的划分,保险可分为财产保险、人身保险、责任保险和保证保险四大类;按照保险的方式划分,保险可分为自愿保险和强制保险两种。自愿保险是投保人和保险人在自愿协商的基础上,经签订保险合同而产生的一种保险方式;强制保险则并非出于投保人的意思,而是由国家规定必须投保的一种保险方式。铁路旅客意外伤害强制保险(又称铁路强制险),就是属于这样一种强制性质的人身保险方式。铁路强制险是指铁路旅客持免费乘车证或有效客票自进站加剪后开始至到达终点站缴销车票时为止,遭受非自身责任的外来剧烈及明显的意外伤害(包括战争所致)时依法获得赔偿的保险制度,它主要分为铁路运输企业责任、第三人责任和不可抗力。根据现行规定,每张火车票含有2%的强制保险,虽然票价和参保金额各有差异,但保险赔偿额则是统一的2万元。

早在1951年4月24日,政务院财政经济委员会就发布过《铁路旅客意外伤害强制保险条例》,这个条例规定,凡是持票乘坐火车的旅客,必须参加这项保险。保险业务由保险公司负责,手续由铁路旅客运输部门代办。为了不再对旅客另外签发其他保险凭证,在旅客的车票内就计入了旅客应该交付的保险费。这样,火车客票就成了负有旅客乘车和参加意外伤害强制保险的双重身份的凭证。自1959年起,这种强制保险业务由保险公司划归铁路旅客运输部门接办。

铁路旅客意外伤害强制保险的特征如下。

第一,铁路旅客意外伤害强制保险具有强制性。即这种保险不是出于旅客本人的意思,而是由国家规定的。不论旅客是否自愿,只要是购买了火车票,并且持票进站加剪之后,这种保险关系就宣告成立了。

第二,铁路旅客意外伤害强制保险具有一律性。即凡是购买了火车票并持票加剪之后上车者,不分年龄、性别、社会地位、身体状况(包括精神病患者、犯人等),一律都在强制保险的范围之列。

第三,铁路旅客意外伤害强制保险具有时间性。铁路旅客意外伤害强制保险的保效时间是十分确定的,即从旅客持票加剪进站之后开始,到旅客乘车抵达旅程终点站缴销车票出站为止。这段时间以外的时间,发生自然灾害或意外事故造成损失的,铁路不负赔偿责任。

第四,铁路旅客意外伤害强制保险所担负的赔偿金额具有固定性。其他种类的财产保险,根据投保人投保数额以及损失程度,保险人负责赔偿的数额是不等的,而铁路旅客意外伤害强制保险,其赔偿金额是事先规定好了的,不论旅客本人所乘车次、座别,还是职业、年龄等有何差异,赔偿金额都是固定的。

铁路强制险的上述特点造成了现实中的一系列问题。例如,强制旅客购买保险违反了保险法确立的保险自愿原则;赔偿金额过低,现在的动车票价动辄几百上千元,其中包含的2%的保险费就有几十元,考虑到商业保险的赔偿比例,铁路强制险的赔付比明显偏低,实际上违反了等价有偿原则;铁路部门未对保险做出任何说明,车票中也未注明保险条款,也就是说,旅客的知情权被侵犯,绝大多数的旅客对于火车票价中包含保险费并不知晓。

社会不断发展,经济水平不断提高,铁路科技日新月异,我国法律也逐步完善,铁路旅客意外伤害强制保险制度虽然也做出了相应的部分修改,但是并没有跟上经济、法制的步伐,更是无法满足现实的需要。随着改革开放的深入,铁路旅客意外伤害强制保险制度的缺陷越加明显。

二、铁路旅客意外伤害强制保险的废止

根据2012年11月9日中华人民共和国国务院令第628号,自2013年元旦起,列车车票价格做出相应的调整,票价中不再包含强制保险的费用,已经实施61年的铁路强制险将被取消。同时,铁路运输企业对旅客人身伤害的赔偿责任也不再限定为最高15万元。新规中还删去《铁路交通事故应急救援和调查处理条例》第三十三条:"事故造成铁路旅客人身伤亡和自带行李损失的,铁路运输企业对每名铁路旅客人身伤亡的赔偿责任限额为人民币15万元,对每名铁路旅客自带行李损失的赔偿责任限额为人民币2000元。铁路运输企业与铁路旅客可以书面约定高于前款规定的赔偿责任限额。"删除这一条文意味着铁路旅客一旦发生人身伤亡,可获得的赔偿金额不再只有15万元的上限,每名铁路旅客自带行李损失的赔偿金额也不再只有2000元的上限。此外,这项已经实施61年因强制要求火车旅客按照票价2‰的价格购买"人身意外伤害强制保险"这项备受争议的规定也在2013年1月1日退出历史舞台。现在,火车票价普降0.5元到数元不等,所降部分就是所谓的强制保险费用。

三、铁路客运保险的未来发展

铁路旅客意外伤害强制险的制度废止后,有关铁路旅程中的人身安全保障措施出现空缺,商业保险有可能乘虚而入。例如,"7.23"甬温线特大交通事故后,有保险公司推出"高铁险"等火车意外伤害险,投保人可以根据意愿选择保险责任、保险金额。

对于我国铁路客运保险的未来发展,我们一方面可以参照我国长途汽车票的保险制度,将旅客人身意外伤害保险从火车票(铁路旅客运输合同)中分离出来,单独发售并签发保险凭证;另一方面也可参照国外旅客运输领域的承运人责任险制度的经验,在我国建立铁路旅客责任强制险制度,即强制铁路部门购买旅客人身意外伤害责任险,如铁路部门对旅客人身意外伤害负有过错或过失责任,即由保险公司理赔。

铁路责任强制保险建立后和旅客人身意外伤害保险配套使用,将会组成铁路客运的"双险"制度,以便更有效、更大程度分散运输事故的风险负担。

案例分析

一、火车乘车受伤

（一）案情

原告：王小丽，女，1973年9月18日出生，住湖北省老河口市薛集镇薛集村4组。

被告：郑州铁路局襄樊铁路分局（以下简称襄铁分局）。

被告：襄樊铁路分局宜昌车站（以下简称宜昌车站）。

1999年2月19日17:00左右，王小丽携带其子王磊（5岁），持宜昌至襄樊当日418次17车014号硬座票（票号04F065577，进站时车票未经剪口）到17号车厢上车，因17号车门未开，改从16号车门上车，其子在前面上车，王小丽随后上车，列车启动时，列车员关闭车门致使王小丽坠落车下，被启动的列车压伤双足。事发后，宜昌车站将王小丽送往宜昌市第一人民医院抢救治疗。经治疗，王小丽双足被截肢。1999年4月30日宜昌市人民检察院技术鉴定中心对王小丽的伤害程度做出法医活体检验鉴定结论：王小丽的伤残程度为三级。该鉴定费200元由王小丽支出。

事故发生后，宜昌车站依照有关规定组成了事故调查委员会，经与王小丽父亲王帮清协商，于1999年8月6日签订了《旅客意外伤害事故最终处理协议书》（以下简称《协议书》），该协议认定，列车员违反《铁路旅客列车硬座车客运乘务员作业标准》停站作业标准中的规定，列车启动后，关闭车门，致使王小丽坠落车下，压断双足，造成旅客伤害事故，属铁路责任。根据铁路有关法律法规和王小丽家庭实际困难以及受伤程序，达成如下协议：① 支付保险金2万元；② 支付赔偿金4万元；③ 王小丽住院的治疗费、护理费和抢救中的费用等共计43745.70元，由铁路运输部门承担；④ 支付假肢费用3.5万元；⑤ 以上费用总计138745.70元，由铁路运输部门支付给受害者，此协议为最终处理结案协议，自签订之日起生效。该协议签订后，王帮清于1999年8月7日从宜昌车站领取了王小丽伤害事故赔付费用共计9.5万元，后给了王小丽。1999年8月9日，由宜昌车站购买车票，送王小丽及家属前往广州安装假肢，王小丽在德林义肢矫形康复器材（深圳）有限公司经营部购买并安装假肢，共支出38010元。后王小丽多次向宜昌车站索赔未果，遂酿成纠纷。

被告宜昌车站辩称：被告在对原告进行治疗和赔偿中的态度是积极诚恳、实事求是的，也是符合国家批准实施的铁路规章制度的。从原告家庭实际出发，经多次反映和请示，给了原告超范围的赔偿，原告在起诉状中称其父亲王帮清所签订的《协议书》，原告没有认可一事，不符合事实。因为王帮清在与被告签订协议时，向被告提供了经原告按压手印的书面委托书,是具有法律效力的。原告依照《中华人民共和国民法通则》(以下简称《民法通则》)第一百一十九条的规定,要求被告赔偿100多万元巨额款,被告认为适用法律不当。被告在处理原告伤害赔偿一案中适用的法律依据是正确的。请求法院予以支持,被告已依照法律和法规,对原告进行了赔偿并已履行完毕。因此,对原告的诉讼请求应当予以驳回。

依照《中华人民共和国铁路法》第十条、第五十八条第一款,《铁路旅客意外伤害强制保险条例》第八条,最高人民法院《关于审理铁路运输损害赔偿案件若干问题的解释》第十一条第三款、第十三条,《铁路旅客运输损害赔偿规定》第五条、第六条的规定,法院经审理做出如下判决:

(1) 襄铁分局和宜昌车站向王小丽支付赔偿金4万元;

(2) 襄铁分局和宜昌车站向王小丽支付保险金2万元;

(3) 襄铁分局和宜昌车站向王小丽支付假肢安装费和法医活体检验鉴定费共计38210元;

(4) 襄铁分局和宜昌车站负担王小丽住院治疗期间实际支出的费用43745.70元;

(5) 襄铁分局和宜昌车站向王小丽支付精神损害赔偿金5万元;

(6) 驳回王小丽的其他诉讼请求。

上述(1)、(2)、(3)、(4)、(5)项合计191955.70元,减去襄铁分局、宜昌车站已负担和支付的138745.70元,襄铁分局和宜昌车站还应向王小丽支付53210元,于判决生效之日起十日内付清。

案件受理费16080元,由王小丽负担13980元,本院已准许免交;襄铁分局和宜昌车站负担2100元。

判决后,原告王小丽、被告襄铁分局不服,向河南省高级人民法院提出上诉。

王小丽上诉称,原判决认定事实不清,适用法律不当,判决赔偿假肢费用的数额过低,请求二审法院依法改判,支持其诉讼请求。

襄铁分局上诉称,原审判决认定事实、划分责任与客观不符,造成王小丽受伤乘坐的418次列车不是该分局的旅客列车,乘务员亦不是该分局的工作人员,故不应承担赔偿责任。宜昌车站针对王小丽的上诉请求答辩称,王小丽受伤后,该车站对王小丽实施了积极的救助,并与之协商达成了意外伤害赔偿协议,并已得到实际履行,请求二审法院驳回上诉请求。

二审法院审理查明的事实与原审判决认定的事实一致。

河南省高级人民法院经审理认为:本案系铁路旅客运输人身损害赔偿纠纷。王小丽在铁路旅客运输责任期间受到伤害,是由于铁路运输企业的工作人员违章操作所造成的,未能保证旅客的安全,属铁路运输企业的责任,故铁路运输企业应当承担赔偿责任。原审判决在查明本案事实后,依照有关法律、法规,并充分考虑了双方的客观实际情况,确定赔偿数额是正确的,本院应予认定。因本案系铁路运输人身损害赔偿纠纷,最高人民法院就此有明确司法解释,本案应适用特别法的规定确定赔偿数额。鉴于王小丽致残的实际情况,原判适当予以补偿合情合理,但王小丽上诉请求精神赔偿10万元并要求赔偿假肢费用等其他费用,因缺乏相应的法律依据或超出法律规定的范围,本院不予支持。因宜昌车站是该伤害事故的发生站和该事故的善后处理站,襄铁分局又是宜昌车站的上级主管部门,均属于铁路运输企业,有义务和责任对该事故进行赔偿和处理。赔偿后由铁路有关部门进行划责清算。襄铁分局上诉称不是本案被告,不应承担赔偿责任的理由不能成立,本院不予支持。王小丽和襄铁分局的上诉理由均不予采纳,予以驳回。原审判决认定事实清楚,处理正确,本院予以维持。经审理做出如下判决:

驳回王小丽、襄铁分局的上诉,维持原判。

二审诉讼费16080元,王小丽负担8040元,本院已准许王小丽免交;襄铁分局负担8040元。

(二) 评析

本案系铁路旅客运输人身损害赔偿纠纷。王小丽所持旅客车票,虽未经剪票,但不影响该旅客车票本身的有效性。王小丽在铁路旅客运送责任期间受到伤害,是由于铁路运输企业的工作人员违章操作所造成的,未能保证旅客的安全,属铁路运输企业的责任,铁路运输企业应当承担赔偿责任。根据《中华人民共和国铁路法》第五十八条以及《最高人民法院关于审理铁路运输损害赔偿案件若干问题的解释》第十一条的规定,本案应适用《铁路旅客运输损害赔偿规定》第五条确立的限额赔偿制度,即铁路运输企业向王小丽承担各项赔偿责任的最高限额为4万元。王小丽在住院治疗期间的全部费用由铁路运输企业负责,不包含在赔偿限额中。宜昌车站在王小丽住院治疗期间已实际支付的各项费用为43745.70元,由铁路运输企业承担。司法鉴定是该事故必要的程序,且发生在王小丽住院期间,该项费用应由铁路运输企业承担。安装假肢的费用,虽在住院时未实际发生,但属于必需的补救性治疗费用,属于住院治疗期间的费用,应由铁路运输企业全额承担,但对于王小丽今后发生的假肢维修、更换费用等其他费用,应属于后续治疗费用,包括在赔偿的限额中,不应另行支付。同时,根据《铁路旅客意外伤害强制保险条例》的有关规定,本案亦属于保险责任范围内的事故,应由铁路运输企业向王小丽支付保险金2万元。王小丽因伤害造成三级伤残,肢体残缺,妨碍了正常生活和健康,其生理、心理和精神上所受到的损害是客观存在的,理应受到适当的精神抚慰和补偿。根据司法实践和本案的实际,以及我国经济发展形势和当前社会人们普遍的生活水准,王小丽请求给予精神赔偿应予支持。但王小丽请求精神赔偿10万元的要求过高,难以全额支持。宜昌车站依据王小丽的"委托书"与其父亲王帮清签订的《协议书》,对该"委托书"的内容和指纹,王小丽本人予以否认,襄铁分局和宜昌车站对此也无其他证据证实是王小丽所为,在庭审时,均提出进行司法鉴定,但未提交书面申请和签订费用。因此本院不再进行司法鉴定。同时，王小丽对该《协议书》中的事实和责任划分均无异议，仅对适用赔偿依据和赔偿数额提出异议，该《协议书》是伤害事故发生后，铁路运输企业与受害者进行赔偿的行为，并不影响受伤害者向法院提起诉讼的权利。

虽然《民法通则》没有对公民身体权做出明文规定，但这里不能否认身体权是公民的一项独立的民事权利。如最高人民法院《关于确定民事侵权精神损害赔偿责任若干问题的解释》(法释[2001]7号)第一条中即有明确的"身体权"概念，这实际上是将《民法通则》中规定的生命健康权这一人格权利明确细化为生命权、健康权和身体权。因此，身体权是公民维护其身体的完好性的权利，是基本人格权之一。本案原告王小丽因铁路运输企业的责任造成身体的完好性受到侵害，丧失了双脚，给受害人所造成的损害后果有疼痛、残疾以及由此产生的精神痛苦。根据《民法通则》或有关特别法的规定，侵权人应承担相应的民事赔偿责任，此外，上述最高人民法院法释[2001]7号解释还规定了身体权受到侵害可起诉请求赔偿精神损害，法院可判令侵权人赔偿相应的精神抚慰金。

事实上，本案涉及公民身体权受到侵害的赔偿数额的确定一直是审判实务中的难点。对于本案的赔偿数额的确定，它既涉及一般法(指《民法通则》)与特别法(指铁路法律、法规及规章)的适用关系问题，也涉及精神损害赔偿金的确定问题。一审判决适用了有关铁路特别法规如《铁路旅客运输损害赔偿规定》、《铁路旅客意外伤害强制保险条例》的规定，判决两被告支付限额赔偿金4万元、保险金2万元，两个数额均取了上限。同时，判决两被告支付原告假肢安装费、法医鉴定费及住院期间实际支出费用共8万余元。对上述赔偿额的确定，一审法院仅强调假肢安装费、法医鉴定费及住院期间实际支出费用等应由铁路运输企业负责或全额承担，不包含在赔偿限额中，但没有适用明确的法律规定。此外，尽管本案审理时，最高人民法院法释[2001]7号解释还未颁布，但一审判决仍根据司法实践和案件的实际以及我国经济发展形势和当前社会人们普遍的生活水平，支持了原告5万元的精神损害赔偿的请求。可见，一审判决在确定赔偿数额时并未局限在特别法规定的赔偿限额内，对受害人治疗中实际支出的费用及精神损害赔偿金均做了考虑，体现了《民法通则》第一百一十九条的财产损失全部赔偿的原则以及对原告因致残所受的精神痛苦的安抚。不过应当注意，二审判决虽然维持了一审判决，但其明确指出，"因本案系铁路运输人身损害赔偿纠纷，最高人民法院就此有明确司法解释，本案应适用特别法的规定确定赔偿数额。鉴于王小丽致残的实际情况，原判适当予以补偿合情合理"。可见，二审判决认为一审确定的在限额赔偿及保险金以外的赔偿额是"补偿"而非"赔偿"。换句话说，一审判决是一个"合理"但不一定"合法"的判决，并未在一般法与特别法的适用上予以突破。其是根据案件实际及被告的承受能力及态度并运用司法裁量权所做的一种处理。从案件实际情况可以看出，法院最终判决的赔偿额除精神赔偿5万元外,其他的数额基本上是被告本身在诉讼前予以认可并大部分支付了的。原告实际的诉讼价值仅体现在5万元的精神损害赔偿上。因此,二审判决在阐明其对本案的处理观点的同时,判决维持了一审判决,体现了对受害人权益的善意保护,较好地处理了情与法的协调。另外,两级法院均对王小丽应负担的诉讼费予以免交,王小丽也得到宜昌市法律援助中心提供的无偿法律服务,因此,应该说本案处理的社会效果是很好的。但是,如何处理好有关侵害公民身体权诉讼中一般法或特别法的适用关系,应当引起立法部门、司法部门及法学理论界的重视,应尽早进行探讨、研究并制定出相应的适用规则,以公正地保护受害人及其近亲属的合法权益。

思考题

1. 法律在铁路旅客运输中有哪些作用?
2. 铁路旅客的权利和义务有哪些?
3. 铁路旅客意外伤害强制保险的特征是什么?

第六章　水路旅客运输法律法规

第一节　水路旅客运输法规概述

水路运输分为营业性运输和非营业性运输。营业性运输是指为社会服务，发生费用结算的旅客运输（含旅游运输，下同）和货物运输。非营业性运输是指为本单位或本身服务，不发生费用结算的运输。

在我国现有的法律法规中，专门针对水路旅客运输方面的较少。涉及水路旅客运输的法律法规主要有《国内水路运输管理条例》、《中华人民共和国水路运输服务业管理规定》、《国内水路运输经营资质管理规定》等。其中，《国内水路运输管理条例》于2012年成为当前水路旅客运输方面最重要的法律之一。它的前身是《中华人民共和国水路运输管理条例》。

本章中水路旅客运输是指国内水路旅客营业性运输。

一、主要定义和解释

（1）国内水路运输（以下简称水路运输）是指始发港、挂靠港和目的港均在中华人民共和国管辖的通航水域内的经营性旅客运输和货物运输。

（2）水路运输辅助业务是指直接为水路运输提供服务的船舶管理、船舶代理、水路旅客运输代理和水路货物运输代理等经营活动。

（3）水路旅客运输是利用船舶或其他浮运工具，在江河、湖泊、水库、人工水道及海洋等水域运送旅客及其行李的运输方式。水路旅客运输按其航行区域，可划分为三种类型：远洋旅客运输、沿海旅客运输和内河旅客运输。

（4）客船是指载客超过十二人的船舶，不论其是否装货均视同"客船"。

二、主要主体和对象

水路旅客运输法律法规中涉及的主体主要是旅客（及其行李）和承运人。

旅客是指与承运人订立客运合同并由承运人运送的人。

具体说来，旅客分为四种，一是购买客票而登船并接受承运人运送的人；二是根据运输合同可以由旅客携带的免费乘船的人,主要是指婴幼儿;三是按规定免票,持优待票或经承运人许可而登船的无票旅客,主要是指伤残军人;四是在货物运输中随船护送货物的人。其中第四种旅客属于货物运输的范畴,不属于客运合同中的旅客,所以不在本章讨论之列。对于前三种旅客,虽然有的可能没有支付票款,没有购买客票,或者按照承运人的规定仅支付了部分票款,但是他们的法律地位是一样的,他们与承运人之间都是水路旅客运输合同关系。

行李是指根据客运合同旅客携带上船的物品。

凡是旅客携带上船的物品都属于行李的范畴。但是承运人为了保证运输的安全,对旅客所携带的行李会做出限制,禁止危险品和违禁品上船,所以危险品和违禁品不属于行李的范畴。除了危险品和违禁品,旅客还可能携带活动物上船,比如宠物等体积较小的活动物。对此,我国《中华人民共和国海商法》(以下简称《海商法》)和《水路旅客运输规则》有不同的规定。《海商法》第一百零八条规定:"行李,是指根据海上旅客运输合同由承运人载运的任何物品和车辆,但是活动物除外。"所以,在海上运输中,活动物不属于行李的范畴。《水路旅客运输规则》规定,旅客可以携带规定的活动物上船,而且还应当按行李运价支付运费,由于《海商法》的法律效力高于《水路旅客运输规则》,所以,在我国,在沿海旅客运输中,活动物不属于行李的范畴,但是在内河、湖泊及其他可航水域的旅客运输中,活动物则属于行李的范畴。

旅客行李可以分为自带行李和非自带行李。自带行李是指在运送过程中由旅客自行携带和保管的行李。非自带行李又称托运行李,是指除旅客自带行李以外的,在运送过程中旅客交由承运人运输保管,并支付运费的行李。承运人针对旅客携带的行李,在合同中规定一定的限额,限额之内不收取费用,由旅客自行携带,限额之外的部分按合同规定收取运费,交由承运人统一随船运送。自带行李和非自带行李的根本区别不在于是否额外收取运费,而是在于承运人对二者承担的保管责任不同。在运送期间,自带行李由旅客自己承担保管责任,而非自带行李则由承运人承担保管责任。

承运人是指本人或者委托他人以本人名义与旅客订立水路旅客运输合同的人。承运人和旅客是水路旅客运输合同的当事人。承运人的范围非常广泛,可以是船舶所有人,也可以是船舶承租人或船舶经营人,还可能是无船承运人。无船承运人是海上运输中的一个概念,由美国1984年《航运法》首创,该法第十七条第三款规定:"无船承运人是指并不经营提供远洋运输船舶业务的公共承运人。"在我国,只有《中华人民共和国国际海运条例》(简称《国际海运条例》)对货物运输中的无船承运业务进行了规定,但是我国《海商法》的海上旅客运输合同中也允许旅客运输承运人委托实际承运人实际履行旅客的运送。其他调整水路旅客运输合同的法律法规也没有做出禁止性规定,所以旅客运输中可也能出现无船承运人与旅客签订旅客运输合同,并委托实际承运人履行旅客运输合同的情况。国内水路旅客运输中的无船承运人应当是指不经营船舶但是提供水路旅客运输服务的公共承运人。

客票是指旅客支付票款后承运人向旅客交付的,旅客据以登船并证明客运合同的凭据。不论是水路旅客运输合同、道路旅客运输合同,还是航空旅客运输合同,都存在客票。在旅客登船之前,承运人会对客票进行查验,只有持有客票的旅客才能登船,因为客票是证明旅客已经支付了票款的唯一证据。客票一般以纸张为表现形式,近年来也出现了电子客票,客票的内容包括承运人的名称、船名、航线以及出发港和目的港、票价、旅客的舱位、开航时间、旅客的基本注意事项等。如果在运送过程中,承运人向旅客提供食物,票价一般包括食物的费用,但也有例外。

旅客在购买客票后就达成了旅客运输合同。合同标的是合同的权利义务所指向的对象。国内水路旅客运输合同中的权利义务所指向的对象是承运人的运送行为,就是将旅客及其行李由水路从起始港运送至目的港的行为。运送的对象是与承运人订立合同的旅客及其行李,旅客及其行李就是国内水路旅客运输合同中的标的物。

第二节　水路旅客的权利和责任

旅客应按所持船票指定的船名、航次、日期和席位乘船。重病人或精神病患者,应有人护送。每一成人旅客可免费携带身高不超过 1.1 米的儿童一人。超过一人时,应按超过的人数购买半价票。

旅客漏船,如能赶到另一中途港乘上原船,而原船等级席位又未售出时,可乘坐原等级席位,否则,逐级降等乘坐,票价差额款不退。

每一旅客可免费携带总质量 20 千克(免费儿童减半)、总体积 0.3 立方米的行李。每一件自带行李,质量不得超过 20 千克,体积不得超过 0.2 立方米,长度不得超过 1.5 米(杆形物品长度不超过 2 米)。

残疾旅客乘船,另可免费携带随身自用的非机动残疾人专用车一辆。

旅客可携带下列物品乘船:

(1) 气体打火机 5 个,安全火柴 20 小盒。

(2) 不超过 20 毫升的指甲油、去污剂、染发剂,不超过 100 毫升的酒精、香水、冷烫精,不超过 300 毫升的家用卫生杀虫剂、空气清新剂。

(3) 军人、公安人员和猎人佩带的枪支和子弹(应有持枪证明)。

下列物品不准旅客携带上船:

(1) 违禁品或易燃、易爆、有毒、有腐蚀性、有放射性以及有可能危及船上人身和财产安全的其他危险品；

（2）各种有臭味、恶腥味的物品；

（3）灵柩、尸体、尸骨。

旅客违反规定，造成损害的，应当负赔偿责任。

第三节 水路旅客运输合同

一、船票

船票是水路旅客运输合同成立的证明，是旅客乘船的凭证。船票分全价票和半价票。船票票价根据航区特点、船舶类型、舱室设备等情况，由航运企业制定，报省级以上交通和物价主管部门审批。

儿童身高超过1.1米但不超过1.4米者，应购买半价票，超过1.4米者，应购买全价票。革命伤残军人凭中华人民共和国民政部制发的革命伤残军人证，应给予优待购买半价票。没有工资收入的大、中专学生和研究生，家庭居住地和院校不在同一城市，自费回家或返校时，凭附有加盖院校公章的减价优待证的学生证，每年可购买往返2次院校与家庭所在地港口间的学生减价票（以下简称"学生票"）。学生票只限该航线的最低等级。学生回家或返校，途中有一段乘坐其他交通工具的，经确认后，也可购买学生票。应届毕业生从院校回家，凭院校的书面证明可购买一次学生票。新生入学凭院校的录取通知书，可购买一次从接到录取通知书的地点至院校所在地港口的学生票。

船票在承运人或其代理人所设的售票处发售，在未设站的停靠点，由客船直接发售。要求乘船的人凭介绍信，可以一次购买或预订同一船名、航次、起讫港的团体票，团体票应在10张以上。售票处发售团体票时，应在船票上加盖团体票戳记。

承运人应按旅客运输合同所指定的船名、航次、日期和席位运送旅客。

承运人在旅客上船前、下船后和在客船航行途中应对旅客所持的船票进行查验，并做好查验记号。

查验船票的内容如下：

（1）乘船人是否持有效船票；

（2）持用优待票的旅客是否有优待证明；

（3）超限自带行李是否已按规定付运费。

乘船人无票在船上主动要求补票，承运人应向其补收自乘船港（不能证实时，自客船始发港）至到达港的全部票价款，并核收补票手续费。在途中，承运人查出无票或持用失效船票或伪造、涂改船票者，除向乘船人补收自乘船港（不能证实时，自客船始发港)至到达港的全部票价款外,应另加收相同区段最低等级票价的100%的票款,并核收补票手续费。在到达港,承运人查出无票或持用失效船票或伪造、涂改船票者,应向乘船人补收自客船始发港至到达港最低等级票价的400%的票款,并核收补票手续费。

在乘船港,承运人查出应购买全价票而购买半价票的儿童,应另售给全价票,原半价票给予退票,免收退票费。

在途中或到达港,承运人查出儿童未按规定购买船票的,应按下列规定处理:

(1) 应购半价票而未购票的,补收半价票款,并核收补票手续费;

(2) 应购全价票而购半价票的,补收全价票与半价票的票价差额款,并核收补票手续费;

在途中或到达港,承运人查出持用优待票乘船的旅客不符合优待条件的,应向旅客补收自乘船港至到达港的全部票价款,并核收补票手续费,原船票作废。旅客在检票后遗失船票,应在船上主动要求补票,且承运人应向其补收自乘船港(不能证实时,自客船始发港)至到达港的全部票价款,并核收补票手续费。旅客补票后如在离船前找到原船票,可办理其所补船票的退票手续,并支付退票费。旅客在离船后找到原船票,不能退票。

在乘船港,由于承运人或其代理人的责任而导致旅客降等级乘船时,承运人应将旅客的原船票收回,另换新票,并退还票价差额款,免收退票费。在途中,由于承运人或其代理人的责任而导致旅客降等级乘船时,承运人应填写客运记录,交旅客至到达港办理退还票价差额款的手续。由于承运人或其代理人的责任使旅客升等级乘船的,承运人不应向旅客收取票价差额款。旅客误乘客船的,应在船上主动要求补票,且承运人应向其补收自乘船港(不能证实时,自客船始发港)至到达港的全部票价款,并核收补票手续费。旅客可凭客船填写的客运记录,到下船港办理原船票的退票手续,并支付退票费。

旅客因病或临产必须在中途下船的,由承运人填写客运记录,交旅客至下船港办理退票手续,将旅客所持船票票价与旅客已乘区段票价的差额退还旅客,并向旅客核收退票费。患病或临产旅客的护送人,也可按前款规定办理退票。

承运人可以在任何时间、任何地点将旅客违反《水路旅客运输规则》第二十九条规定的违禁品、危险品等卸下、销毁或者使之不能为害,或者送交有关部门,而不负赔偿责任。

二、合同的变更和解除

在乘船港不办理船票的签证改乘手续。旅客要求变更乘船的班次、舱位等级或行程时,应先行退票并支付退票费,再另行购票。旅客在旅行途中要求延程时,承运人应向旅客补收从原到达港至新到达港的票价款,并核收补票手续费。客船满员时,不予延程。对于超程乘船的旅客(误乘者除外),承运人应向旅客补收超程区段最低等级票价的 200% 的票款,并核收补票手续费。旅客在船上要求升换舱位等级时,承运人应向旅客补收升换区段所升等级同原等级票价的差额款,并核收补票手续费。持用学生票的学生在船上要求升换舱位等级时,承运人应向其补收升换等级区段所升等级全票票价与学生票票价的差额款,并核收补票手续费。

持低等级半价票的儿童可与持高等级船票的成人共用一个铺位。如持低等级船票的成人与持高等级半价票的儿童共用一个铺位,由承运人对成人补收高等级票价与低等级票价的差额款,并核收补票手续费,儿童的半价票差额款不退,且不另供铺位。在乘船港,旅客可在规定时限内退票,但应支付退票费。超过规定的退票时限的,不能退票。

由于不可抗力或承运人的责任造成客船停止航行的,承运人对旅客和行李的安排应按下列规定办理:

(1) 在乘船(起运)港,退还全部船票票款和行李的运费;

(2) 在中途停止航行,旅客要求中止旅行或提取行李的,退还未乘(运)区段的票款或运费;

(3) 旅客要求从中途停止航行地点返回原乘船港或将行李运回原起运港,应免费运回,退还全部船票票款或行李运费。如在返回途中旅客要求下船或提取行李,应将旅客所持船票票价或行李运单运价与自原乘船(起运)港至下船(卸船)港的船票票价或行李运价的差额款退还旅客。

由于不可抗力或承运人的责任造成客船停止航行的,承运人安排旅客改乘其他客船时所发生的票价差额款,按多退少不补的原则办理。

在乘船港退票的时限规定如下。

(1) 内河航线在客船开航以前;沿海航线在客船规定开航时间 2 小时以前;

(2) 团体票在客船规定开航时间 24 小时以前。

除另有规定的外,旅客在中途港、到达港和船上不能退票。

包房、包舱、包船的包用人可在规定的时限内要求退包,但应支付退包费。超过规定退包时限的,不能退包。

退包的时限规定如下。

(1) 包房、包舱退包,在客船规定开航时间 24 小时以前;

(2) 包船退包,在客船计划开航时间 24 小时以前。

下列原因造成的退票或退包,承运人不得向旅客收取退票费或退包费:

(1) 不可抗力;

(2) 承运人或其代理人的责任。

在春运等客运繁忙季节,承运人可以暂停办理退票。

第四节 水路旅客行李、包裹托运

一、行李、包裹托运的范围和规定

旅客自带行李超过免费规定的,应办理托运。经承运人同意的,也可自带上船,但应支付行李运费。对超过免费规定的整件行李,计费时不扣除免费质量、体积和长度。

旅客可携带下列活动物乘船:
（1）警犬、猎犬（应有证明）；
（2）供科研或公共观赏的小动物（蛇除外）；
（3）鸡、鸭、鹅、兔、仔猪（10千克以下）、羊羔、小狗、小猫、小猴等家禽家畜。

旅客携带的活动物,应符合下列条件,否则不得携带上船:
（1）警犬、猎犬应有笼嘴牵绳；
（2）供科研或公共观赏的小动物,应装入笼内,笼底应有垫板；
（3）家禽家畜应装入容器。

旅客携带的活动物,由旅客自行看管,不得带入客房（舱）,不得放出喂养。旅客携带的活动物,应按行李运价支付运费。旅客携带活动物的限量,由承运人自行制订。

在客船和港口条件允许或行李包装适合运输的情况下,家用电器、精密仪器、玻璃器皿及陶瓷制品等可办理托运。

托运的行李,每件质量不得超过50千克,体积不得超过0.5立方米,长度不得超过2.5米。

托运行李的包装应符合下列条件:
（1）行李的包装应完整、牢固,捆绑结实,适合运输；
（2）旅行包、手提袋和能加锁的箱类,应加锁；
（3）包装外部不拴挂其他物品；
（4）纸箱应有适当的内包装；
（5）易碎品、精密仪器及家用电器,应使用硬质材料包装,内部衬垫密实稳妥,并在明显处标明"不准倒置"等警示标志；
（6）胶片应使用金属容器包装。

旅客应在托运行李的外包装上写明姓名和起讫港名。

旅客违反《水路旅客运输规则》第六十六条规定,致使行李损坏时,承运人不负赔偿责任；造成客船及他人的损失的,应由旅客负责赔偿。旅客遗失行李运单时,如能说明行李的特征和内容,并提出对行李拥有权的有力依据,经承运人确认后,可凭居民身份证并开具收据领取行李,原行李运单即行作废。旅客遗失行李运单,在提出声明前,如行李已被他人冒领,承运人不负赔偿责任。

承运人应提供足够的适合运输的行李舱,将旅客托运的行李及时、安全地运到目的港。

托运的行李,应与旅客同船运送。如来不及办理当班客船的托运手续,经旅客同意,承运人也可给予办理下一班次客船的托运手续。承运人对托运的行李,必要时可要求旅客开包查验,符合运输规定的,才办理托运手续,如旅客拒绝查验,则不予承运。行李承运后至交付前,包装破损或松散的,承运人应负责修补,所需费用由责任方负担。

承运人查出在已经托运的行李中夹有违禁品或易燃、易爆、有毒、有腐蚀性、有放射性,以及有可能危及船上人身和财产安全的其他危险品的,除按规定处理外,对行李的运杂费还应按下列规定处理:

(1) 在起运港,运杂费不退;

(2) 在船上或卸船港,应加收一次运杂费。

承运人查出托运的行李中夹带易于损坏和污染物品时,应按下列规定办理:

(1) 在起运港,立即停止运输,并通知旅客进行处理,运杂费不退;

(2) 在船上或卸船港,由承运人采取处理措施,除所需费用由旅客负担外另加收一次运杂费。

承运的行李未能按规定的时间运到,旅客前来提取时,承运人应在行李运单上加盖"行李未到"戳记,并记录到达后的通知方法,行李到达后,应立即通知旅客。托运的行李自运到后的第三日起计收保管费。行李在交付时,承运人应会同旅客对行李进行查验,经查验无误后再办理提取手续。

行李自运到之日起 10 天后旅客还未提取时,承运人应尽力查找物主;如超过 60 天仍无人提取,即确定为无法交付物品。

对无法交付物品,承运人应按下列规定处理:

(1) 一般物品,依法申请拍卖或交信托商店作价收购;

(2) 没有变卖价值的物品,适当处理;

(3) 军用品、危险品、法律和行政法规限制运输的物品、历史文物、机要文件及有价证券等,无偿移交当地主管部门处理。

无法交付物品经处理后所得款额,应扣除保管费和处理费用,剩余款额由承运人代为保管 3 个月。在保管期内,旅客要求归还余款时,应出具证明,经确认后方可归还;逾期无人提取时,应上缴国库。

行李在装船前,旅客要求变更托运,应先解除托运,另行办理托运手续。

行李在装船前,旅客要求解除托运,承运人应将行李运单收回,加盖"变更托运"戳记,退还运杂费,核收行李变更手续费,并自托运之日起计收保管费。

行李装船后,不能办理变更、解除托运手续。如旅客要求由到达港运回原托运港或运至另一港,可委托承运人在到达港代办行李运回或运至另一港的手续,预付第二程运杂费(多退少补),其第一程交付的运杂费不退,并核收代办托运手续费。

二、费用计算

(1) 行李运费,按行李的计费质量和行李运价计算。

行李运费以元为单位,不足1元的尾数按1元进整。行李计费质量按《行李计费质量表》确定。空容器(包括木箱)内放有物品时,如物品整件实重大于空容器的计费质量,则以整件实重为其计费质量;如空容器的计费质量大于物品整件实重,则以空容器的计费质量为其计费质量。

(2) 行李的计费质量以千克为单位。不足1千克的尾数按1千克进整。

行李自带、托运、装卸、搬运等发生的费用,均按计费质量计费。行李运费发生多收或少收的,可在30天内由承运人予以多退少补,逾期不再退补。

第五节 水路旅客运输保险与安全

水路客运承运人责任保险的有效实行,将进一步完善水路旅客运输安全监管和建设社会保障体系,对提高水路客运风险管理水平,预防和化解社会矛盾具有重要的意义。据了解,目前国内水路运输领域客运船舶没有投保的情况较为普遍。"太湖游艇事故"等水上交通事故的发生,凸显了水路客运承运人责任保险的重要性。

《国内水路运输管理条例》中明确提出:"国内水路旅客运输业务经营者应当在其所经营管理的客运船舶投入运营前为该客船投保责任保险或者取得相应的财务担保。"

水路客运承运人责任保险规定,乘客在乘坐由水路客运企业合法经营的运输工具过程中伤残或死亡的,依法应由水路客运企业承担经济赔偿责任,如相关企业投保水路客运承运人责任保险,保险公司将按照合同约定负责赔偿。此外,该险种还可附加投保乘客行李保险、司乘人员责任保险,为水路交通运输企业及司乘人员提供全方位风险保障。

案 例 分 析

一、旅客之间互相伤害的情形下,承运人安全运送的义务分析

(一)案情

2009年1月23日,原告孙某购票乘坐被告上海亚通股份有限公司(以下简称

亚通公司)的客轮,在到达南门码头下船过程中因与第三人发生争执,遭到第三人殴打致其受重伤。现原告以被告未履行安全运送义务为由,要求被告承担违约责任,赔偿其相应损失。而被告辩称原告受伤系第三者侵权行为造成,与其没有任何关系,要求法院驳回原告的诉讼请求。最后本案以双方调解结案。

(二) 评析

本案争议焦点主要为原告与被告存在客运合同法律关系,在运送期间,原告为第三者所伤害,被告就其所受损害是否存在违约行为,以及是否对原告损失承担赔偿责任。一种意见认为被告不存在违约行为。其理由是:(1)《水路旅客运输规则》第一百四十二条规定"因疾病、自杀、斗殴或犯罪行为而死亡或受伤者,以及非乘运人或港口经营人过失造成失踪者,承运人或港口经营人不承担赔偿责任。"本案中,原告系被第三人殴打致伤,与被告没有关系;(2)本案原告与第三人发生争吵,导致自身受损,从法律规定上来讲,不属于承运公司所担保的安全范围。在运输合同关系中,作为承运人的被告的违约,通常是指承运人的工作人员怠于履行职责、运送设备出现毛病等这些应由其负责的问题。承运人的基本职责应该是安全驾驶,其负有的是驾驶上的安全保障义务,因此原告不能以被告未尽安全运送义务为由请求违约损害赔偿。本案中,原告受伤既非该亚通公司人员所为,亦非轮船自身原因所致,故被告不存在违约行为。

另一种意见认为被告存在违约行为,应承担赔偿责任。其理由是:(1)《合同法》第二百九十条规定"承运人应当在约定期间或者合理期间内将旅客、货物安全运输到约定地点"中的"安全"应做扩大解释,即泛指各种条件和因素都能确保乘客人身和财产安全的情形。(2)《合同法》第三百零一条规定"承运人在运输过程中,应当尽力救助患有急病、分娩、遇险的旅客"中"遇险"应解释为旅客因意外事故、自身原因或与他人殴打及其他犯罪行为等情况而遭遇的对其生命、健康造成威胁的危险,如果没有采取必要的救助,就应当承担责任。本案原告购票乘船后,即与被告建立了一种运输合同关系。作为乘客,原告孙某已履行了购票义务,而作为承运人的被告亚通公司,则负有把乘客安全、准时运送至目的地的义务。就本案而言,被告亚通公司在客观上并没有将乘客孙某安全、及时运送至目的地,亦即没有完全履行其义务。在孙某乘船途中受第三人侵害时,被告司乘人员没有及时进行制止,其对原告的受伤存在过错。要确定本案被告承运人是否违约,需要明确两个问题:一是安全运送义务是否包括维护船上正常秩序义务;二是本案承运人的行为是否违反了该义务。一般来说,承运人负有的安全运送义务应当包括对运输工具上正常秩序的维持以确保乘客人身、财产安全。理由如下:

第一,根据运输合同规定及诚实信用原则,承运人提供安全条件保障运输工具内的正常秩序以保证乘客人身、财产安全,是确保运输合同目的实现的需要。《合同法》第二百九十条中规定承运人应当将乘客安全运送至目的地,虽然法律没有明确承运人安全运送的义务的范围,但是从客运合同角度讲,本案中原告乘坐的轮船系被告亚通公司营运,票价为28元,航线为崇明南门至上海石洞口码头,整个航程大约需要1个小时左右的时间,船上可容纳的乘客人数为200~250人,并配备专业的驾驶人员和乘务人员数名。考虑运输合同性质及运输安全需要,在运输时间较长、乘客人数众多的情况下,维护客运正常秩序是保障乘客人身、财产安全的必要前提之一。因为乘客一旦购票上船,其对自身及携带的财产安全的控制是有限的,这时承运人作为运输工具即客轮的控制者,就有义务采取合理措施保障乘客的人身及财产安全,确保乘客按照客票载明的时间和班次安全、准时地到达目的地。不论旅客遭遇困难的原因如何,承运人都应尽力救助,否则即应视为违反安全运送义务。《合同法》第三百零一条规定的承运人的救助行为只要尽力即可,即采取一切必要手段,尽最大努力去救助遇到困难的旅客。因此本案中,原告孙某与其他乘客在运输过程中发生争执并被打伤,被告乘务人员有义务及时阻止纠纷的激化,以保证运输工具内的正常秩序及运输安全。

第二,《合同法》第三百零二条第一款规定:"承运人应当对运输过程中旅客的伤亡承担损害赔偿责任,但伤亡是旅客自身健康原因造成的或者承运人证明伤亡是旅客故意、重大过失造成的除外。"从该条规定来看,承运人对旅客在运输过程中的伤亡负的是无过错责任。除非承运人能够证明伤亡是旅客故意、重大过失或旅客自身健康原因造成的,承运人对旅客伤亡应负损害赔偿责任。

综上所述,《合同法》所规定的安全运送义务,不仅包括对运输工具的安全驾驶义务,还包括对运输工具上正常秩序的维持以确保乘客人身、财产安全的义务。本案中,被告的司乘人员在明知原告遭受他人殴打的情况下,未及时采取必要措施制止危害的发生,导致原告受伤,其不作为行为违反了安全运送义务的规定,被告构成违约,应对原告的受伤承担违约赔偿责任。

本案第二个争议焦点为被告存在违约行为,但对原告承担违约损害的赔偿范围,《合同法》对此并未做出规定。

虽然本案最终以调解方式结案,但在确定赔偿款数额上亦存在两种不同意见。一种意见认为,因为本案原告遭受的是人身损害,目前司法实践中因违约造成人身损害的赔偿标准一般参照的是《最高法院关于审理人身损害赔偿案件适用法律若干问题的解释》规定的赔偿范围和赔偿标准;另一种意见认为,自然人乘客与营运性运输企业之间的客运合同属于消费者合同,本案原告亦属于消费者的范畴,故可以根据《中华人民共和国消费者权益保护法》(以下简称《消费者权益保护法》)第十一条的规定"消费者因购买、使用商品或者接受服务受到人身、财产损害的,享有依法获得赔偿的权利"要求被告赔偿原告损失。第四十一条也规定:"经营者提供商品或者服务,造成消费者或者其他受害人人身伤害的,应当支付医疗费、治疗期间的护理费、因误工减少的收入等费用,造成残疾的,还应当支付残疾者生活自助具费、生活补助费、残疾赔偿金以及由其扶养的人所必需的生活费等费用;构成犯罪的,依法追究责任。"

虽然《消费者权益保护法》和《合同法》规定的赔偿范围和赔偿标准不一致,但除经营者存在欺诈行为外,消费者依据《消费者权益保护法》规定的赔偿标准与按照《合同法》规定的赔偿标准,两者均具有填补性和补偿性,在性质上能够并存,并不冲突,因此原告有权择一行使,既可以选择按照《消费者权益保护法》规定的赔偿标准向被告经营者主张赔偿责任,也可以选择按照《合同法》的规定向被告违约方主张违约责任,由于《合同法》对于因违约造成人身损害的损失赔偿额没有规定明确的赔偿范围和赔偿标准,而且当事人也极少会在合同中约定造成人身损害的违约金,故相关损失以参照《最高法院关于审理人身损害赔偿案件适用法律若干问题的解释》中规定的赔偿标准为宜。

二、水路旅客运输合同纠纷案1

(一)案情

2006年6月22日,重庆风尚旅游有限公司(简称风尚公司)与重庆海内观光游轮有限公司(简称海内公司)签订《万州港至茅坪包船变更协议》。该协议约定:一、甲方(海内公司)承包给乙方(风尚公司)两条三星级以上海内观光客船,营运于西沱港或石宝港至茅坪(下水旅游班),茅坪至西沱港或石宝港(上水普班)。甲方必须按约定时间开航不得延误。二、乙方承包甲方客船后,从万州港每发一班下水旅游班和从茅坪每发一班上水普班计2天为一个航次(按天数计算),向甲方交纳承包费人民币3.4万元。若一航次超过2天以上,则甲方按承包费的平均数收取超出一天的承包费。三、付款方式与违约责任,乙方在与甲方签订本协议之日必须向甲方交纳保证金10万元,合同期满时在乙方不欠甲方款项的前提下五日内甲方退还给乙方,不计息。甲方船舶每发一航次,乙方必须在次日交清头天的承包款,逾期三日以上不交清的,甲方有权在保证金中扣除,并解除协议。除人力不可抗拒的因素,乙方每月不能低于24个航班,如因客源等原因停班,无论在何时何段,必须是连续停运,并提前三天通知甲方。四、本协议执行时间从2006年6月25日起至2006年10月24日止。双方还对其他事项做出约定。协议签订当日,乙方向甲方电汇10万元保证金。

协议签订后,海内公司按双方约定要求,将"海内观光2"号轮和"海内观光3"号轮的舱位提供给风尚公司,由风尚公司安排游客上船。根据这两条游轮进出港签证、船舶航行日志和船舶运行(动态)情况登记表记载,"海内观光2"号轮于2006年6月25日15:31从西沱港下行,18:00到达万州港,上客31人,19:07离开万州港下行,6月26日18:20到达茅坪。"海内观光3"号轮于6月27日14:22从石宝港下行,17:50到达万州港,上客56人,19:17离开万州港下行,6月28日17:40到达茅坪。因风尚公司没有按约向海内公司支付该两个航次的承包款,海内公司安排游轮停航。风尚公司于 2006 年 7 月 14 日通过重庆市商业银行建新北路支行电子汇兑付给海内公司 68000 元后,海内公司安排游轮继续发航。2006 年 7 月 15 日 16:00,"海内观光 3"号轮从石宝港下行,19:04 到达万州港,上客 148 人,7 月 16 日 18:22 到达太平溪;7 月 17 日 16:22,"海内观光 3"号从石宝港下行,18:51 到达万州港,上客 83 人,7 月 17 日 16:38 到达太平溪。由于风尚公司未按约定向海内公司支付该两个航次的承包款,2006 年 7 月 18 日,海内公司向风尚公司发出《函告》,说明"因万州港航管理局通知我司必须隔日发班,不允许天天发班,如果我司要发班将按上限处罚并扣证,所以特告知贵司。另外,请将 7 月 15 日、17 日两班的票款打给我司财务"。然而此时,风尚公司已与众多旅行社签订了合作协议。由于海内公司的原因导致其无法兑现与其他合作方的合作协议,向第三方(即之前和风尚公司签订协议的旅行社)支付违约金已无法避免。风尚公司于 2006 年 7 月 21 日向海内公司发出《函告》,要求海内公司保证每天能够发航班。由于海内公司没有回复,风尚公司于 2006 年 8 月 1 日向海内公司发出《解除协议的函》。函中表明:解除双方的《万州港至茅坪包船变更协议》,要求退还风尚公司已付保证金 20 万元和已付包船款 6.8 万元,承担由此给风尚公司造成的损失共计 348497 元。海内公司接到该函后,表示同意解除双方协议。由于海内公司没有按解除协议函退还保证金和赔偿经济损失,风尚公司于 2008 年 8 月 15 日起诉到法院,请求判令海内公司退还保证金 10 万元,赔偿经济损失 661582 元,并承担本案诉讼费。经法院审理,本案双方签订的《万州港至茅坪包船变更协议》依法成立,合法有效,双方依法建立了水路旅客运输合同关系。风尚公司起诉海内公司退还保证金 10 万元并赔偿经济损失 661582 元的请求没有事实根据和法律依据,且起诉已超过法律规定的二年诉讼时效期间,对风尚公司的主张,法院不予支持。依照《中华人民共和国民法通则》第一百三十五条,《中华人民共和国民事诉讼法》(以下简称《民事诉讼法》)第六十四条第十款、第一百二十八条的规定,判决如下:驳回重庆风尚旅游有限公司对重庆海内观光游轮有限公司的诉讼请求。案件受理费人民币 11416 元,由重庆风尚旅游有限公司负担。

(二)评析

本案双方的争议焦点为:(1)海内公司在万州港应否为风尚公司每天提供下水旅游班。(2)海内公司提供的下水游轮是否按约定时间开航,能否在万州港停靠。(3)海内公司及所提供的游轮是否具有重庆至宜昌航线的旅客运输经营权。(4)海内公司应否承担风尚公司对第三方违约赔偿(即未能完成对上述旅行社的旅客运输而导致向旅行社赔偿)的民事责任,是否退还保证金。(5)风尚公司起诉是否超过诉讼时效期间。

对争议焦点(1),原审法院认为,海内公司在万州港应否为风尚公司每天提供下水旅游班,即双方所称的天天发班,要从双方签订的协议来认定。双方签订《万州港至茅坪包船变更协议》,并没有对海内公司在万州港每天提供下水旅游班做出明确约定,双方事后也未对此进行变更约定。海内公司于2006年7月18日发给风尚公司的函告,仅说明海内公司只能提供隔天发班的游轮,不能证明风尚公司与海内公司之间存在每天提供游轮航班的明确约定。因此,风尚公司诉称海内公司应每天提供游轮航班,即天天发班没有事实根据。

对争论焦点(2),原审法院认为,海内公司提供的游轮已按约定时间开航,并能在万州港停靠。

对争论焦点(3),原审法院认为,海内公司及所提供的游轮具有重庆至宜昌航线的旅客运输经营权。

对争论焦点(4),原审法院认为,海内公司不应承担风尚公司对第三方违约赔偿的民事责任,保证金退还按双方约定执行。

对争论焦点(5),原审法院认为,风尚公司起诉已超过诉讼时效期间。

综上所述,双方签订的《万州港至茅坪包船变更协议》依法成立,合法有效,双方依法建立了水路旅客运输合同关系,原审判决认定事实清楚,适用法律正确。

三、水路旅客运输合同纠纷案2

(一)案情

原告所属的陆丰市南粤糖业公司系由原告和马炎生、陈俊普三股东投资组建的有限责任公司,属私营企业,注册资金45万元,经营范围包括食糖、副食品等内容。该公司证明,已经授权原告可以原告个人的名义作为投保人和受益人投保货物运输险。1998年12月7日,原告电话委托贵港市江北车队从广西田东县第二糖厂装运东海岭牌赤砂糖180吨经贵港市贵糖码头装船后联运至广东省增城市新塘镇群星码头,并委托其办理国内水路、陆路货物运输保险。8日,江北车队委托联运公司找船承运该批货物,该公司水运部副主任冼雪雁找到自称是水运公司014号船的"女船主",双方口头约定10日上午由该船在贵港市贵糖码头装运180吨赤砂糖运至广东增城,运价为39元/吨。9日上午约11:00,冼雪雁查看后认为其"运输证是合法、合规的";下午3:30左右,冼雪雁又打电话给水运公司核实014号船情况,水运公司办公室工作人员徐海燕向冼雪雁证实该公司有此船,船主为黄志能(与"女船主"留给冼雪雁的签名一致)。冼雪雁遂放心使用该船,并于次日向"女船主"支付了运费5000元。12月10日,作为被告保险代理人的冼雪雁就180吨赤砂糖签发了以执行"国内水路、陆路货物运输保险条款"为条件的编号为桂丁丑NO.0012251、桂丁丑NO.0012252两份国内水路、陆路货物运输保险费凭证,内容为:被保险人及投保人蔡桂木,货物名称白糖,中转地贵港,目的地内河,运输工具"江一司014",起运日期1998年12月10日,保险费率为综合险3‰。第一份凭证记载的货物质量40吨,保险金额6万元,保险费180元;第二份凭证记载的货物质量140吨,保险金额21万元,保险费630元。两份凭证都有冼雪雁的签字,并盖有"桂平江口一公司014"字样的印章和被告的业务章。同日,江北车队自广西田东县运载180吨赤砂糖在贵港市贵糖码头卸车后,装上了"女船主"提供的"014号船"。11日该船开航离去。15日,原告在目的港未能接到货,即电话江北车队了解情况;至24日仍未收到货,即向公安机关报案。12月30日,原告向被告出具国内水路、陆路货物运输险出险通知书。1999年4月29日,原告向被告提出货物运输保险赔偿,要求被告赔偿赤砂糖货款428400元,汽车运费及中转费27000元,共计455400元。6月4日,被告向原告发出拒赔通知书,以货损系诈骗所致、不属保险责任为由拒绝赔偿。双方酿成纠纷,原告遂诉至法院。

被告辩称,原告向被告承保的标的为白糖而非其所诉的赤砂糖,因而原告对起诉索赔的价值455400元的180吨赤砂糖无保险利益,双方的保险合同无效。原告所诉180吨赤砂糖未装上保险单所约定的运输工具水运公司014号船,而是交由一艘"黑船"承运,因而被告的保险责任没有开始。诈骗者所使用的"黑船"未经登记,不能对抗作为第三人(注:不能对抗第三人是指不能以双方签订的合同约定损害第三人的合法利益,合同双方当事人的约定对第三人不生效力。这里的第三人是原告。)的被告。货损系诈骗所致,不属保险责任范围。保险代理人冼雪雁因受骗而签发保险单,属无效行为,且冼雪雁又代理货方找船承运,显然属于双方代理,其签发保险单的行为也应无效。原告损失属公安部门处理范围,应由公安机关将案件侦破后追回。故请求法院驳回原告对被告的诉讼请求,并由其承担诉讼费用。

根据《中华人民共和国保险法》(简称《保险法》)第十二条、《中华人民共和国合同法》第八条、《中华人民共和国民法通则》第一百零六条的规定,北海海事法院于2000年9月25日判决如下:

驳回原告蔡佳木的诉讼请求,案件受理费9340元由原告担负。

一审判决后,原告不服,向广西壮族自治区高级人民法院提起上诉。广西壮族自治区高级人民法院认为:被上诉人的保险代理人冼雪雁向上诉人签发保险凭证后,上诉人与被上诉人之间的货物运输保险合同关系即告成立,并且该保险合同是双方当事人的真实意思表示,内容符合法律规定,应认定为有效。而作为上诉人货物运输代理人的冼雪雁,其找船运输180吨赤砂糖的行为,特别是对014号船真假情况进行审查的行为的法律后果,应直接由上诉人承担。因上诉人的180吨赤砂糖未装上保险凭证载明的、经合法登记的014号船,而是装上假冒014号船的"三无"船舶,故主张发生的180吨赤砂糖失踪的损失,不属于本案保险合同的保险责任范围,被上诉人对上诉人的损失不应承担责任。上诉人上诉提出的180吨货已装上014号船、被上诉人的保险责任已开始、被上诉人的保险代理人对船舶负有审查义务等观点及理由,因缺乏事实和法律依据,不予支持。一审判决认定事实清楚,适用法律正确,处理恰当,应予维持。最后广西壮族自治区高级人民法院于2001年6月26日做出判决,驳回上诉,维持原判。

(二) 评析

本案原告将其水路运输货物向被告投保,被告承保并签发保险凭证,表明双方的保险合同已经成立;该合同是在双方平等自愿基础上的真实意思表示,且内容不违背国家法律规定,因而该合同合法有效,对双方当事人具有拘束力。对其保险标的,被告代理人将保险标的写为白糖实为误写,当其运抵贵糖码头,而被告已经明知其保险标的为赤砂糖时,被告应就保险凭证予以改正,而被告对此未予以改正的行为,不应影响合同的效力。对于保险利益,保险法明定为"投保人对保险标的具有的法律上承认的利益"。虽然原告货物发票上的购买人记载为广东省陆丰市南粤糖业公司,但该司属私营企业,作为股东之一的原告对该司资产享有股权,故原告对其保险标的赤砂糖享有法律上承认的利益;且该公司已授权原告可以其个人名义作为投保人和受益人投保货物运输险,因而原告对该保险标的具有保险利益当属无疑。故被告辩称原告对其保险标的无保险利益、该保险合同无效的理由不能成立。

作为水路货物运输的保险,其货物运载工具,即特定船舶是保险合同及保险关系要素的重要内容和保险人承保水路运输货物险的承保条件。原告保险标的180吨赤砂糖并未装上保险凭证所载明的014号船,而是装上了014号船以外的一条"三无"船舶。由此可见,一方面原告并未按照保险凭证所载明的运输工具装运货物,因而原告严重地违反了承保条件及保险合同的约定;另一方面,原告保险标的并未装上保险凭证所载明的014号船,因而其保险凭证项下船舶所载保险标的即丧失了发生保险事故的可能性。原告违反承保条件,其保险凭证所载明的船舶及货物未发生保险事故,其在承保条件及保险事故之外发生的货损不属被告承保的保险责任范围,因而被告辩称对原告货物未装上014号船而货损不承担保险责任的理由成立。而原告为此请求判令被告保险赔偿的主张缺乏事实根据和法律依据,故不予支持。

1. 关于保险利益

当事人争议的焦点之一,是原告对本案保险标的是否具有保险利益,因为这涉及该保险合同的效力。保险利益是指投保人对保险标的具有的法律上承认的利益,因而它包含两层含义:① 保险标的及其利益具有合法性;② 投保人对保险标的具有利益关系,水路运输货物险系财险,因而投保人与保险标的间具有经济利益关系,这种经济利益关系不以对其标的享有所有权为限,即只要投保人对保险标的具有某种经济利益关系,纵然对其标的不享有所有权,其间仍具有保险利益。在本案中,被告抗辩的理由是:投保货物赤砂糖的购买发票上记载的主体为南粤公司而非原告,因而原告对此无保险利益。显然,被告将其保险关系中的保险利益与物权关系中的财产所有权混为了一谈。原告出面向糖厂购买赤砂糖,而后又委托他人办理运输及保险事宜,应当说原告对此具有保险利益。事实上,商业发票并非当然的所有权凭证,原告作为商业发票记载的主体的股东,若赤砂糖为原告付钱所买,不管商业发票记载的主体是谁,原告都应是发票项下赤砂糖的所有者;若赤砂糖为南粤公司付钱所买(购买人与发票记载一致时),那原告则对其赤砂糖享有股权。显然,不管系属哪种情况,原告对其赤砂糖都具有法律上所承认的利益,何况原告以其个人名义投保正是该公司的授权行为。至于保险公司(被告)代理人将赤砂糖误写为白糖,那是被告的主观过错,尤其是在其代理人亲眼所见其保险标的为赤砂糖而非白糖后,仍未更正标的名称,其责任主要在于被告,原告对此不具有隐瞒、不实和欺诈行为,因而保单对保险标的名称记载有误所存在的瑕疵并不影响原告对其投保标的具有保险利益。

2. 代理行为的性质

当事人争议的焦点之二,是代理人冼雪雁的代理行为是否为双方代理,这同样涉及合同的效力。一般说来,在法律上双方代理行为应属无效民事行为的范畴,因为在同一法律关系中的双方当事人利益是互相冲突的,由一人同时代表两种互相冲突的利益,代理人难免不失偏颇倾向于一方利益,这样,他就很难保证不损害被代理人的利益。被告主张保险合同无效的一个重要理由,即冼雪雁的行为为双方代理,即冼雪雁既为原告的代理人,同时又是被告的代理人。表面上看,冼雪雁一方面为原告代理,为原告找船(租船)装货;另一方面又为被告代理,代被告承保运输货物保险及签发保单。事实上,冼雪雁的上述代理行为是属于不同的法律关系。前者,为水路货物运输合同法律关系;后者,则为水路货物运输保险法律关系。虽然冼雪雁实施了上述两方面的代理行为,但其行为为不同法律关系的代理,其行为系属两个法律关系而非同一法律关系。故此,冼雪雁的代理行为不构成双方代理,其行为并不影响涉案保险合同的效力。

思考题

1. 水路旅客运输中船票的性质?
2. 水路旅客运输中旅客可携带的行李、包裹的范围?
3. 水路旅客自身有哪些权利?

第七章 海上旅客运输法律法规

第一节 海上旅客运输法律法规概述

海上运输是指海上货物运输和海上旅客运输,包括海江之间、江海之间的直达运输。本章主要介绍海上旅客运输以及运输过程中涉及的法律法规。海上旅客运输作为国民经济中主要的客运方式之一,其地位是不容忽视的,它是海上运输活动的重要组成部分。

在我国,与海上旅客运输相关的法律法规主要有《中华人民共和国海商法》、《1974年海上旅客及其行李运输雅典公约》(简称《1974年雅典公约》)等。2002年10月21日至11月1日国际海事组织(IMO)第13次外交大会在伦敦国际海事组织总部举行,会议任务是讨论、通过并签署对《1974年海上旅客及其行李运输雅典条约》进行重大修改的新的议定书,该议定书的名称为《1974年海上旅客及其行李运输雅典公约的2002年议定书》,经该议定书修改的公约文本定名为《2002年海上旅客及其行李运输雅典公约》(简称《2002年雅典公约》)。其中《1974年雅典公约》是原政府间海事协商组织于1974年12月在雅典召开的海上旅客及其行李运输国际会议上通过的,后经1976年、1990年和2002年前后三次修改(简称《1976年议定书》、《1990年议定书》、《2002年议定书》)。其中《1976年议定书》的基本内容是将《1974年雅典公约》使用的货币单位法郎改为特别提款权SDR,一个特别提款权约为1.35美元。《1990年议定书》主要是针对承运人的责任限制做出修改,但最后却并未生效。《2002年议定书》主要是针对强制限额、承运人的责任基础、强制保险、直接诉讼做出修改,并于2014年4月23日生效。我国第八届全国人民代表大会第六次会议于1994年3月5日通过决定,批准参加《1974年雅典公约》及其《1976年议定书》。

第二节 海上旅客的权利和义务

一、海上旅客的概念

海上旅客是指根据海上旅客运输合同运送的人。经承运人同意,根据海上货物运输合同,随船护送货物的人,视为旅客。一般情形下,旅客就是订立运输合同的当事人,但也有例外情况,如旅客携带的无须购买船票的小孩,也是根据海上旅客运输合同承运人同意运送的人,也是旅客,但却不是运输合同的当事人。

二、海上旅客运输承运人的责任和权利

(一) 承运人的责任期间

海上旅客运输合同中承运人的责任期间,是自旅客登船时起至旅客离船时止的一段期间。如果船未靠码头而客票票价包括接送费用的,则旅客运输的责任期间还包括接送期间,即承运人经水路将旅客从岸上接到船上和从船上送到岸上的时间。但是任何情况下,旅客在港站内、码头上或在港口其他设施内的时间不应计入承运人的责任期间。上述关于旅客的运送期间的规定适用于旅客自带的行李。旅客交运的其他行李,其运送期间自旅客将行李交付给承运人或承运人的受雇人、代理人时起至承运人或者承运人的受雇人、代理人交还给旅客时止。

(二) 承运人的基本责任及责任基础

海上旅客运输合同中,对承运人责任采取的是"部分的过失推定责任制",即承运人基本上承担的是过失责任,但在特殊情况下承担过失推定责任。具体而言,在承运人的责任期间内,因承运人或者承运人的受雇人、代理人在受雇或者受委托的范围内的过失引起的事故,造成旅客人身伤亡或者行李灭失、损坏的,承运人应当负赔偿责任。对过失的存在,请求人应当负举证责任,但以下两种情况除外:

(1) 旅客人身伤亡或者自带行李的灭失、损坏,是由于船舶的沉没、碰撞、搁浅、爆炸、火灾所引起的或者是由于船舶的缺陷所引起的;

(2) 无论何种事故引起的旅客自带行李以外的其他行李的灭失或损坏。这两种情况下,除非承运人能提出反证,否则推定承运人有过失。

(三) 实际承运人的责任

海上旅客运输中,承运人是指本人或委托他人以本人名义与旅客订立海上旅客运输合同的人。实际承运人是指接受承运人委托,从事旅客运送或部分运送的人,包括接受委托从事此项运送的其他人。二者的责任分担与海上货物运

输合同中承运人与实际承运人的责任分担基本相同。具体来说,承运人即使将部分运送任务委托给实际承运人履行,仍然应当对全程运输负责。实际承运人则对其实际履行的运送任务负责。由实际承运人履行运送的,承运人应当对实际承运人的行为或者实际承运人的受雇人、代理人在受雇或者受委托的范围内的行为负责。承运人与实际承运人均负有赔偿责任的,应当在此项责任限度内负连带责任。

(四)承运人的权利

承运人有权按照合同约定收取客票票款和行李费,并对未付行李费的行李行使留置权;旅客无票乘船、越级乘船或者超程乘船,应当按照规定补足票款,承运人可以按照规定加收票款;拒不交付的,船长有权在适当地点令其离船,承运人有权向其追偿;承运人可以在任何时间、任何地点将旅客违反规定随身携带或者在行李中夹带的违禁品、危险品卸下、销毁或者使之不能为害,或者送交有关部门,而不负赔偿责任。

三、海上旅客的权利

海上旅客的权利就是承运人的义务。旅客的主要权利如下。

(1)要求安全送达的权利:旅客在支付票款后有权要求承运人将其安全运送到目的港。

(2)免费携带行李的权利:旅客可按照约定限量携带行李,超过限量携带的行李,应当办理托运手续。

(3)向承运人和承运人的受雇人以及代理人提出索赔的权利:旅客对其所遭受的伤害或其行李的灭失或损坏,可要求承运人予以赔偿。

四、海上旅客的义务

海上旅客的义务主要如下。

(1)支付票款。旅客必须购票乘船。旅客无票乘船、越级乘船或超程乘船的,应当按照规定补足票款,承运人还可以按照规定加收票款,如对超程乘坐者双倍收取超程部分的票价。旅客拒不交付的,船长有权在适当地点令其离船,承运人有权向其追偿。

(2)不得携带危险品。为保障安全航行,旅客不得随身携带或者在行李中夹带违禁品或者易燃、易爆、有毒、有腐蚀性、有放射性或者有可能危及船上人身安全和财产安全的其他危险品。如果旅客携带或夹带了违禁品或危险品,承运人可以在任何时间、任何地点将其卸下、销毁或者使之不能为害,或者送交有关部门,而不负赔偿责任。如果这类物品造成他人的损害,旅客还应当负赔偿责任。

(3)提交书面索赔通知的义务。旅客行李发生损坏的,如果损坏明显,旅客对其自带行李的损坏,应当在旅客离船前或者离船时提交书面通知;其他行李,应当在行李交还前或者交还时提交书面通知。行李的损坏不明显或行李灭失的,旅客应当在离船或者行李交还或者应当交还之日起15日内,向承运人或者承运人的受雇人、代理人提交书面通知。旅客未及时提交书面通知的,就构成其已经完整无损地收到行李的初步证据。旅客要主张货物受损,必须提出反证。但行李交还时,旅客已经会同承运人对行李进行联合检查或者检验的,无需提交书面通知。

第三节 海上旅客运输合同

海上旅客运输合同是旅客和承运人双方签订和认可的协议,其中规定了承运人的权利、义务及责任,旅客的权利和义务以及旅客损害赔偿请求权的诉讼时效等。

一、海上旅客运输合同的概念及相关定义

海上旅客运输合同,是指承运人以适合运送旅客的船舶经海路将旅客及其行李从一港运送至另一港,由旅客支付票款的合同。其主要特征为:

(1) 海上旅客运输合同的当事人是承运人和旅客,其中旅客既是合同的当事人,同时又是运送对象;
(2) 海上旅客运输合同是诺成双务有偿合同;
(3) 海上旅客运输合同包括国际和沿海海上旅客运输合同。

二、客票的特征和意义

海上旅客运输合同成立后,承运人通常要向旅客发行客票。客票是海上旅客运输合同成立的凭证,是旅客乘船及提取行李的凭证,也是旅客向承运人索赔的重要依据。客票可以是记名的,也可以是不记名的。如果是不记名的客票,在船舶开航之前可以转让,因此还具有有价证券的性质。但在船舶开航之后,不记名的客票就不能再转让,又变成单纯的证据文件了。客票票价含接送费用的,运送期间包括承运人经水路将旅客从岸上接到船上和从船上送到岸上的时间,但是不包括旅客在港站内、码头上或者在港口其他设施内的时间。

三、海上旅客运输合同中的条款无效情况

(1) 免除承运人对旅客应当承担的法定责任;
(2) 降低规定的承运人责任限额;
(3) 对规定的举证责任做出相反的约定;

(4) 限制旅客提出赔偿请求的权利。

四、旅客损害赔偿请求权的诉讼时效

海上旅客运输向承运人要求赔偿的请求权,时效期间为 2 年,分别按照下列规定计算:

(1) 有关旅客人身伤害的请求权,自旅客离船或者应当离船之日起计算;

(2) 有关旅客死亡的请求权,发生在运送期间的,自旅客应当离船之日起计算;因运送期间内的伤害而导致旅客离船后死亡的,自旅客死亡之日起计算,但是此期限自离船之日起不得超过 3 年;

(3) 有关行李灭失或者损坏的请求权,自旅客离船或者应当离船之日起计算。

第四节 海上旅客行李、包裹的托运

旅客可免费携带运输合同中规定质量范围内的行李,超过限量携带的行李,应当办理托运手续。旅客自带行李的运送期间,自旅客登船时起至旅客离船时止。旅客自带行李以外的其他行李的运送期间,自旅客将行李交付承运人或者承运人的受雇人、代理人时起至承运人或者承运人的受雇人、代理人交还旅客时止。

一、有关行李携带、运输、损坏或灭失的规定

(1) 旅客应注意不得随身携带或者在行李中夹带违禁品或者易燃、易爆、有毒、有腐蚀性、有放射性以及有可能危及船上人身和财产安全的其他危险品。承运人可以在任何时间、任何地点将旅客违反前款规定随身携带或者在行李中夹带的违禁品、危险品卸下、销毁或者使之不能为害,或者送交有关部门,而不负赔偿责任。

(2) 旅客及其行李在规定的运送期间内,因承运人或者承运人的受雇人、代理人在受雇或者受委托的范围内的过失引起事故,造成旅客人身伤亡或者行李灭失、损坏的,承运人应当负赔偿责任。请求人对承运人或者承运人的受雇人、代理人的过失,应当负举证责任。

(3) 旅客自带行李以外的其他行李的灭失或者损坏,不论由于何种事故所引起,承运人或者承运人的受雇人、代理人除非提出反证,应当视为其有过失。

(4) 旅客的人身伤亡或者自带行李的灭失、损坏,是由于船舶的沉没、碰撞、搁浅、爆炸、火灾所引起的或者是由于船舶的缺陷所引起的,承运人或者承运人的受雇人、代理人除非提出反证,应当视为其有过失。旅客自带行李以外的其他行李的灭失或者损坏,不论由于何种事故所引起,承运人或者承运人的受雇人、代理人除

非提出反证,应当视为其有过失。

(5) 经承运人证明,旅客的人身伤亡或者行李的灭失、损坏,是由于旅客本人的过失或者旅客和承运人的共同过失造成的,可以免除或者相应减轻承运人的赔偿责任。经承运人证明,旅客的人身伤亡或者行李的灭失、损坏,是由于旅客本人的故意造成的,或者旅客的人身伤亡是由于旅客本人健康状况造成的,承运人不负赔偿责任。

(6) 承运人对旅客的货币、金银、珠宝、有价证券或者其他贵重物品所发生的灭失、损坏,不负赔偿责任。但如果经证明,旅客的人身伤亡或者行李的灭失、损坏,是由于承运人的故意或者明知可能造成损害而轻率地作为或者不作为造成的,承运人应负赔偿责任。

(7) 行李发生明显损坏的,旅客应当依照下列规定向承运人或者承运人的受雇人、代理人提交书面通知:① 自带行李,应当在旅客离船前或者离船时提交;② 其他行李,应当在行李交还前或者交还时提交。

行李的损坏不明显,旅客在离船时或者行李交还时难以发现的,以及行李发生灭失的,旅客应当在离船或者行李交还或者应当交还之日起十五日内,向承运人或者承运人的受雇人、代理人提交书面通知。

二、承运人在海上旅客运输中的赔偿限额

针对我国港口之间海上旅客运输,承运人在每次海上旅客运输中的赔偿责任限额,按照下列规定执行:

(1) 旅客人身伤亡的,每名旅客不超过4万元人民币(其中国际海上运输不超过46666特别提款权);

(2) 旅客自带行李灭失或者损坏的,每名旅客不超过800元人民币(国际海上运输不超过833特别提款权);

(3) 旅客车辆包括该车辆所载行李灭失或者损坏的,每一车辆不超过3200元人民币(国际海上运输不超过3333特别提款权);

(4) 第(2)、(3)项以外的旅客其他行李灭失或者损坏的,每千克不超过20元(国际海上运输每名旅客不超过1200特别提款权)

第五节 海上旅客运输保险与安全

出于安全考虑,现代社会人们会通过保险制度来减小或避免由于自然灾害、意外事故等无法预料的情况所带来的损失。海上旅客运输中,旅客一般会通过购买旅客意外伤害保险来补偿自己的损失,但其存在补偿金额过低的问题,发生意外

时,无法实质减小海上旅客所受到的损失。海上旅客运输中,一旦出现事故,赔偿主体往往是船舶所有人及其他相关责任人,这就要求海上旅客运输的承运人采取有效措施,确保事故发生后,能够有资金良好的第三方代替他承担赔偿责任并且弥补旅客所受到的损失。

一、概述

海上保险合同,是指保险人按照约定,对被保险人遭受保险事故造成保险标的的损失和产生的责任负责赔偿,而由被保险人支付保险费的合同。保险事故,是指保险人与被保险人约定的任何海上事故,包括与海上航行有关的发生于内河或者陆上的事故。

对于海上旅客运输中的人身伤亡问题,《2002年雅典公约》中规定,对海上旅客运输实行强制保险,即"任何实际履行全部或部分运输的承运人应提供保险或其他财务担保,如银行或类似金融机构的担保,对依公约规定的旅客人身伤亡责任进行保险。强制保险或其他财务担保的限额为每位旅客每次事故不应少于250000特别提款权。"目前,我国虽没有加入《2002年雅典公约》,但在借鉴海上旅客运输强制保险制度的意见上分歧不大。

二、海上人身伤亡的海事赔偿责任限制

海事赔偿责任限制,是指当船舶发生重大海损事故时,船舶所有人或者其他责任人对由此引起的损失的赔偿责任依法限制在一定范围内的法律制度。《海商法》第十一章阐述了关于海事赔偿责任限制的规定。

三、海事赔偿责任限制适用和不适用的海上人身伤亡的赔偿请求

《海商法》第二百零七条和第二百零八条分别具体规定了海事赔偿责任限制适用和不适用的海上人身伤亡的赔偿请求。

第二百零七条第一款第(一)项规定:"在船上发生的或者与船舶营运、救助作业直接相关的人身伤亡的赔偿请求,属于海事赔偿责任限制所适用的海事赔偿请求,具体包括三种人身伤亡的赔偿请求,即:第一,在船上发生的人身伤亡;第二,与船舶营运直接相关的人身伤亡;第三,与救助作业直接相关的人身伤亡。其中,第二种和第三种人身伤亡的赔偿请求,包括不是发生在船舶上,但与船舶的营运或者救助直接相关的人身伤亡赔偿请求。"本章规定的人身伤亡赔偿责任限制,既适用于具有涉外因素的人身伤亡赔偿请求,也适用于没有涉外因素的人身伤亡赔偿请求。

对于前述《海商法》第二百零七条规定的,且不属于第二百零八条规定范围的海上人身伤亡,该法将人身伤亡分为两类人身伤亡,规定了赔偿责任限额。

第一类:海上运输旅客人身伤亡的赔偿责任限额。具体又分两种情况:第一种情况,国际海上运输旅客人身伤亡,第二百一十一条第一款规定赔偿责任限额按照46666 特别提款权乘以船舶证书规定的载客定额计算,但最高不超过 2500 万特别提款权;第二种情况,我国港口之间海上运输旅客人身伤亡,第二百一十一条第二款规定赔偿限额由国务院交通主管部门制定,报国务院批准后施行。针对第二种情况,《旅客赔偿责任限额规定》第四条规定:按照 4 万元人民币乘以船舶证书规定的载客定额计算赔偿限额,但最高不超过 2100 万元人民币。

第二类:一般人身伤亡的赔偿责任限制金额。除前述海上运输旅客人身伤亡以外的其他人身伤亡,赔偿责任限制金额按照肇事船舶的总吨位计算。具体又分两种情况:第一种情况,如船舶总吨位在 300 吨以上并且从事国际运输或者作业,赔偿责任限额依照第二百一十条第(一)项的规定计算;第二种情况,如船舶总吨位不满 300 吨,或者从事我国港口之间的运输或者沿海作业,该第二百一十条第二款规定赔偿限额由国务院交通主管部门制定,报国务院批准后施行。针对第二种情况,《关于不满 300 总吨船舶及沿海运输、沿海作业船舶海事赔偿责任限额的规定》第三条具体规定了船舶总吨位不满 300 吨时的赔偿责任限额,第四条具体规定了船舶从事我国港口之间的运输或者沿海作业时的赔偿责任限额。

四、两者的区别

第一,赔偿责任限额计算的方式和数额不同。承运人赔偿责任限制是以每次运输为基础,按每名受到人身伤亡的旅客计算,国际海上运输为 46666 特别提款权,国内海上运输为 4 万元人民币。海事赔偿责任限制是以每次事故为基础,国际海上运输按 46666 特别提款权乘以肇事船舶的载客定额计算,最高不超过 2500 万特别提款权;国内海上运输按 4 万元人民币乘以肇事船舶的载客定额计算,最高不超过 2100 万元人民币。

第二,有权援引赔偿责任限制的主体的表述和范围不同。前文所述,有权援引承运人赔偿责任限制的主体是承运人、实际承运人以及他们的受雇人或者代理人。根据《海商法》第二百零四条、第二百零五条和第二百零六条,有权援引海事赔偿责任限制的主体是船舶所有人、船舶承租人、船舶经营人以及他们的受雇人、代理人或者责任保险人。

五、两者的关联

第一,有权援引赔偿责任限制的主体之间的关联性。旅客是指根据海上货物运输合同运送的人(《海商法》第一百零八条),因而,旅客是相对于承运人而言的概念。同时,前文所述,承运人的受雇人、代理人、实际承运人及其受雇人、代理人有权援引承运人对旅客人身伤亡的赔偿责任限制。从而,前述有权援引海事赔偿责任限制的主体,成为海上旅客运输的承运人、实际承运人或者他们的受雇人、代理人,或者是他们的责任保险人时,有权援引《海商法》第二百一十一条规定的海事赔偿责任限制。因此,除救助人及其责任保险人外,有权援引海事赔偿责任限制的其他主体,均可能成为有权援引承运人赔偿责任限制的主体。

第二,赔偿责任限额之间的关联性。国际海上旅客运输情况下,两者都以46666特别提款权为基数;国内海上旅客运输情况下,两者都以4万元人民币为基数。但是,如前文所述,承运人赔偿责任限额采用以每名受到人身伤亡的旅客为单位;海事赔偿责任限额则按船舶载客定额计算,并且具有最高赔偿责任限额,即:国际海上旅客运输为2500万特别提款权,国内海上旅客运输为2100万元人民币。

第三,当承运人赔偿责任限额超过海事赔偿责任限额时,责任人的赔偿责任限额以后者为准。

案 例 分 析

一、海上旅客运输合同人身损害赔偿纠纷案

(一) 案情

原告诉称:2004年11月16日,原告乘坐被告所属的"辽海"轮出行。该轮发生火灾,造成原告从高处坠落,致使其腰椎骨折。原告住院治疗5个月零10天,出院后原告休治2个月。为此原告误工7个月零10天,造成原告误工损失费人民币146109元。原告在治疗和休治期间又花费交通费人民币232.50元、医疗费人民币967元、机票费人民币30842.20元。原告为证明损失支付,花费公证认证费人民币4760元。原告因火灾造成衣服损失费人民币800元。原告需要补充营养要求营养费人民币3200元。上述费用应由被告支付,故原告诉至法院要求判令被告赔偿误工损失费、交通费、医疗费、机票费、公证认证费、衣服损失费和营养费共计人民币186910.70元,并承担本案的诉讼费用。

原告为支持其诉讼请求,向法院提供了以下证据:(1)原告和其妻子、子女的身份证明及其中文翻译、公证认证书;(2)原告在职证明书和给予明细书及其中文翻译、公证认证书;(3)公证费用收据;(4)原告去日本的机票;(5)认证费用收据;(6)原告受伤期间原、被告协商解决问题和原告亲属探视原告发生的交通费票据;(7)原告妻子和女儿在原告住院期间从日本来探视原告购买的机票;(8)诊断书和出院记录;(9)药费发票。

对原告提供的证据,被告对证据(1)~(7)、(9)的真实性均无异议,但认为与本案无关,对证据(8)中有医院和医师盖章的放射影像检查报告单和诊断书的真实性无异议,对没有医院和医师盖章的MRI报告单和出院记录的真实性有异议。对被告提供的证据,原告对真实性均无异议,但认为与本案无关。对于原告的证据(8),

4份医院出具的材料内容相互印证,对真实性可以认定。故对原、被告提供的证据的真实性,法院予以确认。

基于上述已认定的证据和庭审调查,法院查明以下事实:(1)原告具有中国国籍,1987年从中国前往日本,在日本的居住资格为永住者的配偶,现经审批的留日期间为2004年2月17日至2007年2月17日。原告自2004年4月5日至2004年11月6日在日本有限会社十八子通商从事操作员工作。2004年9月,原告出勤24天,所得工资260490日元。2004年11月6日后,原告回国。(2)2004年11月16日8:30,被告所有的客船"辽海"轮602航次从中国山东省烟台开航,向中国大连航行。当日13:00左右,该轮在驶近大连时发生火灾。经抢救,全体旅客和船员撤离到大连港码头。被告将受伤人员送医院救治,将其他外地人均送往大连海桥大酒店住宿。(3)当日晚,原告在海桥大酒店向被告提出,其是"辽海"轮602航次的旅客,在"辽海"轮发生火灾时从"辽海"轮跳到救护船,造成腰部严重受伤,要求被告送其到医院治疗。被告立即将原告送到沈阳铁路局大连医院住院治疗。经诊断,原告的伤属于腰椎体压缩骨折。原告于2005年4月26日出院。出院医嘱载明:休息2个月;功能锻炼;随诊。(4)原告住院发生了医疗费人民币168846.56元、护理费人民币6682.50元、伙食费(原告及其妻子)人民币5700元、用血费人民币2100元。被告支付了用血费和伙食费。关于原告住院的医疗费用,原、被告均未支付。(5)原告出院后,被告组织原告等受伤人员进行了伤残鉴定,原、被告双方多次就赔偿问题进行协商,但未达成一致意见。

综上,经法院审理:原、被告间构成合法有效的海上旅客运输合同关系。因被告所有的"辽海"轮发生火灾,原告受到人身伤害,被告应对原告的人身伤害承担赔偿责任。原告因受伤请求被告赔偿的损失金额超过被告依法享有的赔偿责任限额,法院只在被告的赔偿责任限额内保护原告的诉讼请求,故对原告要求被告给付的赔偿款中的人民币40000元,法院予以支持。依照《最高人民法院关于贯彻执行〈中华人民共和国民法通则〉若干问题的意见》第一百七十八条、《中华人民共和国海商法》第一百零七条、第一百一十四条第一款、第三款、第一百一十七条第四款、《中华人民共和国港口海上旅客运输赔偿责任限额规定》第三条第一款第(一)项、《最高人民法院关于审理人身损害赔偿案件适用法律若干问题的解释》第十七条第一款、第十九条第一款、第二十条、第二十二条、第二十四条之规定,判决如下:

(1)被告中国大连航运集团大连海运总公司于本判决生效之日起十日内一次性赔偿原告王凤魁人民币40000元;

(2)驳回原告王凤魁的其他诉讼请求。

案件受理费人民币5248元,其他费用人民币200元(原告均已预交),由原告负担人民币4282元,被告负担人民币1166元,被告负担的费用同上述款项一并给付原告。

（二）评析

本案原、被告的争议焦点在于：(1) 本案是否属于涉外案件；(2) 原、被告间是否构成海上旅客运输合同关系；(3) 被告是否承担赔偿责任以及被告是否享有赔偿责任限额；(4) 原告的损失金额和被告的赔偿金额。经审理法院认定如下：

(1) 关于本案是否属于涉外案件的问题。本案的原告具有中国国籍。根据《最高人民法院关于贯彻执行〈中华人民共和国民法通则〉若干问题的意见》第一百七十八条的规定，原、被告均不属于外国人、无国籍人、外国法人，本案民事关系的标的物以及产生、变更或者消灭民事权利义务关系的法律事实也不具有涉外性，因此本案不属于涉外案件。原告就人身伤害向被告索赔，不适用《最高人民法院关于审理涉外海上人身伤亡案件损害赔偿的具体规定》。

(2) 关于原、被告间是否构成海上旅客运输合同关系的问题。本案原告并没有出示船票以证明其与被告间的海上旅客运输合同关系。但因船上发生火灾，情况紧急，原告为逃生急于从船上跳下，丢失客票是可能的。通过原告对火灾发生时间、地点和救护经过的陈述，被告组织原告进行伤残鉴定，原、被告多次就赔偿问题进行协商，以及被告为原告垫付住院期间部分费用等事实，可以认定原告是"辽海"轮602航次的旅客，原、被告间构成合法有效的海上旅客运输合同关系。

(3) 关于被告是否承担赔偿责任以及被告是否享有赔偿责任限额的问题。原告的人身伤害是在乘坐"辽海"轮602航次从烟台至大连途中因船舶发生火灾造成的，本案适用《中华人民共和国海商法》（以下简称《海商法》）第五章的规定。根据《海商法》第一百一十四条第一款、第三款的规定，被告作为承运人对原告的人身伤害有过失，应向原告承担赔偿责任。

(4) 原告的损失金额和被告的赔偿金额。《海商法》第一百一十七条第四款规定，我国港口之间的海上旅客运输，承运人的赔偿责任限额由国务院交通主管部门制定，报国务院批准后施行。国务院批准的《中华人民共和国港口间海上旅客运输赔偿责任限额规定》第三条第一款第（一）项规定："承运人在每次海上旅客运输中的赔偿责任限额，旅客人身伤亡的，每名旅客不超过人民币40000元。"因原告没有举证证明被告存在丧失限制赔偿责任权利的情况，故对原告的人身伤害，不论原告要求被告承担违约责任还是侵权责任，被告的赔偿责任限额都是人民币40000元。"

二、海上旅客运输合同纠纷案

（一）案情

青岛铁旅（简称青旅）组织"夕阳红"大型团队来琼旅游，专列停在广西北海。2001年10月12日，青岛铁旅向北海海运订购当年11月9日18:00"海口—北海"的往返船票。北海海运提供两艘客轮执行运输任务。"北部湾1号"客轮在从北海驶往海口途中，发生搁浅事故，造成该批旅客中的298人行程被耽误。因北海海运没有替代客轮,"夕阳红"号旅游专列11月10日11:30驶离北海。11月10日,青岛铁旅包租两架飞机,让滞留旅客分别在11月10日14:30和21:30,从海口飞抵桂林,赶上11月11日00:30从桂林发车的"夕阳红"号旅游专列。青岛铁旅为包租飞机支出机票款230000元,机场建设费14800元。旅客滞留海口期间,发生食宿和交通等费用分别为19105元和18840元。事后,青岛铁旅向海口海事法院提起诉讼,向北海海运索赔293422元。青岛铁旅称,为避免损失进一步扩大,被迫采取包机补救措施,产生的损失与北海海运的违约具有直接的因果关系。北海海运辩称其只应承担退票的责任。

海口海事法院审理认为,北海海运未能依约履行运载义务,构成违约;违约后又未积极主动地采取其他补救措施,应负赔偿责任。北海只是青岛铁旅的中转地,当时只有包机是唯一可供选择的途径,青岛铁旅为了履行与旅客之间的合同,被迫采取包机直飞桂林是合理的,由此产生的费用,北海海运负有赔偿责任。

一审判决后,北海海运不服海口海事法院的判决,提起上诉。

原审法院查明,2001年10月10日,青旅公司委托北海中联国际旅行社有限责任公司(以下简称北海中旅)代购"夕阳红"号专列旅客"北海—海口"往返船票。10月12日,北海中旅向北海海运订购了11月5日18:00"北海—海口"、11月9日18:00"海口—北海"的船票。11月9日,北海海运提供了两艘客轮执行"海口—北海"航线的运输任务,其中"北部湾1号"客轮在从北海驶往海口途中发生搁浅事故,未能如期抵达海口港载运旅客,造成该批旅客中的298人未能按约定的时间在当晚18:00乘船离开海口。北海海运在当晚19:00告知青旅公司船舶搁浅。经协商,双方同意当晚将滞留的旅客安排住宿。在安置完旅客住宿后,双方及旅客代表等各方就因船舶搁浅造成次日延误火车一事进行了磋商,但直至次日凌晨03:00都没有达成一致意见。北海海运当时表示"明天派船来接你们"并提出,如果青旅公司同意滞留的旅客等"北部湾1号"客轮脱浅后继续乘坐该轮前往北海,旅客滞留期间发生的费用由北海海运承担,但该意见未获青旅公司接受。青旅公司称其于11月10日08:30左右自行联系包租飞机,让滞留的旅客分别于11月10日14:30和21:30乘坐两架飞机从海口直接飞抵桂林,赶上了11月11日00:30从桂林发车的"夕阳红"号专列。青旅公司为包租飞机支出机票款230000元、机场建设费14800元。青旅公司为该批滞留的旅客购买船票支出价款29517元。该批旅客滞留海口期间,青旅公司、北海海运支出的食宿和交通等费用分别为19105元和18840元;对于青旅公司支出的部分,北海海运在原审庭审时明确表示愿意承担。原审法院还认定,北海海运提供的证据不足以说明其在"北部湾1号"轮于11月10日凌晨脱浅后、驶离海口前,已经尽到了通知滞留旅客继续乘坐该轮的义务。"北部湾1号"轮搁浅后,青旅公司与北海海运等各方当晚(11月9日)协商至次日凌晨03:00左右,青旅公司在当时情况下如不联系包机从海口到北海,在时间上显然不能赶上11月10日11:30从北海发车的"夕阳红"号专列。更换客轮以及乘坐汽车到北海的方案也不可行，即使包机到北海再乘车往桂林，也不能赶上11月11日00:30从桂林发车的"夕阳红"号专列。在当时的情况下，不存在比包机方式更经济便捷、让滞留的298名旅客能及时赶往桂林的替代途径。

法院经审理，依照《中华人民共和国合同法》第一百零七条的规定做出判决：(1)北海海运退还青旅公司船票款29517元；(2)北海海运偿付青旅公司经济损失234388元。上述(1)、(2)项共计人民币263905元，于判决生效之日起十日内付清。一审案件受理费6911元由北海海运承担6216元，青旅公司承担695元。

北海海运不服原审判决。请求二审法院撤销原审判决书的第(2)项，改判由被上诉人承担包机造成的损失，并承担全部诉讼费用。

青旅公司答辩认为：(1)原审判决适用法律正确。交通运输部颁布的《水路旅客运输规则》作为部门规章，其效力显然低于《合同法》，不能作为审理案件的依据。(2)原审判决认定事实清楚、证据确实充分。(3)原审判决被答辩人赔偿答辩人因依法采取补救措施而造成的损失，体现了法律的公正。被答辩人在上诉中对原审判决中认定的事实也无异议，因此，上诉没有事实和法律依据，理由不能成立，请求二审法院驳回上诉，维持原判。

二审法院经审理，依照《中华人民共和国民事诉讼法》第一百五十三条第一款第(一)项之规定，判决如下：

驳回上诉，维持原判。其中二审案件受理费人民币6911元，由上诉人北海海运负担。

(二) 评析

一审中，青旅公司通过委托北海中旅代购并获得"北海—海口"往返船票，青旅公司已与北海海运形成了海上旅客运输合同关系。青旅公司作为搭乘"北部湾1号"轮旅客的组织者和船票持有人，以及作为包租飞机将旅客从海口送抵桂林的实际出资者，是海上旅客运输合同的一方当事人，其有权就合同项下经济损失向有关责任方进行索赔。故青旅公司向合同另一方北海海运提起海上旅客运输合同赔偿诉讼，在主体上是适格的。北海海运对此提出的抗辩主张不能成立。本案中，北海海运作为承运人，负有将青旅公司旅客按原定航次如期运至目的地的义务。北海海运在履行海上旅客运输合同过程中，因其所属"北部湾1号"轮发生搁浅事故，北海海运未能依合同约定于2001年11月9日18:00履行将青旅公司旅客从海口港运至北海的运载义务，构成迟延运输，亦是对青旅公司违约的行为。北海海运违约之后并没有积极安排其他航次或主动采取其他有效的补救措施，将旅客及时运送到目的地，应承担迟延运载的违约赔偿责任。青旅公司为安置滞留旅客而支出的费用19105元，系因北海海运违约所实际产生的损失，且北海海运庭审中对此也表示愿意承担，对青旅公司的该项请求予以支持。同时，由于北海海运实际未能完成将青旅公司旅客从海口运至北海的义务,故还应退还船票价款29517元。另外,由于北海海运违约未能及时将青旅公司的旅客运至目的地,而青旅公司作为一个团队,北海是其旅游的中转地,在当时只有包机是唯一可供选择的途径的情况下,青旅公司为了履行与旅客之间的合同,被迫采取包机直飞桂林是合理的,不属于故意扩大损失。

本案的关键问题在于北海海运承担违约赔偿责任的范围是否应当包括青旅公司的包机费用。《合同法》第二百九十九条虽然规定了承运人若迟延运输,应当根据旅客的要求安排旅客改乘其他班次或者退票,但除了退票外,承运人是否还需承担其他违约赔偿责任并没有规定。迟延运输是承运人不应履行的违约行为,依《合同法》第一百零七条的规定,旅客有权就承运人的此种违约提出采取补救措施或者赔偿损失的要求。依《合同法》第一百一十三条的规定,损失赔偿额应当相当于因违约所造成的损失,最终确定的损失赔偿额不得超过违约方订立合同时预见到或者应当预见到的因违反合同可能造成的损失。从本案的事实看,青旅公司旅客作为一个团队的旅客,北海只是其旅游的中转地。旅客运输的客票为格式合同,青旅公司旅客在乘坐"北部湾1号"轮和"夕阳红"号专列的过程中,相对于水路和铁路两个旅客运输承运人的优势地位,旅客均处劣势地位。北海海运如果违约未能及时或者在合理的期间内将旅客运至约定的目的地,将导致旅客未能按"夕阳红"号专列客票记载的时间在北海乘坐。"北部湾1号"轮发生搁浅的可能性,北海海运在向旅客交付客票时是应当能够预见到的。旅客因"北部湾1号"轮发生搁浅不能正常起运所造成的损失,是承运人北海海运在"北部湾1号"轮搁浅后,从海口起运之前就能够预见到和合理确定出来的。在当时只有包机是唯一可供选择之途径的情况下,青旅公司为了履行与旅客之间的合同,被迫采取包机直飞桂林是合理的,不属于故意扩大损失。原审认定由此产生的包机费用,北海海运负有赔偿责任并无不妥,是公平正义的,符合社会公众利益的。

思考题

1. 海上旅客的权利主要有哪些?
2. 海上旅客运输合同中的条款无效的情况包括哪几点?
3. 对于承运人在每次海上旅客运输中的赔偿责任限额,有哪些规定?

第八章 航空旅客运输法律法规

第一节 航空旅客运输法规概述

航空法(air law)是规定领空主权、管理空中航行和民用航空活动的法律规范的总称,是调整民用航空活动及其相关领域中产生的社会关系的法律。本章主要阐述航空运输中与旅客运输相关的法律法规。与航空旅客运输相关的法律法规主要是《中华人民共和国民用航空法》以及在其基础上制定的相关法规。《中华人民共和国民用航空法》(简称《民用航空法》)于1995年10月30日第八届全国人民代表大会常务委员会第十六次会议通过,自1996年3月1日起开始施行。这是新中国成立以来第一部规范民用航空活动的法律,是我国民用航空发展史上的一件大事。《民用航空法》的颁布,对维护国家的领空主权和民用航空权利,保障民用航空活动安全和有秩序地进行,保护民用航空活动当事人各方的合法权益,促进民用航空事业发展,提供了强有力的法律保障。2009年8月27日,中华人民共和国第十一届全国人民代表大会常务委员会第十次会议又通过了《全国人民代表大会常务委员会关于修改部分法律的决定》,该决定对《民用航空法》部分条款做了适当修改。

国际航空旅客运输中,我国于1958年7月20日向《统一国际航空运输某些规则的公约》(1929年10月12日定于华沙,简称《华沙公约》)交存了加入书,并于1975年8月20日向《修订1929年10月12日订于华沙的统一国际航空运输某些规则的公约的议定书》(1955年9月28日定于海牙,简称《海牙议定书》)交存了加入书。另外,认识到1929年《华沙公约》和其他有关文件在统一国际航空司法方面做出的重要贡献;重申按照1944年订于芝加哥的《国际民用航空公约》的原则和宗旨,对国际航空运输运营的有序发展以及旅客、行李和货物通畅流动的愿望,相关各国又在1999年5月28日于蒙特利尔签订了《统一国际航空运输某些规则的公约》。2005年2月28日,我国通过第十届全国人民代表大会常务委员会第十四次会议决定:批准国务院提请审议批准的1999年5月28日经国际民航组织在蒙特利尔召开的航空法国际会议通过的《统一国际航空运输某些规则的公约》。

第二节 航空旅客的权利与义务

一、航空承运人的基本权利和义务

(1) 安全运输。承运人应当对运输过程中旅客的伤亡承担损害赔偿责任,但伤亡是旅客自身健康原因造成的或者承运人证明伤亡是旅客故意、重大过失造成的除外。前款规定适用于按照规定免票、持优待票或者经承运人许可搭乘的无票旅客。在运输过程中旅客自带物品毁损、灭失,承运人有过错的,应当承担损害赔偿责任。旅客托运的行李毁损、灭失的,适用货物运输的有关规定。

(2) 按时运输。承运人应当按照客票载明的时间和班次运输旅客。承运人迟延运输的,应当根据旅客的要求安排改乘其他班次或者退票。

(3) 按约定的服务标准运输。承运人应当以保证飞行安全和航班正常,提供良好服务为准则,以文明礼貌、热情周到的服务态度,认真做好空中和地面的旅客运输的各项服务工作。若出现承运人擅自变更运输工具而降低服务标准的,应当根据旅客的要求退票或者减收票款;提高服务标准的,不应当加收票款。

(4) 尽力救助旅客义务。承运人在运输过程中,应当尽力救助患有急病、分娩、遇险的旅客。

二、航空旅客的基本权利和义务

(1) 交付票款、持有客票。旅客应当持有效客票乘运。旅客无票乘运、超程乘运、越级乘运或者持失效客票乘运的,应当补交票款,承运人可以按照规定加收票款。旅客不交付票款的,承运人可以拒绝运输。

(2) 按时乘运。旅客因自己的原因不能按照客票记载的时间乘坐的,应当在约定的时间内办理退票或者变更手续。逾期办理的,承运人可以不退票款,并不再承担运输义务。

(3) 限量携带行李。旅客在运输中应按照约定的限量携带行李。超过限量携带行李的,应办理托运手续。

(4) 不得夹带危险品。旅客不得随身携带或者在行李中夹带易燃、易爆、有毒、有腐蚀性、有放射性,以及有可能危及运输工具上人身和财产安全的危险物品或者其他违禁物品。旅客违反前款规定的,承运人可以将违禁物品卸下、销毁或者送交有关部门。旅客坚持携带或者夹带违禁物品的,承运人应当拒绝运输。

三、航空承运人的责任

（1）因发生在民用航空器上或者在旅客上、下民用航空器过程中的事件，造成旅客人身伤亡的，承运人应当承担责任；但是，若旅客的人身伤亡完全是由于旅客本人的健康状况造成的，承运人不承担责任。

（2）因发生在民用航空器上或者在旅客上、下民用航空器过程中的事件，造成旅客随身携带物品毁灭、遗失或者损坏的，承运人应当承担责任。因发生在航空运输期间的事件，造成旅客的托运行李毁灭、遗失或者损坏的，承运人应当承担责任。旅客随身携带物品或者托运行李的毁灭、遗失或者损坏完全是由于行李本身的自然属性、质量或者缺陷造成的，承运人不承担责任。

本章所指行李，无特殊说明均包括托运行李和旅客随身携带的物品。

（3）因发生在航空运输期间的事件，造成货物毁灭、遗失或者损坏的，承运人应当承担责任；但是，承运人证明货物的毁灭、遗失或者损坏完全是由于下列原因之一造成的，不承担责任：

① 货物本身的自然属性、质量或者缺陷；
② 承运人或者其受雇人、代理人以外的人包装货物的，货物包装不良；
③ 战争或者武装冲突；
④ 政府有关部门实施的与货物入境、出境或者过境有关的行为。

（4）旅客、行李或者货物在航空运输中因延误造成的损失，承运人应当承担责任；但是，承运人证明本人或者其受雇人、代理人为了避免损失的发生，已经采取一切必要措施或者不可能采取此种措施的，不承担责任。

（5）在旅客、行李运输中，经承运人证明，损失是由索赔人的过错造成或者促成的，应当根据造成或者促成此种损失的过错的程度，相应免除或者减轻承运人的责任。旅客以外的其他人就旅客死亡或者受伤提出赔偿请求时，经承运人证明，死亡或者受伤是旅客本人的过错造成或者促成的，同样应当根据造成或者促成此种损失的过错的程度，相应免除或者减轻承运人的责任。

第三节　航空旅客运输合同

一、概述

航空旅客运输合同是旅客与民用航空承运人达成并确立的，关于双方分别享有的运输权利和各自应承担的运输义务的协议，是双方就运输地点、运输时间、运输价格等运输内容达成的合意。承运人指包括填开客票的航空承运人和承运或约定承运该客票所列旅客及其行李的所有航空承运人。旅客指经承运人同意在民用航空器上载运除机组成员以外的任何人。根据此协议,承运人应利用航空器将旅客按时、安全地从起运点运送到约定地点,而旅客则应支付规定的票款。该类合同的特点主要有:合同的标的是承运人运送旅客的运输服务行为,该合同具有双务性、有偿性的特点,合同格式具有标准性,合同属于记名合同和诺成合同,合同的内容应更为严格地受到航空运输安全要求的限制以及合同应按一定的形式完成等。民用航空旅客运输合同的订立是平等主体的旅客与航空承运人之间设立、变更、终止民事权利义务关系的民事法律行为,它的订立应符合法律的规定,也应通过要约和承诺的方式来完成。由于民用航空运输合同中的承运人都是从事公共运输的公用企业,所以航空承运人负有强制缔约的义务,体现在其不得拒绝旅客、托运人通常、合理的运输要求。该类合同的订立方式可根据不同的操作特点进行分类,而划分为传统和电子方式。在不同的方式中,其合同订立中的要约和承诺具有一些不同的特点。在合同订立中,航空公司的设立及其相应价目表、时刻表的公布等行为在法律性质上应属于要约邀请。

二、客票

客票是航空旅客运输合同订立和运输合同条件的初步证据。客票为记名式的,只限客票上所列姓名的旅客本人使用,不得转让和涂改,否则客票无效,票款不退。

客票指由承运人或代表承运人所填开的被称为"客票及行李票"的凭证,包括运输合同条件、声明、通知以及乘机联和旅客联等内容。承运人运送旅客,应当出具客票。旅客乘坐民用航空器,应当交验有效客票。客票应当包括的内容由国务院民用航空主管部门规定,至少应当包括以下内容:

(1) 承运人名称;
(2) 出票人名称、时间和地点;
(3) 旅客姓名;
(4) 航班始发地点、经停地点和目的地;
(5) 航班号、舱位等级、日期和离站时间;
(6) 票价和付款方式;
(7) 票号;
(8) 运输说明事项。

旅客应在客票有效期内,完成客票上列明的全部航程。旅客使用客票时,应交验有效客票,包括乘机航段的乘机联和全部未使用并保留在客票上的其他乘机联和旅客联,缺少上述任何一联,客票即为无效。

国际和国内联程客票,其国内联程段的乘机联可在国内联程航段使用,不需换开成国内客票;旅客在我国境外购买的用国际客票填开的国内航空运输客票,应换开成我国国内客票后才能使用。

客票的有效期为：

（1）客票自旅行开始之日起,一年内运输有效。如果客票全部未使用,则从填开客票之日起,一年内运输有效。

（2）有效期的计算,从旅行开始或填开客票之日的次日零时起至有效期满之日的次日零时为止。

旅客未能出示客票、客票不符合规定或者客票遗失,不影响运输合同的存在或者有效。

承运人及其代理人售票时应该认真负责。由于承运人的原因,造成旅客未能在客票有效期内旅行的,其客票有效期将延长到承运人能够安排旅客乘机为止。

第四节 航空旅客行李包裹托运

一、行李

承运人承运的行李,按照运输责任分为托运行李、自理行李和随身携带物品。

行李指旅客在旅行中为了穿着、使用、舒适或方便的需要而携带的物品和其他个人财物。除另有规定者外,包括旅客的托运行李和自理行李。

托运行李指旅客交由承运人负责照管和运输并填开行李票的行李。

自理行李指经承运人同意由旅客自行负责照管的行李。

随身携带物品指经承运人同意由旅客自行携带乘机的零星小件物品。

行李牌指识别行李的标志和旅客领取托运行李的凭证。旅客应在航班到达后立即在机场凭行李牌的识别联领取行李。必要时,应交验客票。旅客遗失行李牌的识别联,应立即向承运人挂失。

二、行李托运的有关规定或细则

重要文件和资料、外交信袋、证券、货币、汇票、贵重物品、易碎易腐物品,以及其他需要专人照管的物品,不得夹入行李内托运。承运人对托运行李内夹带上述物品的遗失或损坏按一般托运行李承担赔偿责任。

国家规定的禁运物品、限制运输物品、危险物品,以及具有异味或容易污损飞机的其他物品,不能作为行李或夹入行李内托运。承运人在收运行李前或在运输过程中,发现行李中装有不得作为行李或夹入行李内运输的任何物品,可以拒绝收运或随时终止运输。

旅客不得携带管制刀具乘机。管制刀具以外的利器或钝器应随托运行李托运,不能随身携带。

托运行李必须包装完善、锁扣完好、捆扎牢固,能承受一定的压力,能够在正常的操作条件下安全装卸和运输,并应符合下列条件,否则,承运人可以拒绝收运:

(1) 旅行箱、旅行袋和手提包等必须加锁;

(2) 两件以上的包件,不能捆为一件;

(3) 行李上不能附插其他物品;

(4) 竹篮、网兜、草绳、草袋等不能作为行李的外包装物;

(5) 行李上应写明旅客的姓名、详细地址、电话号码。

托运行李的质量每件不能超过50千克,体积不能超过40厘米×60厘米×100厘米,超过上述规定的行李,须事先征得承运人的同意才能托运。

自理行李的质量不能超过10千克,体积每件不超过20厘米×40厘米×55厘米。

随身携带物品的质量,每位旅客以5千克为限。持头等舱客票的旅客,每人可随身携带两件物品;持公务舱或经济舱客票的旅客,每人只能随身携带一件物品。每件随身携带物品的体积均不得超过20厘米×40厘米×55厘米。超过上述质量、件数或体积限制的随身携带物品,应作为托运行李托运。

每位旅客的免费行李额(包括托运和自理行李):持成人或儿童票的头等舱旅客为40千克,公务舱旅客为30千克,经济舱旅客为20千克。持婴儿票的旅客,无免费行李额。

搭乘同一航班前往同一目的地的两个以上的同行旅客,如在同一时间、同一地点办理行李托运手续,其免费行李额可以按照各自的客票价等级标准合并计算。

构成国际运输的国内航段,每位旅客的免费行李额按适用的国际航线免费行李额计算。

旅客必须凭有效客票托运行李。承运人应在客票及行李票上注明托运行李的件数和质量。承运人一般应在航班离站当日办理乘机手续时收运行李;如团体旅客的行李过多,或因其他原因需要提前托运时,可与旅客约定时间、地点收运。

承运人对旅客托运的每件行李应拴挂行李牌,并将其中的识别联交给旅客。经承运人同意的自理行李应与托运行李合并计重后,交由旅客带入客舱自行照管,并在行李上拴挂自理行李牌。

不属于行李的物品应按货物托运,不能作为行李托运。

旅客的逾重行李在其所乘飞机载量允许的情况下,应与旅客同机运送。旅客应对逾重行李付逾重行李费,逾重行李费率以每千克按经济舱票价的1.5%计算,金额以元为单位。

承运人为了运输安全,可以会同旅客对其行李进行检查;必要时,可会同有关部门进行检查。如果旅客拒绝接受检查,承运人对该行李有权拒绝运输。

旅客的托运行李,应与旅客同机运送,特殊情况下不能同机运送时,承运人应向旅客说明,并优先安排在后续的航班上运送。

旅客的托运行李,每千克价值超过人民币 50 元时,可办理行李的声明价值。

承运人应按旅客声明的价值中超过本条第一款规定限额部分的价值的 5‰ 收取声明价值附加费。金额以元为单位。

托运行李的声明价值不能超过行李本身的实际价值。每一旅客的行李声明价值最高限额为人民币 8000 元。如承运人对声明价值有异议而旅客又拒绝接受检查时,承运人有权拒绝收运。

三、行李的退运

由于承运人的原因,需要安排旅客改乘其他航班,行李运输应随旅客做相应的变更,已收逾重行李费多退少不补;已交付的声明价值附加费不退。

行李的退运按如下规定办理:

(1) 旅客在始发地要求退运行李,必须在行李装机前提出。如旅客退票,已托运的行李也必须同时退运。以上退运,均应退还已收逾重行李费。

(2) 旅客在经停地退运行李,该航班未使用航段的已收逾重行李费不退。

(3) 办理声明价值的行李退运时,在始发地退还已交付的声明价值附加费,在经停地不退已交付的声明价值附加费。

四、行李延误、丢失或损坏赔偿

行李运输发生延误、丢失或损坏的,该航班经停地或目的地的承运人或其代理人应会同旅客填写《行李运输事故记录》,尽快查明情况和原因,并将调查结果答复旅客和有关单位。如旅客行李延误到达后,承运人应当立即通知旅客领取,也可直接送达旅客。如发生行李赔偿,应在经停地或目的地办理。因承运人原因使旅客的托运行李未能与旅客同机到达,造成旅客旅途生活不便的,在经停地或目的地应给予旅客适当的临时生活用品补偿费。承运人凭行李牌的识别联交付行李,对于领取行李的人是否确系旅客本人,以及由此造成的损失及费用,不承担责任。

旅客的托运行李全部或部分损坏、丢失,赔偿金额每千克不超过人民币 50 元。如行李的价值每千克低于 50 元时,按实际价值赔偿。已收逾重行李费退还。

旅客丢失行李的质量按实际托运行李的质量计算,无法确定质量时,每一旅客的丢失行李最多只能按该旅客享受的免费行李额赔偿。

旅客的丢失行李如已办理行李声明价值,应按声明的价值赔偿,声明价值附加费不退。行李的声明价值高于实际价值时,应按实际价值赔偿。

行李损坏时,按照行李降低的价值赔偿或负担修理费用。

由于发生在上、下航空器期间或航空器上的事件造成旅客的自理行李和随身携带物品灭失的,承运人承担的最高赔偿金额,每位旅客不超过人民币2000元。

构成国际运输的国内航段,行李赔偿按适用的国际运输行李赔偿规定办理。

已赔偿的旅客的丢失行李找到后,承运人应迅速通知旅客领取,旅客应将自己的行李领回,退回全部赔款。临时生活用品补偿费不退。发现旅客有明显的欺诈行为的,承运人有权追回全部赔款。

旅客的托运行李丢失或损坏,应按法定时限向承运人或其代理人提出赔偿要求,并随附客票(或影印件)、行李牌的识别联、《行李运输事故记录》、证明行李内容和价格的凭证以及其他有关的证明。

第五节 航空旅客运输保险与安全

一、航空旅客运输保险概述

航空保险是赔偿由飞行事故造成经济损失的保险业务。经营航空运输或其他航空业务的企业或个人向保险公司支付一定数额的保险费,即可在保险期内发生飞行事故遭受损失时得到经济赔偿。机票中的保险是由保险公司赔付给航空公司,再由航空公司赔付给旅客的。航空旅客人身意外伤害保险(简称航意险)则由旅客直接持保单到保险公司索赔。对每一位旅客来说,是否购买航意险完全是自愿。

二、航空旅客运输保险特点

(1) 高价值、高风险,专业性、技术性较强;
(2) 再保险和共保必不可少;
(3) 险种都具有国际性;
(4) 承保条件与国际市场同步;
(5) 原保险人与再保险人共同处理赔案;
(6) 自愿保险与强制保险相结合,以强制保险为主。

三、航空旅客人身意外伤害保险

(一) 简介

航空旅客人身意外伤害保险是保险公司为航空旅客专门设计的一种针对性很强的商业险种,也叫做航空意外险、航空保险、航意险,是以飞机旅行为保险标的一种航空保险,是财产保险的一种(航空保险本身是财产保险的一类)。当承保的飞机由于自然灾害或意外事故而受损坏,致使第三者或机上旅客人身伤亡、财产损失时,由保险公司负责赔偿。它的保险责任是被保险乘客在登机、飞机滑行、飞行、着陆过程中,因飞机意外事故遭到人身伤害导致身故或残疾时,由保险公司按照保险条款所载明的保险金额给付身故保险金,或按身体残疾所对应的给付比例给付残疾保险金。航空保险有效期从被保险乘客踏入保单上载明的航班班机的舱门开始到飞抵目的港走出舱门为止。

航空旅客人身意外伤害保险是指当旅客在乘坐航班期间(包括登机、飞机滑行过程、飞行、着陆过程中),因意外事故而身故、残疾或受到其他伤害时,由保险公司按照条款和有关规定承担赔偿责任的保险。航意险属自愿保险的个人意外伤害保险。这类保险适用于乘坐客运航班的人士,其保险期限一般在几小时到几十小时之间,即从被保险人踏上保险单上注明的航班始发站飞机舱门至目的地踏出飞机舱门(不包括舷梯及廊)。在飞机未到达目的地之前的停留、绕道过程中,只要被保险人一直跟机行动,其间所遭受意外的伤害均在保险责任范围内。在旅客已经进入舱门后,由于民航方面原因,飞机延误起飞又让旅客离开飞机,在此期间遭受的伤亡,保险公司也要负责。航意险对投保人或被保险人无选择要求,凡是购买了航空公司机票的乘客,无论其年龄、性别、职业、身体情况如何,均可自愿购买一份或多份航空保险单。

(二) 保险责任及赔付

保险责任是指被保险乘客在登机、飞机滑行、飞行、着陆过程中,即在保险期限内因飞机意外事故遭到人身伤害导致身故或残疾时,由保险公司按照保险条款所载明的保险金额给付身故保险金,或按身体残疾所对应的给付比例给付残疾保险金。

在航空保险中,航空旅客人身意外伤害保险是离普通乘客最近的险种,最高保额为 200 万元。保险金额按份计算,保费每份 20 元,每份保额 20 万元。同一投保人最多可以买 10 份,即最高保险金额为 200 万元。保障时间是从意外伤害发生之日起 180 天以内。

有关航空意外险的赔付,在航空意外险期间内,未造成旅客身故或残疾,按 3 万元的限额给付医疗保险金。航空意外险是非强制险,是否购买由旅客自己决定。受益人的指定和变更有如下规定:投保人或被保险人在订立保险合同时,可指定一人或数人为受益人。受益人为数人时,需要指定受益顺序和受益份额;如未定份额,则各受益人平均分配享受受益权。被保险人是无民事行为能力或者限制行为能力的人时,可以由其监护人指定受益人。当需要变更受益人时,需要得到保险公司允许并批注。

(三) 重要性

根据以往的经验,半数理赔发生在航班延误、行李延误和财产损失上。因此,随着国人旅游的高速增长,财产保障和旅程延误、行李延误等旅行不便的保障是居民出游更应关注的问题。目前市场上有专门的旅行险,这类产品实际上包括各类风险的险种组合。如由于天气原因或机械故障引起的航班延误,可以通过购买旅行险获得相应的补偿。

案 例 分 析

一、航班延误索赔案
（一）案情

谢某等乘客为赴内蒙古呼和浩特而购买了东航公司的MU5195航班飞机票,起飞时间为2012年7月30日14点35分,票价为1350元。由于当天的雷雨天气和华东空中交通管制部门实施的流量控制等因素,加上先前时段延误的大量航班排队等待离港,造成该机实际离港时刻两次延误,20:07分终于从虹桥机场起飞。航班延误期间,被告东航公司并未向谢某等乘客提供退票或改乘其他航班的服务。

事后,因航班延误,谢某等二十余名乘客以被告东航公司未采取有效措施向乘客提供帮助,在延误期间未做任何告知或说明,事后也未赔礼道歉并做出补偿,所以应当承担违约责任为由,向法院提起诉讼,要求东航公司给予精神赔偿500元并降低机票价格500元予以返还等。法院于当年12月1日受理后,依法组成合议庭,对此案公开开庭进行了审理。

经审理,法院判决东航公司返还谢某等乘客票价款的10%,原告的其余诉讼请求不予支持。

（二）评析

在本案中,谢某等乘客与东航公司既已建立了航空旅客运输合同关系,作为承运人的被告应当在约定期间或合理期间内将原告安全运输到目的地。但因不可抗力不能履行合同的,根据不可抗力的影响,可以部分或者全部免除责任。根据当日的情况,航班迟延是天气原因造成,属于不能预见、不能避免且不能克服的客观情况,因此可以免除被告航班因延误而产生的违约责任。但被告应当及时采取相应的补救措施。由于被告告知义务的履行不符合全面、及时、充分的要求,故被告补救义务的履行存在瑕疵。

二、国际航空客运损害赔偿的法律适用
（一）案情

原告乘坐被告UA801班机由美国夏威夷经日本飞往中国香港,该机在日本东京成田机场起飞时,飞机的左翼引擎发生故障,原告在紧急撤离过程中受伤,被送往成田红十字医院救护。后原告在香港伊丽莎白医院接受检查,检查结论为不能立即进行手术。原告征得被告同意后入住安徽省立医院,并先后两次接受手术治疗。原告受伤住院期间,聘用护工护理。出院后,原告休息了四个月,期间原告每月的实际工资收入减少1万余元。原告受伤后,被告致函原告,表示事故责任在

于被告,并承担了原告两次手术的医疗费用共计人民币8万余元。原告遂请求法院按照"吉隆坡协议"所规定的特别提款权(约合132099美元)赔偿责任限额,判令被告赔偿伤残损失费、护理费、精神损失费及律师费等共计132099美元。

法院经审理判决:被告赔偿原告护理费、误工费、伤残补偿费共计人民币298877.5元,律师费共计人民币18397.6元,精神抚慰金人民币50000元。一审判决后,原、被告都未上诉。

(二)评析

关于责任竞合当事人选择不明时的司法救济问题,在本案中,原告因乘坐被告班机受伤致残而向被告进行索赔,产生了违约责任和侵权责任的竞合。法律规定允许受害人有选择请求权的权利,有利于保护受害人和制裁不法行为人,也符合我国民法保护民事主体合法权益的宗旨。然而,允许受害人有选择请求权的权利,并不意味着对责任竞合现象在法律上不做任何限制。当然,这种限制并不是对受害人请求权的限制,而是对违法行为在何种情况下产生责任竞合的限制。本案的原告在要求被告承担违约责任的同时,又提出了精神损害赔偿,故从原告的请求权看,其对责任的选择是不明确的。在这种情况下,法院如何确定责任的选择,为当事人提供必要的司法救济就显得尤为重要。因为,在责任竞合的情况下,不法行为人最终承担何种责任,将导致产生不同的法律后果,严重影响到对受害人利益的保护和对不法行为人的制裁。而违约责任与侵权责任的重要区别之一在于,两者的责任范围不同。合同的损害赔偿责任主要是财产损失的赔偿,不包括人身伤害的赔偿和精神损害的赔偿,而且合同利益的赔偿范围不仅包括既得利益损失,还包括可得利益的损失,但其受到"可预见性"标准的限定。而对于侵权责任来说,损害赔偿不仅包括财产损失的赔偿,还包括人身伤害和精神损害的赔偿。因此,本案中选择适用何种责任,对原告而言关系到能否适用精神损害赔偿的问题。因不法行为造成受害人的人身伤亡和精神损害的,当事人之间虽然存在合同关系,也应按侵权责任而不能按合同责任处理。因为合同责任并不能对受害人所造成的人身伤亡、精神损害提供补救,而只能通过侵权损害赔偿对受害人提供补救。故在本案中,法院从最大程度保护受害人利益的角度出发,选择了适用侵权责任,应是正确的。

关于旅客运输损害赔偿中的精神损害赔偿问题。一般认为,合同责任主要是对财产损害的赔偿。在《最高人民法院关于确定民事侵权精神损害赔偿责任若干问题的解释》中,也未将此列入可适用的情形中。然而实践中,因履行合同不当而产生的人身损害纠纷并不鲜见,尤其是在服务、运输合同的履行过程中,极易产生上述纠纷。因履行合同而受到人身伤害的当事人,在精神上必然也会遭受痛苦。因此,法律必须为此提供救济的途径。针对本案,应运用竞合理论,通过选择适用侵权责任,给予受害人在人身和精神损害上的救济,从而最大限度地保护受害人的合法权益。

此外,从世界范围来看,对于国际航空旅客运输承运人的责任范围的界定,是一个颇具争议的问题。尤其是对承运人的责任中是否包含精神损害,人们一直争论不休。从《华沙公约》立法者的本意来看,是将承运人的责任限于人身(仅指身体)损害范围内,而且该公约于1929年制定的当时,精神损害尚未受到法律界的重视和认可。但随着社会的不断发展和进步,人们对权利保护的要求也越来越高。以美国为代表的一些国家纷纷以判例的方式,对《华沙公约》中承运人的责任进行扩大解释,即认为在身体受到伤害的同时,也发生精神损害。我国最高法院关于精神损害赔偿的司法解释中,把对自然人的生命、健康权的侵害列入可适用精神损害赔偿的范围。可见,这是法律发展的一种趋势。此案在处理国际航空旅客运输损害赔偿纠纷时,适用了有关精神损害赔偿的标准,是一次大胆的创新和尝试,也为今后我国法院审理同类案件提供了有益的参考。

三、乘国际航班烫伤索赔案

(一)案情

1999年8月4日,杨女士乘坐美国西北航空公司从夏威夷至上海的航班。途中,服务小姐应杨女士要求为其送上一杯热开水,放在小桌板上,服务小姐转身离去时,水杯翻倒,热水泼洒在杨女士下腹部及两腿根部。机长向杨女士提供了阿司匹林片剂以应急。飞机中途停经日本东京机场时,杨女士在西北航空人员的陪同下赴机场诊所,却未得到医治。

回到上海,杨女士的伤被诊断为深二度烫伤。2001年8月,杨女士向美国夏威夷地区法院提起诉讼。2004年,此案被当地法院撤销。

2005年,杨女士就这一人身损害赔偿纠纷在上海提起诉讼,要求西北航空赔偿精神损害抚慰金1美元,并登报公开赔礼道歉。法院判决仅支持了前一项诉讼请求。杨女士不服,提出上诉,认为原审法院既然已支持关于赔偿精神损害抚慰金的诉讼请求,即认定被告的侵害行为对原告造成了严重的后果,因此应对两项诉讼请求一并予以支持。二审法院据此判决驳回上诉,维持原判。

(二)评析

此案是一起因国际航空运输而引发的涉外人身损害赔偿案件,中美两国都是《华沙公约》缔约国,因此优先适用《华沙公约》中的相关规定,承运人对旅客伤亡只承担赔偿损失的责任,而不承担其他责任。杨女士要求被上诉人承担赔礼道歉的民事责任,与《华沙公约》中的规定相悖。杨女士被热水烫伤,非乘务人员的故意行为所致。意外发生后,机组人员在现有条件下对其进行照料,因此杨女士以航空公司提供的服务存在瑕疵而要求赔礼道歉的理由不充分。

四、特价机票退票索赔案

(一)案情

2002年9月18日,原告胡某委托北京市华一律师事务所的秘书代其在北京蓝天白云机票代理处购买一张由北京飞往深圳的六折机票,票价为910元,起飞时间为2002年9月22日。因临时有事,购票后的次日,胡某向机票代理处提出退票申请,代理处同意退票,但告诉他:这张打了六折的机票,按规定,必须根据打折前全额票价(1510元)的50%(755元)扣除退票费,这样,910元扣除755元,实退金额应为155元。原告当即提出异议,认为应根据机票上载明的退票规定办理,即旅客在客票上列明的航班规定离站时间24小时以前要求退票,退票手续费由承运人承担;在航班规定离站时间以前2小时至24小时要求退票,收取客票价10%的退票费;在航班规定离站时间之前2小时以内要求退票,收取客票价20%的退票费。但北京蓝天白云机票代理处称其是按照中国国际航空公司的规定执行,而中国国际航空公司又肯定了机票代理处的做法。原告在与两被告协商未果的情况下,办理了退票手续,向海淀区人民法院起诉。原告认为两被告的行为违反了我国法律的公平和诚实信用原则,且向其收取高额的退票费也违反了合同的约定。原告起诉要求判令两被告返还其机票退票费755元,并赔偿其因本次纠纷而受到的经济损失费人民币200元。被告机票代理处辩称,其执行的退票办法正确,退票数额正确,故不应当承担任何责任。被告航空公司认为,其执行的特种票的规定是由民航总局规定的,严格执行规定并无不当。机票本身并不是双方权利义务的全部规定,只构成法律关系的一部分。而且胡某本人也应当知道特价机票的退票规定。请求法院驳回起诉。

10月8日,海淀区人民法院正式立案。11月11日,北京市海淀区人民法院第一次公开开庭审理此案。经法院审理,依据《中华人民共和国合同法》第一百零七条,判决如下:

(1) 中国国际航空公司于本判决生效后七日内退还胡某退票手续费755元。

(2) 驳回胡某的其他诉讼请求。

2003年3月20日,海淀区人民法院第二次开庭审理此案。法院认为,民航总局《关于下发北京—广州等7条联营航线特种票价的通知》(以下简称《通知》),系针对民航运输企业的,并非对广大旅客的通告。中国国际航空公司(以下简称国航)未采取合理的方式引起合同相对人的注意。《通知》所载内容不能成为原、被告之间航空旅客运输合同的部分,即使能作为格式条款订入合同,因该条款与机票上旅客须知中载明的退票办法相矛盾,根据诚实信用原则和《合同法》的规定,应当认定《通知》所载明的退票办法无效。因此判决国航退还原告机票退票费755元,并承担50元的诉讼费。驳回原告的其他诉讼请求,即驳回要求被告赔偿其误工费、交通费、证人出庭费用等各项损失合计200元的请求。因某机票代理处是国航的代理人,其后果责任应由国航承担。

(二) 评析

航空旅客运输合同是指旅客与民航承运人之间订立的有关民航旅客运输相关

权利义务关系的协议。民航企业作为承运人,有义务将旅客运送至目的地,旅客有义务支付票款。航空运输合同系记名合同,旅客在购票时必须出示身份证,并且在客票上要注明购票者的身份证号码。同时,航空运输合同又属于格式合同,旅客必须按照承运人提供的格式合同条款的要求支付票款,取得客票。

本案中,自中国国际航空公司将客票交付给胡某之时,两者之间的航空运输合同关系即告成立。旅客运输合同成立后自检票时生效,合同生效之前旅客因自己的原因不能按照客票记载的时间乘坐的,应当在约定的时间内办理退票或者变更手续。航空运输合同的解除体现在客票的退票上,旅客在规定的时间内退票,承运人应当办理退票手续,按照规定收取一定比例的手续费,将其余票款退还给旅客。本案中,双方争议的焦点在于胡某因自己的原因不能按照客票记载的时间乘坐而提出退票时,中国国际航空公司应当依据何种标准进行退票。

客票应作为双方运输合同关系成立的凭证以及确定双方权利义务关系的基本依据。双方之间成立的航空运输合同的合同条款由承运人事先拟定,系格式合同,但仍是双方意思表示一致的产物。根据合同自由的原则,当事人之间一旦达成合意即在彼此之间产生相当于法律的效力。客票上载明的旅客须知作为合同条款,一旦生效即对合同双方具有约束力。而本案中双方订立的合同并不具备《合同法》所规定的可撤销、可变更或者合同无效的情形,故该合同的全部条款自中国国际航空公司交付客票时即具有法律效力,双方均应按照约定履行,不得违反。

本案中,民航总局的上述《通知》系针对民航运输企业的具体行政行为,而非对广大旅客的通告(虽然该《通知》已于2001年5月18日在《中国民航报》头版头条做出相关报道,同时在该报第2版上已将相关规定予以刊登,但《中国民航报》的上述新闻报道行为并不能改变上述《通知》的法律性质)。而且中国国际航空公司并未在机票的购买窗口、退票窗口以及其他旅客可能注意到的场所张贴公告。另外,中国国际航空公司称在此期间机票的销售方已经将打折机票的相关规定向华一律师事务所的秘书予以了明示和说明,而且胡某曾多次购买打折机票乘坐中国国际航空公司由北京飞往广州等地的航班,所以胡某应当知道有关打折机票的相关规定,但上述事实在本案庭审中经双方当事人的证人相互质证,各方证言相互矛盾,无法证实上述事实。且中国国际航空公司并没有证据证明胡某曾经办理过购买打折机票的退票手续,故对中国国际航空公司上述抗辩理由应该不予采信。

五、东方航空取消航班被判补乘客差价

(一)案情

原告张先生诉称,原告于2006年4月底,通过携程旅行网购买了被告中国东方航空股份有限公司(以下简称东方航空公司)2006年5月4日从北京飞往上海的5104次航班,起飞时间为上午09:00,票价合计人民币560元。2006年4月30日,原告接到携程旅行网的通知,称5104次航班被东方航空公司取消,改为上午

10:00起飞的5106次航班。由于原告5月4日11:00要出席一个重要的商务活动,不得已只得退了5104次航班机票,并通过携程旅行网购买了5月4日从北京飞往上海的7605次航班,起飞时间为上午8:55,票价合计人民币790元。

原告认为,自己购买了被告的机票,就与被告形成了旅客运输合同,被告未经原告的同意,随意取消航班,应承担违约责任,对乘客造成的损失必须予以赔偿。原告曾在事后多次与被告交涉,要求赔偿230元的票面差价损失,被告承认原告购买机票和被告取消5104次航班的事实,但拒绝赔偿。为此,原告提起诉讼,以保护消费者的合法权益。

被告东方航空公司辩称,本案应适用《中华人民共和国民用航空法》。本案中,被告公司为了避免乘客因航班取消而造成其他损失,提前五天就通知旅客预订机票的携程旅行网,以使原告有充分的时间来选择其他航班或选择其他行程,避免因航班取消而造成其损失。并且,被告公司也为原告提供了一小时后的航班,使其在合理的时间内到达。作为承运人承担航班取消的责任,应当是航班的取消直接导致旅客的损失,也就是旅客的损失与航班取消之间有直接的因果关系。而原告在接到航班取消的信息后,完全可以选择其他同等价格甚至更为便宜的其他航班,因此航班的取消不必然导致原告的损失发生。因此原告的请求没有事实和法律依据,请求法院驳回原告的诉讼请求。

法院经审理做出判决:判决中国东方航空股份有限公司支付张先生经济损失费230元。

(二)评析

事实上,原告与东方航空公司之间运输合同已经成立。被告作为承运人应根据票面载明的时间、地点将旅客运送到指定地点。现被告无故取消航班已构成违约,应承担违约责任。对于原告提出赔礼道歉的请求,不属于承担合同违约的方式,对此不予支持。原告要求赔偿230元经济损失的请求,符合有关法律规定,依法准予。

思考题

1. 航空旅客的基本权利和义务有哪些?
2. 航空客票需要包括的内容有哪些?
3. 在哪些条件下,承运人可以拒绝收运旅客的行李?

第三篇 货物运输法律制度

第九章 货物运输法律制度概述

第一节 货物运输方式的分类

一、货物运输法律

货物运输法律是指国家制定的旨在调整货物运输过程中所形成的社会关系的法律规范的总和。现代运输在国民经济中具有特别重要的地位,它是产供销的纽带,是实现产品位移的手段。特别是物流业的发展使得运输的作用和地位更加突出,对社会经济的影响也越来越大。因此,运用法律手段调整货物运输关系,维护国家、当事人的合法权益,维护运输生产秩序,对促进国民经济的健康发展,是十分必要的。

二、货物运输分类

货物运输基本上以运输工具为分类标准,可分为公路货物运输、铁路货物运输、水路货物运输、航空货物运输、多式联运等。

(一) 公路货物运输

公路货物运输是指使用汽车和其他交通工具在公路上载运货物的一种运输方式。公路货物运输的工具以汽车为主,因此又称为汽车货物运输,是陆路货物运输的方式之一。

(二) 铁路货物运输

铁路货物运输是指将火车车辆编组成列车在铁路上载运货物的一种运输方式,它是陆路货物运输的方式之一。

(三) 水路货物运输

水路货物运输是指使用船舶及其他航运工具,在湖泊、运河和海洋上载运货物的一种运输方式。

(四) 航空货物运输

航空货物运输是指在具有航空线路和航空港（飞机场）的条件下，利用飞机运载工具进行货物运输的一种运输方式。

(五) 多式联运

多式联运是指把两种或两种以上的运输方式结合起来，实行多环节、多区段相互衔接的一种接力式运输方式，是一种综合性的运输方式。

第二节 货物运输合同的概念和法律特征

一、货物运输合同的概念

货物运输合同又称为货物运送合同，是承运人将托运人交付运输的货物运输到一定地点，托运人为此支付运费的合同。运输合同是由承运人开展运输业务的法律形式，即运输货物的合同。货物运输合同中的运输物品包含各种动产，不限于商品，不动产和无形财产不作为货物运输合同中的货物。如果不是承运货物，而是将其他财产从一地运输到另一地，则不属于运输合同的范围，例如信件的邮寄就不属于运输合同的范围。

货物运输合同的当事人为托运人和承运人。托运人是请求运送货物的人，又称发货人，承运人是实施运输行为的人。托运人既可以为自己的利益托运货物，又可以为第三人的利益托运货物，这里的第三人称为收货人，即提取货物之人。因此在货物运输合同中，托运人可以自己为收货人，此时合同当事人为双方；也可以第三人为收货人，此时收货人未参与合同的签订，但却是合同的利害关系人。托运人可以是任何单位、组织、农村承包经营户、个体工商户及公民个人，承运方则必须是具有运输能力、经营运输业务的经济实体或个人。

二、货物运输合同的分类

根据不同的标准，可以将货物运输合同分为如下三类。

（1）根据运输对象的不同，可以将货物运输合同分为普通货物运输合同、特殊货物运输合同和危险货物运输合同。

（2）根据运输工具的不同，可以将货物运输合同分为铁路货物运输合同、公路货物运输合同、水路货物运输合同、航空货物运输合同和管道货物运输合同。

（3）根据货物运输方式的不同，可以将货物运输合同分为直达货物运输合同和联合货物运输合同。联合货物运输合同又可以分为单式和多式联合货物运输合同。

三、货物运输合同的法律特征

（一）货物运输合同为有偿、双务合同

货物运输合同的承运人以承运旅客或货物为营业方式，以收取运费为营利手段。因此，运输合同只能为有偿合同，托运人须向承运人支付运费。运输合同一经成立，当事人双方均负有义务，承运人须将货物从一地运输到另一地，托运人须向承运人支付运费和有关费用，双方的义务具有对价性。因此，运输合同为双务合同。

（二）货物运输合同为诺成合同

货物运输合同为诺成合同，从实务上说，若认定运输合同为实践合同，则承运人在同意托运而未实际接受货物前，合同并不成立，即使其后对托运人交付的货物不予接受和托运，也不承担违约责任。这样，在现代化的大生产条件下，则对托运人的利益保护十分不利，会严重影响托运人和收货人的生产经营活动。同样，若托运人不交付货物，即使承运人已为托运做了准备（如已安排车辆），也不能追究托运人的违约责任，则会影响承运人的营业。因此，货物运输合同应当原则上为诺成合同，除非当事人双方明确约定以托运人办理完托运手续，领取托运单为合同成立的条件。也就是说，只要当事人双方未明确约定以办理完毕托运手续为合同的成立时间，就不应认定该货物运输合同为实践合同。

（三）大多数货物运输合同采用标准合同形式

国有运输企业作为承运人时，一般采用标准合同形式，合同的主要内容按照国家有关部门的规定，合同形式为统一的标准格式。这类合同一般由承运部门预先拟定，并未与托运人协商。如铁路货物运输及航空货物运输中广泛采用的货运单就是标准合同的形式。

（四）货物运输合同往往有第三人参加

货物运输合同由承运人和托运人双方订立，托运人和承运人为合同的当事人。在多数情况下，托运人往往是为第三人，即收货人办理托运货物，托运人和收货人不是同一当事人，在这种情况下，收货人虽然没有直接参与签订货物运输合同，但他作为合同的关系人在合同依法成立后就享有合同规定的一定的权利并承担相应的义务。

（五）货物运输合同以将货物交付给收货人为履行终点

货物运输合同的承运人将货物运输到目的地，其履行的义务并不能完结，承运人只有在将货物交付给收货人后，其义务的履行才算完毕。

（六）货物运输合同以运输货物为直接目的、以运输行为为标的

关于货物运输合同的性质，从运输性质上说，承运人向托运人提供的是一种运

输服务,可以归入提供劳务类的合同。但是,货物运输合同属于单独的一类合同。在货物运输合同中,承运人需向托运人提供的是运输服务,而不是某项工作成果,因此,货物运输合同不同于承揽合同。在货物运输合同中,承运人是以自己的名义和责任独立地完成货物的运输。因此,也不属于雇用和委托。运输合同的直接目的是运输货物,而不是一般事务的处理,也不是一般地提供劳务。所以,货物运输合同的标的是承运人的运输行为本身;它既不是一般劳务,也不是被运输的旅客或者货物。

(七) 货物运输合同的运费由国家统一规定

货物运输合同的运输费用,一般应按照国家运输部门根据国家行政法规规定的标准签订,承运方和托运方无权改变国家规定的标准。

第三节 货物运输合同的订立

一、货物运输合同的订立、解除与变更

货物运输合同一般经托运人提出运输货物的要约、承运人同意运输的承诺而成立。但是对于从事公共运输的承运人,除有正当理由外,不得拒绝托运人的要约。

托运人托运货物(包括托运行李、包裹)时,要办理托运手续。办理托运手续时,承运人要求填写托运单的,托运人还应当填写托运单。托运单应当包括以下内容:托运人的姓名或名称、住址,货物名称、数量、质量、包装和价值,收货人姓名或名称、住址,运输的目的地,填写地点和填写日期。

货物托运单是合同的组成部分。托运单就其性质而言,应为证明货物内容的一种文件。承运人对于托运单的签发只是证明承运人查验货物与托运单上填写的一致。因为货物运输合同一般应为诺成合同,办理托运手续只是合同履行的必要阶段,而不是合同的订立。只有在当事人明确约定或者法律明确规定运输合同为实践合同的情况下,才以承运人签发托运单为合同的成立。

托运人办理托运手续后,承运人应托运人的请求应当向托运人交付提单或者其他提货凭证。提单除应记载托运单上应记载的事项外,还应记载:运费及其支付人,提单的填发地及填发日期,运输人签章。提单从其性质上说为有价证券,因此,只有提单的持有人才能主张提单上载明的货物的权利。无记名提单,得以交付而转让;记名提单,得以背书转让。但提单上有禁止背书转让记载的,不得转让。

提单也是运输合同的一个组成部分。在提单填发后,提单持有人与运输人之

间关于运输事项应依提单上的记载进行。有关运输的变更、中止及运输物品的领取或者处分,均须依提单进行。提单上已记载的事项即使与事实不符,当事人也不得加以否认;提单上未记载的事项,即使事实上存在,当事人也不得主张。

在运输合同成立以后,根据《合同法》第三百零八条的规定,在承运人将货物交付收货人之前,托运人可以要求承运人中止运输、返还货物、变更到达地或将货物交给其他收货人,但应当赔偿承运人因此受到的损失。此外,由于不可抗力不能正常运输时,承运人可以单方变更或解除合同或者改变运输路线,或就近卸存,也可运回起运地,但必须告知托运人或收货人。

二、货物运输合同的主要内容

货物运输合同一般包括如下主要内容。

(1) 当事人条款。当事人条款是货物运输合同的必备条款。由于运输合同常是为第三人的利益订立的合同,因此在此条款中不仅应写明承运人和托运人的名称或姓名以及详细地址或住址,还要写明收货人的名称或姓名以及详细地址或住址,利于交货。

(2) 货物名称、规格、性质、数量、质量等描述。货物的这些描述是货物运输的必要情况,由此将决定货物适宜的包装、装卸等方式。如因托运人申报不实或遗漏重要情况而造成承运人损失的,承运人有权请求托运人赔偿。

(3) 包装要求。当事人应对货物的包装标准或要求做出约定。对货物有统一包装要求的,托运人必须在国家规定的统一标准许可的范围内进行相应的包装;对货物没有统一规定包装的,其包装应符合该货物包装的一般要求,并能保证货物的运输安全,否则承运人有权拒绝载运。

(4) 货物起运点、到达点。只有对货物起运点、到达点做出相应的约定,当事人才能在明确的地点进行交接并据此选择适当的运输路线。

(5) 货物运输期间。货物运输期间规定货物应在约定的期限到达目的地,同时保证托运人对其他合同的及时履行。在运输鲜活货物和节令性商品时,尤其要注意此项内容的约定。

(6) 运输质量及安全要求。

(7) 货物装卸责任以及装卸方法。

(8) 收货人领取货物及验收。当事人在合同中应对收货人领取货物及验收的相关事项做出合理约定。收货人在提货时应按照约定领取货物并对货物进行检验。收货人在约定的期限内对货物的数量和损毁未提出异议的,视为承运人已经按照运输单证的记载交付货物。

(9) 运输费用及结算方式。

(10) 双方的权利和义务。

(11) 违约责任以及合同争议的解决方法。

(12) 双方约定的其他条款。

第四节 货物运输合同当事人及其效力

一、货物运输合同当事人

(一) 托运人

托运人即与承运人订立货物运输合同的人。他是货物运输合同的一方当事人,是把货物交给承运人运输的人。

(二) 承运人

承运人即与托运人订立货物运输合同的人。他是货物运输合同的另一方当事人,负责用约定的运输方式把货物运送到指定的目的地。

(三) 收货人

收货人即在货物运输合同中指定的有权领取货物的人。他虽然不是签订运输合同的人,但他有权提取货物,并在一定条件下受运输合同的约束。

(四) 出租人

出租人是指因货物运输而与承租人订立租用交通运输工具合同的人。就运输来说,他是把车、船、飞机等运输工具出租给承租人使用的人。

(五) 承租人

承租人是指与出租人订立租用合同的人。在运输方面,承租人是从出租人处租用车、船、飞机等运输工具的人。

(六) 多式联运经营人

多式联运经营人即与托运人订立多式联运合同的人。他是多式联运合同的当事方,负责组织货物运输,相当于承运人的地位。

(七) 货运代理人

货运代理人即受委托人委托,代办货物运输业务的人。委托人可以是承运人,也可以是货方。有的货运代理人为承运人揽取货载,有的货运代理人代表货方办理货物报关、交接、检验、转运、租船、订舱等业务。有的货运代理人兼营两方面的业务,并按有关规定收取报酬。货运代理人是连接承运人和货方的纽带,在国际货物运输中起着重要作用。

二、运输合同双方当事人的一般权利义务

（一）承运人不得拒绝合理运输要求的义务

《合同法》第二百八十九条规定："从事公共运输的承运人不得拒绝旅客、托运人合理的运输要求。"在此《合同法》将义务主体限于从事公共运输的承运人，主要是考虑这些承运人往往具有独占地位以及其提供的服务具有公用事业的性质。

（二）承运人按照约定期间或者合理期间安全运输的义务

《合同法》第二百九十条规定："承运人应当在约定期间或者合理期间内将旅客、货物安全运输到约定地点。"这是承运人的基本义务，也是收取票款或者运输费用的代价。按合同约定调配适当的运输工具和设备，接收承运的货物，按期将货物运到指定的地点；从接收货物时起至交付收货人之前，负有安全运输和妥善保管的义务；货物运到指定地点后，应及时通知收货人收货。

（三）承运人按照适当的路线运输的义务

《合同法》第二百九十一条规定："承运人应当按照约定的或者通常的运输路线将旅客、货物运输到约定地点。"

（四）旅客、托运人或者收货人支付票款或者运输费用的义务

《合同法》第二百九十二条规定："旅客、托运人或者收货人应当支付票款或者运输费用。承运人未按照约定路线或者通常路线运输，增加票款或者运输费用的，旅客、托运人或者收货人可以拒绝支付增加部分的票款或者运输费用。"支付票款或者运输费用是旅客、托运人或收货人的基本义务，是其购买运输服务的代价。

三、托运人的主要权利义务

（一）托运人的权利

托运人的主要权利有以下几项：请求承运人按照合同约定的时间和地点发运货物并将货物运输到目的地；在承运人发运货物前，除规定不得变更的情况外，不得解除或变更合同，取回托运的全部或部分货物；在货物发运后，按有关规定办理变更到站、变更收货人。

（二）托运人的义务

（1）提供货物的义务。

在诺成性的货物运输合同中，托运人应按照合同约定的时间和要求提供托运的货物，并向承运人交付运费等费用。否则，托运人应支付违约金，并赔偿承运人由此而受到的损失。

（2）填写托运单的义务。

托运人办理货物运输,需要填写托运单的,应当填写托运单。托运单包括以下内容:托运人的姓名或名称、住址,货物名称、数量、质量、包装和价值,收货人姓名或名称、住址,运输的目的地,填写地点及填写日期。

(3) 提交相关文件的义务。

货物运输需要办理审批、检验手续的,托运人应当将有关审批、检验的文件提交承运人。

(4) 按照约定的方法包装货物的义务。

托运人应当按照约定的方法包装货物,没有约定或者约定不明确的,应当按照国家或者行业包装标准进行包装;没有国家或者行业包装标准的,应当按照能够使货物安全运输的方法进行包装。托运人违反此义务的,承运人可以拒绝运输。

(5) 托运危险货物时的义务。

托运人托运易燃、易爆、有毒、有腐蚀性、有放射性等危险物的,应当按照有关危险物的运输规定办理。托运人应对危险物妥善包装,做出危险物标志和标签,并将有关危险物的名称、性质和防范措施的书面材料提交承运人。托运人违反此义务,承运人可以采取相应措施以避免损害的发生。

四、承运人的主要权利义务

(一) 承运人的权利

(1) 有权收取运杂费。

承运人收取的运杂费应依其公告的标准和项目确定。未经公告收费的项目,承运人不得收取费用;承运人收取的费用不得超过其公告的标准。对于不法公告的收费标准和项目超收的运杂费,承运人应当退还给托运人;不能退还的,应当收缴归国库。

(2) 有权留置运到的货物。

对于托运的货物未按规定交付相关的费用时,承运人对于运输到目的地的货物有留置的权利,但是承运人留置的货物的价值应与承运人未受偿的债权额相当。

(3) 有权处置无人认领的货物。

对于经催告而仍无人认领的货物,承运人可以依照有关规定提存;不宜提存的,可以依法拍卖,在扣除其应受偿的债权额后,将剩余的拍卖价款提存。

(二) 承运人的义务

(1) 按照约定运输货物的义务。

承运人应按照合同约定配备运输工具,按期将货物送达目的地。否则,其应向托运人支付违约金。承运人如将货物错运至其他到货地点或收货人的,应无偿运至合同约定的到货地点或收货人;货物逾期运到的,应偿付逾期交货的违约金。

(2) 妥善保管货物和通知的义务。

承运人在货物运到后,将货物交付收货人之前,负有妥善保管货物的义务。货物运到后,承运人应当及时通知收货人。收货人不明或者收货人拒绝受领货物的,承运人应当及时通知托运人,并请求其在合理期限内对货物的处理做出指示。无法通知托运人,或者托运人未做指示或者指示事实上不能实行的,承运人可以提存货物;货物不宜提存的,承运人可以拍卖或者变卖该货物,扣除运费、保管费以及其他必要的费用后,提存剩余价款。

五、收货人的主要权利义务

(一) 收货人的权利

该权利主要有:在货物送达前依照有关规定变更到货地点或收货人;在货物送达后有权据提单或提货凭证领取货物;收货人在约定的期限或合理的期限内对货物进行验收,发现货损、货差,经认定确是承运人的责任,则有向承运人提出索赔的权利。

(二) 收货人的义务

(1) 提货义务。

收货人虽然没有直接参与货物运输合同的签订,但受承运人、托运方双方签订的货物运输合同约束,收货人收到提货通知后,应当及时提货。收货人请求交付货物时,应当将提单或者其他提货凭证交还承运人。逾期提货的,应当向承运人支付保管费。收货人不及时提货的,承运人有提存货物的权利。

(2) 检验货物的义务。

收货人接收货物后,应当及时对货物进行检验,发现货物有毁损、灭失的,收货人应当在接受货物之日起3日内通知承运人;对不能立即发现的毁损或者部分灭失,收货人应当在接受货物之日起15日内通知承运人。怠于通知的,承运人免除赔偿责任,但承运人恶意掩蔽或者货物毁损、灭失是由承运人故意或者重大过失造成的除外。

(3) 支付托运人未付或者少付的运费以及其他费用。

一般情况下,运费由托运人在发站向承运人支付,但如果合同约定由收货人在到站支付或者托运人未支付的,收货人应支付。在运输中发生的其他费用,应由收货人支付的,收货人也必须支付。

六、货物运输中的货损责任

(一) 承运人赔偿责任的成立和免除

承运人承运的货物在交付给收货人前发生毁损、灭失的,承运人应当负赔偿责任。而且这一责任是无过错责任,它并不以承运人的过错为要件,其成立条件仅为货物在运输中发生毁损、灭失。所谓灭失,是指承运人无法将货物交付给收货人,既包括货物的物质上的灭失,也包括占有的丧失及法律上不能恢复占有的各种情形;所谓毁损,是指托运的货物因损坏而价值减少。承运人对货损的赔偿责任虽不以过错为要件,但也并非在任何情况下都不能免责。在有法律规定的免责事由时,承运人可以免除责任。一般说来,如承运人能够证明货物的毁损、灭失是由下列原因造成的,即可以免除责任:不可抗力;货物自身的原因;托运人、收货人的过错。

承运人承运的货物于运输中因不可抗力灭失的,承运人虽不负赔偿责任,但灭失部分的货物未收取运费的,承运人丧失运费的请求权,不得请求托运人或者收货人支付运费。托运人已支付运费的,也不能请求承运人返还。

在数个承运人相继运输的情形下,托运人虽只与其中一个承运人签订运输合同,但各承运人也需对运输的货物的毁损、灭失承担连带责任。

承运人的赔偿责任应以收货人就货物的毁损、灭失提出异议为前提。因此,收货人在接受货物验收时,应及时提出货物毁损、灭失的声明。一般认为,收货人发现货物毁损、灭失的,通知承运人的期限为自接受货物之日起3日;对不能立即发现的毁损或部分灭失的,收货人应当在接受货物之日起15日内通知承运人。在我国《民用航空法》第一百三十四条中规定:"托运行李发生损失的,至迟应当自收到行李之日起七日内提出;货物发生损失的,至迟应当自收到货物之日起十四日内提出。托运行李或货物发生延误的,至迟应当自托运行李或货物交付旅客或者收货人处置之日起二十一日内提出。"收货人怠于通知的,承运人免除赔偿责任,但承运人恶意掩蔽货物的毁损、灭失或者因承运人故意或重大过失造成货物毁损、灭失的,承运人的赔偿责任不能因收货人的怠于通知而免除。

托运人在托运货物时可以自愿办理货物运输保险。在发生保险事故时,可根据保险合同向保险人索赔。但保险人在给付保险赔偿金后,可取得对承运人的赔偿责任的代位求偿权。

(二) 承运人赔偿责任的范围

承运人的赔偿责任因属于无过错责任,较一般债务人的责任要重。因此,各国法律一般对承运人的赔偿责任范围予以限制,而不实行完全赔偿原则。这是因为运输营业人承担的运输业务繁多,而各种运输的货物价值和作用又不同,毁损后的损失也难以估量,如实行完全赔偿原则,则会给运输营业人造成无法承受的负担,也不利于运输业的发展。承运人对货物毁损灭失的赔偿责任范围可分以下两种情况。

1.未保价运输的货物受损

未保价或者未声明金额的货物受损的,在国务院主管部门规定的限额内按货物实际损失的价值赔偿。赔偿范围不包括债权人因此所受到的可得利益的损失,并且不能超过主管部门规定的责任限额。承运人赔偿数额应以应当交付时到达地的价格计算。但是,在承运人对货物的损毁有故意或重大过失时,承运人的赔偿责任不受所规定的最高限额的限制,而应赔偿全部实际损失。

2.保价运输的货物受损

托运人办理保价运输的,或者在托运时声明了金额并交付了附加费的,在该货物受损时,承运人应赔偿托运人的实际损失,但以保价金额或托运人声明的金额为限。如果损失是由于承运人的故意或者重大过失造成的,则不能适用关于赔偿限额的规定。因为任何情况下,行为人都应对自己故意或重大过失造成的损害负全部责任。

在托运人保价托运的保价额超过了货物的实际价值,而货物又全损的情况下,原则上承运人仍应按保价额赔偿,并且实际上承运人也是无法证明保价额是超过货物实际价值的。

(三) 承运人赔偿责任的时效

在各国法律上一般都对承运人的赔偿责任规定有特殊的短期时效。我国学者一般认为,收货人请求承运人赔偿的诉讼时效期间以 180 日为宜。该期限应以收货人知道或者应当知道受损害的次日起算。但我国《民用航空法》第一百三十五条规定:"航空运输的诉讼时效期间为二年,自民用航空器到达目的地点、应当到达目的地点或者运输终止之日起计算。"

第五节　国际货物运输法概述

一、国际货物运输的概念

国际货物运输是指不同国家之间的当事人为了完成货物运输目的,采用一种或多种运输方式,把货物从一国的某一地点运至另一国的某一地点的运输。

国际货物运输是转移国际货物买卖标的物的行为,它是买卖双方签订合同后的一种实际履行合同的方式。国际买卖双方当事人为了保证将货物按质、按量、按时从一个国家运送到另一个国家,还需要签订货物运输合同。为了确保国际货物运输合同的顺利进行,各国还制定了相应的法规和国际公约来加以协调。这类法规包括《海商法》、《民用航空法》、《铁路法》和《公路法》及其有关的国际公约。

二、国际货物运输的法律特征

国际货物运输与国内货物运输相比,其涉及面广,法律关系复杂。但运输合同当事人无论采用哪一种运输方式,它们都有如下几个基本共同点。

（1）这种运输是跨越国境的运输，在整个运输过程中要牵涉到不同国家的海关、商检、卫生检疫、边防或移民等管理部门。在国际货物运输过程中，承运人、托运人和收货人之间的法律关系受国际货物运输法的调整。

（2）国际货物运输合同具有其独立性，买卖当事人签订合同后，为了将合同的标的物从卖方转移至买方，就必须签订运输合同。

（3）调整国际货物运输合同的主要法律规范是国际公约、国际惯例和国内法。国际货物运输中，人们根据不同的运输种类制定专门的法律来规范当事人的活动。这些法律对承运人、托运人和收货人以及有关当事人的权利义务、法律适用、赔偿规定、诉讼时效等方面都做了明确的规定。

国际货物运输方式很多，有海洋运输、航空运输、铁路运输、江河运输、公路运输、管道运输等。在国际货物运输中，托运人可以选用一种运输工具为其完成货物运输，也可以选用两种或两种以上的运输工具为其完成运输，选用两种以上的称为国际多式联运。

三、国际货物运输装运条款

在洽商交易时，买卖双方必须就交货时间、装运地和目的地、能否分批装运和转船、转运等问题商妥，并在合同中具体订明。明确、合理地规定装运条款，是保证进出口合同顺利履行的重要条件。

装运条款的内容及其具体订立与合同的性质和运输方式有着密切的关系。我国的进出口合同大部分是 F.O.B.、C.I.F. 和 C.F.R. 合同，而且大部分的货物是通过海洋运输。按照国际贸易惯例解释，在上述条件下，卖方只要装运合同规定的货物，在装运港履行交货手续，取得清洁的装船单据，并将货物交给买方或其代理人，即算完成交货义务。因此，上述合同的装运条款应包括装运时间、装运港、目的港、是否允许转船与分批装运、装运通知，以及滞期、速遣条款等内容。

（一）装运时间

装运时间，又称装运期，是买卖合同的主要条件，如违反这一条件，买方有权撤销合同，并要求卖方赔偿其损失。

（二）装运港和目的港

装运港是指货物起始装运的港口。目的港指最终卸货的港口。

（三）分批装运和转船

所谓分批装运是指一笔成交的货物，分若干批装运。根据《跟单信用证统一惯例》规定，同一船只、同一航次中多次装运货物，即使提单表示不同的装船日期及（或）不同装货港口，也不作为分批装运论处。在大宗货物交易中，买卖双方根据交货数量、运输条件和市场销售需要等因素，可在合同中规定分批装运条款。

1. 装运通知

装运通知是指在采用租船运输大宗进出口货物的情况下,在合同中加以约定的条款。规定这个条款的目的在于明确买卖双方的责任,促使买卖双方互相合作,共同做好船货衔接工作。

2. 装卸时间、装卸率和滞期、速遣条款

1) 装卸时间

装卸时间是指允许完成装卸任务所约定的时间,它一般以天数或小时数来表示。

2) 装卸率

所谓装卸率,即指每日装卸货物的数量。装卸率的具体确定,一般应按照习惯的正常装卸速度,掌握实事求是的原则。装卸率的高低,关系到完成装卸任务的时间和运费水平,装卸率规定过高或过低都不合适。规定过高,完不成装卸任务,要承担滞期费的损失;反之规定过低,虽能提前完成装卸任务,可得到船方的速遣费,但船方会因装卸率低,船舶在地时间长而增加运费,致使租船人得不偿失。因此,装卸率的规定应适当。

3) 滞期费和速遣费

如果在约定的允许装卸时间内未能将货物装卸完,致使船舶在港内停泊时间延长,给船方造成经济损失,则延迟期间的损失,应按约定每天若干金额补偿给船方,这项补偿金称为滞期费。反之,如按约定的装卸时间和装卸率,提前完装卸任务,使船方节省了船舶在港的费用开支,船方将其获取的利益的一部分给租船人作为奖励,称为速遣费。按惯例,速遣费一般为滞期费的一半。滞期费和速遣费通常约定为每天若干金额,不足一天,按比例计算。

四、国际货物运输单据

运输单据是承运人收到承运货物签发给出口商的证明文件,它是交接货物、处理索赔与理赔以及向银行结算货款或进行议付的重要单据。

在国际货物运输中,运输单据的种类很多,其中包括海运提单、铁路运单、承运货物收据、航空运单和邮包收据等,现将主要运输单据简述如下。

(一) 海运提单

海运提单是船方或其代理人在收到其承运的货物时签发给托运人的货物收据,也是承运人与托运人之间的运输契约的证明,法律上它具有物权凭证的效用。收货人在目的港提取货物时,必须提交正本提单。

(二) 铁路运输单据

铁路运输可分为国际铁路联运和国内铁路运输两种方式,前者使用国际铁路联运运单,后者使用国内铁路运单。通过铁路对中国港、澳地区出口的货物,由于国内铁路运单不能作为对外结汇的凭证,故要使用承运货物收据这种特定性质和格式的单据。

(三) 航空运单

航空运单是承运人与托运人之间签订的运输契约,也是承运人或其代理人签发的货物收据。航空运单还可作为核收运费的依据和海关查验放行的基本单据。但航空运单不代表是航空公司的提货通知单。在航空运单的收货人栏内,必须详细填写收货人的全称和地址,而不能做成指示性抬头。

(四) 邮包收据

邮包收据是邮包运输的主要单据,它既是邮局收到寄件人的邮包后所签发的凭证,也是收件人凭以提取邮件的凭证。当邮包发生损坏或丢失时,它还可以作为索赔和理赔的依据。但邮包收据不是物权凭证。

(五) 多式联运单据

多式联运单据是在多种运输情况下所使用的一种运输单据。这种运输单据虽与海运中的联运提单有相似之处,但其性质与联运提单有别。

思考题

1. 货物运输的分类有哪几种?
2. 货物运输合同的法律特征是什么?
3. 货物运输合同的当事人有哪些?
4. 货物运输当事人的权利义务有哪些?
5. 国际货物运输单据有哪些?

第十章　道路货物运输法律法规

第一节　道路货物运输法概述

一、道路货物运输的定义及其特点

道路货物运输是指以载货汽车为主要运输工具,通过道路使货物产生空间位移的生产活动。其特点如下。

(一)适应性强

货运汽车种类繁多,各自具有不同的性能和适用范围,不仅能够很好地承担其他各种运输方式所不能承担或不能很好承担的一些货运任务,还可实现门到门的运输。

(二)机动灵活

货运汽车单位载货质量相对小,因而在货物运输中可以承担批量较小的货运任务,又能通过集结车辆承担批量较大的货运任务,并能实现较高的运输效率和经济效益。

(三)快速直达

道路运输比铁路、水路运输环节少,易于组织直达运输。近年来,随着我国高等级道路建设的迅猛发展,在一定运距范围内,道路货运快速送达的优点十分突出。

(四)方便

汽车运输具有适应性强、机动灵活、快速运达等特点,使得货物承运既可以在固定的站场、港口、码头装卸,又可以在街头巷尾、农贸市场、乡镇村庄等处就地装卸,实现"门到门"直达运输,因而在很多情况下比其他运输方式更为方便,能更好地满足用户需要。

(五)经济

从各种运输方式的基建投资效果来看,道路修建比铁路运输和航空运输的投资少,周期也相对较短;从各种运输方式的运送效果看,由于公路网密度大,再加上道路运输适应性强,机动灵活,对汽车货运选择最佳线路提供了便利条件,因而可以在一定的经济区域内相应地缩短货物运输距离,降低商品周转费用,加速资金流动,增加货物流动的时间价值,并相应节约了运力和能源,能够获得良好的社会效益和经济效益。

二、道路货物运输的分类

道路货物运输由于货物种类繁多,组织方法多样,要求措施各异,形成了多种多样的分类方法。主要有如下类型。

(一) 零担货物运输

托运人一次托运货物计费质量在3吨及以下的,为零担货物运输。

(二) 整批货物运输

托运人一次托运的货物在3吨(含3吨)以上,或虽不足3吨,但其性质、体积、形状需要一辆3吨及3吨以上汽车运输的,均为整批货物运输或称为整车货物运输。

(三) 大型特型笨重货物运输

因货物的体积、质量的要求,需要大型或专用汽车运输的,为大型特型笨重货物运输。

(四) 集装箱汽车运输

采用集装箱为容器,使用汽车运输的,为集装箱汽车运输。

(五) 快件和特快件货物运输

在规定的距离和时间内将货物运达目的地的,为快件货物运输;应托运人要求,采取即托即运的,为特快件货物运输。

(六) 危险货物运输

承运《危险货物品名表》所列的易燃、易爆、有毒、有腐蚀性、有放射性等危险货物和虽未列入《危险货物品名表》但具有危险货物性质的新产品,为危险货物汽车运输。

(七) 出租汽车货物运输

采用装有出租营业标志的小型货运汽车,供货主临时雇用,并按时间、里程和规定费率收取运输费用的,为出租汽车货物运输。

(八) 搬家货物运输

为个人或单位搬迁提供运输和搬运装卸服务,并按规定收取费用的,为搬家货物运输。

三、道路货物运输法

我国道路运输还没有专门的相关法律规定,在实际应用中,它们都受《合同法》的制约。除此之外,道路运输还要遵守交通运输部《汽车货物运输规则》,如果采用集装箱装箱运输货物,还要遵守交通运输部《集装箱汽车运输规则》,如果是危险货物运输,还要遵守交通运输部《汽车危险货物运输规则》,如租用他人的汽车运输,还要遵守交通运输部和国家计委共同发布的《汽车租赁业管理暂行规定》。针对国际公路货物运输,较系统的规定在《国际公路货物运输合同公约》内。

第二节 道路货物运输合同

一、道路货物运输合同的订立

道路货物运输合同是指托运人与汽车承运人之间签订的明确相互权利义务关系的协议。道路货物运输合同的订立与其他运输合同的订立一样,要经过要约和承诺两个步骤。道路货物运输合同可以采用书面形式、口头形式和其他形式。书面形式合同种类分为一次性运输合同、定期运输合同和道路货物运单(以下简称运单)。道路货物运输合同由承运人和托运人本着平等、自愿、公平、诚实、信用的原则签订。

(一)定期运输合同

定期运输合同是指汽车承运人与托运人签订的在规定的期间内用汽车将货物分批量地由起运地运至目的地的汽车货物运输合同。定期汽车货物运输合同应包含下列基本内容:

(1)托运人、收货人和承运人的名称(姓名)、地址(住所)、电话、邮政编码;

(2)货物的种类、名称、性质;

(3)货物质量、数量或月、季、年度货物批量;

(4)起运地、到达地;

(5)运输质量;

(6)合同期限;

(7)装卸责任;

(8)货物价值,是否保价、保险;

(9)运输费用的结算方式;

(10)违约责任。

(二) 一次性运输合同

一次性运输合同是指汽车承运人与托运人之间签订的一次性将货物由起运地运至目的地的货物运输合同。一次性运输合同应包含以下基本内容：

(1) 托运人、收货人和承运人的名称(姓名)、地址(住所)、电话；

(2) 货物的名称、性质、质量、数量、体积；

(3) 装货地点、卸货地点、运距；

(4) 货物的包装方式；

(5) 承运日期和运到期限；

(6) 运输质量；

(7) 装卸责任；

(8) 货物价值，是否保价、保险；

(9) 运输费用的结算方式；

(10) 违约责任；

(11) 解决争议的方法。

(三) 道路货物运单

在很多情况下，物流企业并不与汽车承运人签订上述两种合同，而是直接向汽车承运人托运货物。此时，物流企业要作为托运人或托运人的代理人填写运单，并将运单与运送的货物一起交给汽车承运人，要求其接受货物托运，请求托运货物即是物流企业向承运人发出要约的过程。如果承运人表示接受货物托运，并在运单上签字后，就表示承运人进行了承诺。货物托运和承运的过程就是合同订立的过程，运单本身就成为汽车货物运输合同。

运单应按以下要求填写：

(1) 准确表明托运人和收货人的名称(姓名)和地址(住所)、电话、邮政编码；

(2) 准确表明货物的名称、性质、件数、质量、体积以及包装方式；

(3) 准确表明运单中的其他有关事项；

(4) 一张运单托运的货物，必须属于同一托运人、收货人。一张运单托运的货物，凡不是同品名、同规格、同包装的，以及搬家货物，均应提交物品清单；

(5) 危险货物与普通货物以及性质相互抵触的货物不能用一张运单；

(6) 托运人要求自行装卸的货物，经承运人确认后，在运单内注明；托运人委托承运人向收货人代递有关证明文件、化验报告或单据等，须在托运人记事栏内注明名称和份数。

(7) 应使用钢笔或圆珠笔填写，字迹清楚，内容准确，需要更改时，必须在更改处签字盖章。托运的货物品种不能在一张运单内逐一填写的，还应填写"货物清单"。

(8) 托运集装箱时应注明箱号和铅封号码,接运港、站的集装箱,还应注明船名、航次或车站货箱位,并提交装箱清单。

定期运输合同适用于承运人、托运人、货运代办人之间商定的时期内的批量货物运输。一次性运输合同适用于每次货物运输。承运人、托运人和货运代办人签订定期运输合同、一次性运输合同时,运单视为货物运输合同成立的凭证。在每车次或短途每日多次货物运输中,运单视为合同。汽车货物运输合同自双方当事人签字或盖章时成立。当事人采用信件、数据电文等形式订立合同的,可以要求签订确认书,签订确认书时合同成立。

二、道路货物运输合同双方的义务

(一) 托运人的义务

(1) 托运的货物名称、性质、件数、质量、体积、包装方式等,应与运单记载的内容相符。

(2) 按照国家有关部门规定办理准运或审批、检验等手续的货物,托运人应将准运证或审批文件提交承运人,并随货同行。如果委托承运人向收货人代递有关文件,应在运单中注明文件名称和份数。

(3) 托运的货物中,不得夹带危险货物、贵重货物、鲜活货物和其他易腐货物、易污染货物、货币、有价证券以及政府禁止或限制运输的货物等。

(4) 托运货物的包装,应当按照双方约定的方式进行。没有约定或者约定不明确的,可以协议补充;不能达成补充协议的,按照通用的方式包装;没有通用方式的,应在足以保证运输、搬运装卸作业安全和货物完好的原则下进行包装;依法应当执行特殊包装标准的,按照规定执行。

(5) 应根据货物性质和运输要求,按照国家规定,正确使用运输标志和包装储运图示标志。使用旧包装运输货物的,托运人应将包装上与本批货物无关的运输标志、包装储运图示标志清除干净,并重新制作标志。

(6) 托运特种货物,托运人应按以下要求,在运单中注明运输条件和特约事项:① 托运需冷藏保温的货物,托运人应提出货物的冷藏温度和在一定时间内的温度保持的要求;② 托运鲜活货物,应提供最长运输期限及途中管理、照料事宜的说明书,货物允许的最长运输期限应大于汽车运输能够达到的期限;③ 托运危险货物,按交通运输部《汽车危险货物运输规则》办理;④ 托运采用集装箱运输的货物,按交通运输部《集装箱汽车运输规则》办理;⑤ 托运大型特型笨重物件,应提供货物性质、质量、外廓尺寸及对运输要求的说明书,承运前承托双方应先查看货物和运输现场条件,需排障时由托运人负责或委托承运人办理,运输方案商定后办理运输手续。

(7) 运输途中需要饲养、照料的有生物、植物、尖端精密产品、稀有珍贵物品、文物、军械弹药、有价证券、重要票证和货币等,托运人必须派人押运。大型特型笨重物件、危险货物、贵重和个人搬家物品,是否派人押运,由承托双方根据实际情况约定。除上述规定的货物外,托运人要求押运时,需经承运人同意。

需派人押运的货物,托运人在办理货物托运手续时,应在运单上注明押运人员姓名及必要的情况。押运人员每车一人,托运人需增派押运人员的,在符合安全规定的前提下,征得承运人的同意,可适当增加。押运人员须遵守运输和安全规定。押运人员在运输过程中负责货物的照料、保管和交接;如发现货物出现异常情况,应及时做出处理并告知车辆驾驶人员。

托运人应该按照合同的约定支付运费。

(二) 汽车承运人的义务

(1) 根据货物的需要和特性,提供适宜的车辆。该义务要求承运人提供的车辆应当是技术状况良好、经济适用,并能满足所运货物质量的要求。对特种货物运输的,还应为特种货物提供配备了符合运输要求的特殊装置或专用设备的车辆。

(2) 保管相关文件和核对货物的义务。承运人受理凭证运输或经有关审批、检验具有证明文件的货物后,应当在有关文件上注明已托运货物的数量、运输日期,加盖承运章,并随货同行,以备查验。承运人受理整批或零担货物时,应根据运单记载货物名称、数量、包装方式等,核对无误,方可办理交接手续。发现与运单填写不符或可能危及运输安全的,不得办理交接手续。

(3) 承运人应当根据运送的货物情况,合理安排运输车辆,货物装载质量以车辆额定吨位为限,轻泡货物以折算质量装载,不得超过车辆额定吨位和有关长、宽、高的装载规定。

(4) 按照约定的运输路线进行运输。承运人应与托运人约定运输路线。起运前运输路线发生变化必须通知托运人,并按最后确定的路线运输。承运人未按约定的路线运输增加的运输费用,托运人或收货人可以拒绝支付增加部分的运输费用。

(5) 在约定的运输期限内将货物运达。运输期限由承托双方共同约定后在运单上注明。承运人应在约定的时间内将货物运达。零担货物按批准的班期时限运达,快件货物按规定的期限运达。

(6) 对货物的运输安全负责,保证货物在运输过程中不受损害。车辆装载有毒、易污染的货物卸载后,承运人应对车辆进行清洗和消毒。因货物自身的性质,应托运人要求,需对车辆进行特殊清洗和消毒的,由托运人负责。货物运输中,在与承运人非隶属关系的货运站场进行货物仓储、装卸作业,承运人应与站场经营人签订作业合同。

(7) 通知收货人接货。整批货物运抵前,承运人应当及时通知收货人做好接货准备;零担货物运达目的地后,应在 24 小时内向收货人发出到货通知或按托运人的指示及时将货物交给收货人。

三、汽车货物运输合同的变更和解除

在承运人未将货物交付收货人之前,物流企业作为托运人可以要求承运人终止运输、返还货物、变更到达地或者将货物交付给其他收货人,但需要赔偿承运人因此受到的损失。如果发生下列情况之一,物流企业托运人和汽车承运人可以变更或解除汽车货物运输合同:① 由于不可抗力使运输合同无法履行;② 由于合同当事人一方的原因,在合同约定的期限内确实无法放行运输合同;③ 合同当事人违约,使合同的履行成为不可能或不必要;④ 经合同当事人双方协商同意解除或变更,但承运人提出解除运输合同的,应退还已收的运费。

货物运输过程中,因不可抗力造成道路阻塞导致运输阻滞时,承运人应及时与托运人联系,协商处理,发生的货物装卸、接运和保管费用按以下规定处理:① 接运时,货物装卸、接运费用由托运人负担,承运人收取已完成运输里程的运费,退回未完成运输里程的运费;② 回运时,收取已完成运输里程的运费,回程运费免收;③ 托运人要求绕道行驶或改变到达地点时,收取实际运输里程的运费;④ 货物在受阻处存放,保管费用由托运人负担。

第三节 道路货物运输责任的划分

一、货物的搬运装卸

货物的搬运装卸由承运人或托运人承担,可在货物运输合同中约定。承运人或托运人承担货物搬运装卸后,委托站场经营人、搬运装卸经营者进行货物搬运装卸作业的,应签订货物搬运装卸合同。

搬运装卸人员应对车厢进行清扫,发现车辆、容器、设备不适合装货要求时,应立即通知承运人或托运人。搬运装卸作业应当轻装轻卸,堆码整齐;清点数量;防止混杂、泄漏、破损;严禁有毒、易污染物品与食品混装,严禁危险货物与普通货物混装;对性质不相抵触的货物,可以拼装、分卸;承运港、站转运集装箱,应核对箱号,并检查箱体和铅封;发现箱体损坏或铅封脱落,须交接人签认或重新加封后,方可起运。

搬运装卸过程中,发现货物包装破损,搬运装卸人员应及时通知托运人或承运人,并做好记录。搬运装卸危险货物,按交通运输部《汽车危险货物运输、装卸作业规程》进行作业。货物在搬运装卸中,承运人应当认真核对装车的货物名称、质量、件数是否与运单上记载的相符,包装是否完好。包装轻度破损,托运人坚持要装车起运的,应征得承运人的同意,承托双方需做好记录并签章后,方可运输,由此而产

生的损失由托运人负责。

搬运装卸作业完成后,货物需绑扎苫盖篷布的,搬运装卸人员必须将篷布苫盖封严密并绑扎牢固;由承、托运人或委托站场经营人、搬运装卸人员编制有关清单,做好交接记录;并按有关规定施加封志和外贴有关标志。

二、货物的交接

承运人、托运人双方应履行交接手续,包装货物采取件交件收;集装箱、重箱及其他施封的货物凭封志交接;散装货物原则上要"磅交磅收"或采用承托双方协商的交接方式交接。交接后双方应在有关单证上签字。

货物运达承运人、托运人双方约定的地点后,收货人应凭有效单证提(收)货物,无故拒提(收)货物的,应赔偿承运人因此造成的损失。货物交付时,承运人与收货人应当做好交接工作,发现货损、货差的,由承运人与收货人共同编制货运事故记录,交接双方在货运事故记录上签字确认。

货物交接时,承运人、托运人双方对货物的质量和内容如有质疑,均可提出查验与复磅,查验和复磅的费用由责任方负担。

货物运达目的地后,承运人知道收货人的,应及时通知收货人,收货人应当及时提(收)货物,收货人逾期提(收)货物的,应当向承运人支付保管费等费用。收货人不明或者收货人无正当理由拒绝受领货物的,依照《合同法》第一百零一条的规定,承运人可以提存货物。

三、托运人的责任

(1) 未按合同规定的时间和要求,备好货物和提供装卸条件以及货物运达后无人收货或拒绝收货,而造成承运人车辆放空、延滞及其他损失的,应负赔偿责任。

(2) 因托运人下列过错,造成承运人、站场经营人、搬运装卸经营人的车辆、机具、设备等损坏、污染或人身伤亡以及因此而引起的第三方的损失,由托运人负责赔偿:① 在托运的货物中有故意夹带危险货物和其他易腐蚀、易污染货物以及禁、限运货物等行为;② 错报、匿报货物的质量、规格、性质;③ 货物包装不符合标准,包装、容器不良而从外部无法发现;④ 错用包装、储运图示标志。

(3) 托运人不如实填写运单,错报、误填货物名称或装卸地点,造成承运人错送、装货落空以及由此引起的其他损失,托运人应负赔偿责任。

四、承运人的责任

(1) 如果承运人未按约定的运输期限将货物运达,应当承担违约责任;因承运人责任将货物错送或错交,可以要求其将货物无偿运到指定的地点,交给指定的收货人。运输期限是指由双方共同约定的货物起运、到达目的地的具体时间。未约定运输期限的,从起运日起,按 200 千米为 1 日运距,用运输里程除每日运距,计算运输期限。

（2）如果承运人未遵守双方商定的运输条件或特约事项,由此造成托运人损失的,可要求其负赔偿责任。

（3）运输过程中货物灭失、短少、变质、污染、损坏的,承运方应按货物的实际损失（包括包装费、运杂费）赔偿托运方。联运的货物发生灭失、短少、变质、污染、损坏,应由承运方承担赔偿责任的,由终点阶段的承运方向负有责任的其他承运方追偿。承运责任期间是指承运人自接受货物起至将货物交付收货人止,货物处于承运人掌管之下的全部时间。托运人还可以与承运人就货物在装车前和卸车后对承担的责任另外达成协议。

（4）但是,如果有下列情况之一,承运人举证后可不负赔偿责任:① 不可抗力;② 货物本身的自然性质变化或者合理损耗;③ 包装内在缺陷,造成货物受损;④ 包装体外表面完好而内装货物毁损或灭失;⑤ 托运人违反国家有关法令,致使货物被有关部门查扣、弃置或做其他处理;⑥ 押运人员责任造成的货物毁损或灭失;⑦ 托运人或收货人过错造成的货物毁损或灭失。

五、其他汽车货物运输关系人的责任

货运代办人以承运人身份签署运单时,应承担承运人责任,以托运人身份托运货物时,应承担托运人的责任。搬运装卸作业中,因搬运装卸人员过错造成货物毁损或灭失的,站场经营人或搬运装卸经营者应负赔偿责任。

第四节　道路货物运输费用

道路货物运输价格按不同运输条件分别计价,其计算按《汽车运价规则》办理。

一、按质量单位计费

汽车货物运输以质量单位计费时,整批货物运输以吨为单位,尾数不足 100 千克时,四舍五入;零担货物运输以千克为单位,起码计费质量为 1 千克,尾数不足 1 千克时,四舍五入;轻泡货物每立方米折算质量为 333 千克。

按质量托运的货物一律按实际质量（含货物包装、衬垫及运输需要的附属物品质量）计算,以过磅为准。由托运人自理装车的,应装足车辆额定吨位,未装足的,按车辆额定吨位收费。统一规格的成包成件的货物,以一标准件质量计算全部货物质量。散装货物无过磅条件的,按体积和各省、自治区、直辖市统一规定质量折算标准计算。接运其他运输方式运输的货物,无过磅条件的,按前程运输方式运单

上记载的质量计算。拼装分卸的货物按最重装载量计算。

二、按里程计费

汽车货物运输计费里程按下列规定确定。

(1) 货物运输计费里程以千米为单位,尾数不足1千米的,计为1千米。

(2) 计费里程以省、自治区、直辖市交通行政主管部门核定的营运里程为准,未经核定的里程,由承、托双方商定。

(3) 同一运输区间有两条(含两条)以上营运路线可供行驶时,应按最短的路线计算计费里程或按承、托双方商定的路线计算计费里程。拼装分卸以从第一装货地点起至最后一个卸货地点止的载重里程计算计费里程。

三、道路货物运输的其他费用

(一) 调车费

调车费是指应托运人要求,车辆调出所在地而产生的车辆往返空驶车费。

(二) 延滞费

车辆按约定时间到达约定的装货或卸货地点,因托运人或收货人责任造成车辆和装卸延滞,计收延滞费。

(三) 装货落空损失费

因托运人要求,车辆行至约定地点而装货落空造成的车辆往返空驶,计收装货落空损失费。

(四) 排障费

排障费是指运输大型特型笨重物件时,需对运输路线的桥涵、道路及其他设施进行必要的加固或改造所发生的费用,由托运人负担。

(五) 车辆处置费

因托运人的特殊要求,对车辆改装、拆卸、还原、清洗时,计收车辆处置费。

(六) 检验费

在运输过程中,国家有关检疫部门对车辆的检验费,以及因检验造成的车辆停运损失费,由托运人负担。

(七) 装卸费

货物装卸费,由托运人负担。

(八) 通行费

货物运输需支付的过路、过桥、过隧道等通行费,由托运人负担,承运人代收代付。

(九) 保管费

货物运达后,明确由收货人自取的,从承运人向收货人发出提货通知书的次日(以邮戳或电话记录为准)起计,第四日开始核收货物保管费;应托运人的要求或托运人的责任造成的需要保管的货物,计收货物保管费。货物保管费由托运人负担。

四、运杂费

汽车货物运输的运杂费按下列规定结算。

(1) 货物运杂费在货物托运、起运时一次结清,也可按合同采用预付费用的方式,随运随结或运后结清。托运人或者收货人不支付运费、保管费以及其他运输费用的,承运人对相应的运输货物享有留置权,但当事人另有约定的除外。

(2) 运杂费尾数以元为单位,不足一元时四舍五入。

货物在运输过程中因不可抗力灭失、未收取运杂费的,承运人不得要求托运人支付运杂费;已收取运杂费的,托运人可以要求返还。

第五节　道路货运事故和违约处理

一、货运事故和违约处理程序

货运事故是指货物运输过程中发生货物毁损或灭失的现象。货运事故和违约行为发生后,承、托双方及有关方应编制货运事故记录。

货运事故处理过程中,收货人不得扣留车辆,承运人不得扣留货物。由于扣留车、货而造成的损失,由扣留方负责赔偿。

货物运输途中,发生交通事故造成货物损坏或灭失的,承运人应先行向托运人赔偿,再由其向肇事的责任方追偿。由托运人直接委托站场经营人装卸货物造成货物损坏的,由站场经营人负责赔偿;由承运人委托站场经营人组织装卸的,承运人应先向托运人赔偿,再向站场经营人追偿。

货运事故发生后,承运人应及时通知收货人或托运人。收货人、托运人知道发生货运事故后,应在约定的时间内,与承运人签注货运事故记录。收货人、托运人在约定的时间内不与承运人签注货运事故记录的,或者无法找到收货人、托运人的,承运人可邀请2名以上无利害关系的人签注货运事故记录。

当事人要求另一方当事人赔偿时,须提出赔偿要求书,并附运单、货运事故记录和货物价格证明等文件。要求退还运费的,还应附运杂费收据。另一方当事人应在收到赔偿要求书的次日起,60日内做出答复。

二、货运事故赔偿数额和违约金

货运事故赔偿数额按以下规定办理。

(1)货运事故赔偿分为限额赔偿和实际损失赔偿两种。法律、行政法规对赔偿责任限额有规定的,依照其规定赔偿;尚未规定赔偿责任限额的,按货物的实际损失赔偿。

(2)在保价运输中,货物全部灭失的,按货物保价声明价格赔偿;货物部分毁损或灭失的,按实际损失赔偿;货物实际损失高于声明价格的,按声明价格赔偿;货物能修复的,按修理费加维修取送费赔偿。保险运输按投保人与保险公司商定的协议办理。

(3)未办理保价或保险运输的,且在货物运输合同中未约定赔偿责任的,按第一条的规定赔偿。

(4)货物损失赔偿费包括货物价格、运费和其他杂费。货物价格中未包括运杂费、包装费以及已付的税费时,应按承运货物的全部或短少部分的比例加算各项费用。

(5)货物毁损或灭失的赔偿额,当事人有约定的,按照其约定;没有约定或约定不明确的,可以补充协议;不能达成补充协议的,按照交付或应当交付时货物到达地的市场价格计算。

(6)由于承运人责任造成货物灭失或损失,以实物赔偿的,运杂费照收;按价赔偿的,退还已收的运杂费;被损货物尚能使用的,运杂费照收。

(7)丢失货物赔偿后,又被查回,应送还原主,收回赔偿金或实物;原主不愿接受失物或无法找到原主的,由承运人自行处理。

(8)承、托双方对货物逾期到达、车辆延滞、装货落空都负有责任时,按各自责任所造成的损失相互赔偿。

承运人或托运人发生违约行为,应向对方支付违约会。违约金的数额由承、托双方约定。对承运人非故意行为造成货物迟延交付的赔偿金额,不得超过所迟延交付的货物全程运费数额。

货物赔偿费一律以人民币支付。

三、货物赔偿时效

货物赔偿时效从收货人、托运人得知货运事故信息或签注货运事故记录的次日起计算。在约定运达时间的20日后未收到货物,视为灭失,自31日起计算货物赔偿时效。未按约定的或规定的运输期限内运达交付的货物,为迟延交付。

四、货运事故和违约处理的争议解决方式

承运人、托运人、收货人及有关方在履行运输合同或处理货运事故时,发生纠纷、争议,应及时协调解决或向县级以上人民政府交通运输主管部门申请调解;当事人不愿和解、调解或者和解、调解不成的,可依仲裁协议向仲裁机构申请仲裁;当事人没有订立仲裁协议或仲裁协议无效的,可以向人民法院起诉。

案 例 分 析

一、托运单一字之差,45万元货物打水漂

2006年1月18日,佳华公司员工赵某与东南货运部老板田某签订了一份运输协议,将价值45万余元的电子设备运往广东。填写托运单时,赵某将托运地址误写为"佳强",并付了200元运输费。到了3月,佳华公司得知,广东方面没有收到货物。赵某去问田某,被告之,"货物在运输过程中丢失了,可按运输合同协议的约定予以赔偿"。但佳华公司觉得,这样的赔偿太轻了,遂于当年8月24日,一纸诉状将东南货运部田某告上法庭。

在法庭上,桂华公司诉称:田某签发了托运单,并收取托运费用,现在价值45万余元的货物丢失了,托运方田某要赔偿全部损失。但田某的回答却令人意外。田某称,他根本不知佳华公司托运的事,只是在1月18日给"佳强公司"的赵某托运过电器。为证明自己的说法,田某向法院出示了地址为佳强公司的赵某签订的托运单,托运人一栏确无佳华公司。田某只承认与佳强公司有运输合同,对佳华公司的起诉不予认同,请求法院依法驳回原告的起诉。

经审理,佳强、佳华公司均位于武进区某镇同一村上,而作为佳华公司的员工,赵某曾多次代表公司委托田某的公司向广东托货。托运人一栏,赵某有时写自己的名字,有时写"佳华"或"佳华电器"。鬼使神差,这次,赵某居然填了个"佳强公司"。法院做出一审判决:驳回佳华公司的起诉。佳华公司不服,向常州中级法院上诉。二审裁定,驳回上诉,维持原判。

二、私将客户的货物委托他人托运

（一）案情

2006年8月1日,某冶炼厂与某货运公司签订货物运输合同,约定该货运公司为该厂承运40吨的生铁,价值40万元。4天后,该厂将货物交付,要求货运公司在3天内将货物运至浙江某公司。但到约定的时间,该批货物并未运到。冶炼厂向货运公司询问,货运公司才讲出实情,该公司擅自委托一个体户承运该批货物,现在不但人找不到,货物也不知去向。对此,冶炼厂认为,货运公司有义务将其货物安全、及时地运输到指定地点,并对承运的货物承担毁损、灭失的风险,故诉至

法院,要求货运公司赔偿货物损失40万元。被告某货运公司辩称,承运的货物遭诈骗并非被告的主观过错导致,被告已经尽了谨慎的义务,原告不应向被告主张赔偿,而应由犯罪人承担民事赔偿责任,因此不同意原告的诉讼请求。

法院经审理,判决该货运公司赔偿原告某冶炼厂物损40万元。

(二)评析

被告作为承运人,理应将原告托运的货物从起运地安全运输到约定地。现被告未经原告同意,擅自将合同义务转给第三方履行,导致承运的货物被骗取、倒卖,现下落不明,被告对此存在过错,其与第三方的法律关系不能对抗原告。

三、接收货物时未认真核对

(一)案情

1996年4月初,青岛市某贸易公司将20吨大豆共300件交付给某货运公司运输至北京,收货人为北京某粮贸公司,运输方式为一次性整车运输。货物交付给承运人时由托运人搬装上车,承运人按件收取了运费及其他费用,但承运人未严格按货运清单清点货物件数。该货物到达目的地至卸货前,篷布苫盖与装货时一致,无异状。卸车后,经清点短少50件,于是北京某粮贸公司向承运人提出赔偿要求。承运人答复,货物到目的地时车体良好,篷布苫盖与托运人交付运输时一致,无异状,说明承运人没搬卸过,对件数不足无任何责任,表示不予赔偿。于是北京某粮贸公司于1996年8月诉至法院,诉称:本公司与被告承运人之间货物运输关系依法成立,承运人负有保证货物安全到达的义务,而货物在到达目的地交货时清点短少50件,赔偿责任应由承运人承担。

法院经审理,判决被告承担违约责任。

(二)评析

本案中托运人向承运人交付货物后,承运人未能按货物运输合同规定的数量完全无误地交付给收货人,又无法提出证据证明托运人交付的货物本来就短少50件或有其他免责事由,应认定属违约行为,承运人应承担违约责任。

四、货物运输途中出现损失

(一)案情

2004年4月30日,甲作为B物流公司(以下简称物流公司)的经办人与A公司签订"货物运输合同"一份,该合同的有效期自2004年4月30日至2005年4月30日。2004年9月7日,A公司委托物流公司将一组电池运往深圳市,甲作为物流公司的市场代表在货运订车确认单上署名。该电池运往深圳后,由乙于2004年9月11日签收,签收之时,对货物的检验情况未做注明,而乙签收的发货通知单上注明:本货物已投保,如发现损坏、短缺等问题,请收货后3天内书面通知我方,以便及时向保险公司索赔。2004年9月15日,A公司发传真给甲,表示该批电池在收货时因外包装被更换且包装较好,故收货人在收货时未拆包,后经送至直接客户处,打开包装后才发现电池被损坏且已经过不专业的修补,希望物流公司妥善处理此事。之后,在A公司向保险公司理赔过程中,物流公司于2004年9月23日盖章出具证明,确认该电池系物流公司运输,途中因道路颠簸,导致货物倾倒,箱体表面几处被划伤,且有部分电解液溢出。2004年10月9日,A公司发传真至物流公司处,表示电池在运输途中翻倒并被运输人员加入不明液体,导致整组电池报废,经保险公司现场查验,预计箱体及电缆接头可赔付,现估计物流公司须承担电池价值(扣除保险赔付)26313元、运费(上海至深圳)825元,共计27138元,如因保险索赔价格变动,将按具体情况处理,以上费用将于9月运费中扣除。甲收到该传真后于同日在传真上写上:我公司应该承担由我公司失误产生的损失,基本同意以上方案。物流公司于2004年10月8日制作了9月份运费的对账单,共计运费48424元,对账单应当由A公司确认,但A公司未在该对账单上签章确认。物流公司提供的该对账单下方有用铅笔写的字,内容为"实收20316,扣除28108"。在本案审理过程中,保险公司出具证明,内容为A公司于2004年9月7日委托物流公司运至深圳的一组电池,已投保,投保金额为29005.25元(其中货物价值28235.25元、770元为运费),保险公司已向A公司理赔,理赔金额为3518元(其中货损理赔1923元,1595元为运费)。

原审法院认为:虽然物流公司对甲发的传真和签名及甲书写的内容的真实性未做肯定,但在法院限期让物流公司核实后,物流公司仍以甲现已离开公司为由,对证据的真实性不愿做出明确的意思表示。据此,法院结合传真件上的传真标识及本案其他证据,认定物流公司提供的传真件均系真实有效,并与本案有关联性。虽然物流公司和A公司均认为A公司提供运输合同系为了证明甲的身份,与本案争议问题无关,但法院认为该运输合同对双方发生的运输业务中所涉及的权利义务做了较为详细的约定,且物流公司诉请的9月份的运输费发生在运输合同的有效期内,故该合同与本案具有关联性。A公司抗辩不应支付9月份的28108元运输费,其主要理由就是双方已一致同意在运输费中扣除物流公司应支付给其的物损赔偿款。在双方签订的运输合同中,并未约定运输费可与物损相抵,并且在结算费用中强调结算款项不受货损、理赔及送货回单等因素影响,A公司须按时全额支付物流公司各项费用。故A公司主张双方已达成扣款协议的唯一依据是,甲在传真上的意思表示及在9月份运输费对账单上用铅笔写的几个字。甲是物流公司运输合同经办人及市场代表,故应理解为在运输合同中注明的与物流公司的权利义务相关事项,甲均有权代表物流公司做出处理意见。因此,结合双方在运输合同中的约定及运输业务特点,法院认为甲对运输业务中有关运输费多少、运输时间地点、货物是否已按时并安全送到、运输途中是否有物损等事实有权代表物流公司处理并承认。但对物损金额的确定、赔偿额的支付是否在运输费中扣除等事项,甲无权代表物流公司承认。如甲已做出承诺,也属无权承诺。该承诺效力有待于物流公司追认。因此,法院对A公司抗辩的双方对物损赔偿额及在9月份运费中扣除已达成合意的意见不予采信,如确有物损,A公司应另行与物流公司协商或起诉。据此判决A公司应支付物流公司运费28108元。

A公司不服原审判决,向二审法院上诉称:一、甲的行为是职务行为,因为甲不仅是物流公司的市场代表,也是该公司市场部经理,其2004年10月9日收到上诉人传真件后所做出的回传,是代表物流公司所做的承诺,是真实有效的,在该回传件上甲明确同意了上诉人将物损费用在运费中扣除的意见;二、如果甲的行为是无权代理,也构成表见代理,因为运输合同是甲代表物流公司签订的,和上诉人发生的业务一直是甲和上诉人联系的,甲曾代表物流公司与上诉人达成过多项协议,并得到履行,故完全符合表见代理的法律规定;三、即使不是表见代理,甲的行为也已被物流公司所追认,在物流公司开具的对账单上明确写明是"扣款"而非"欠款",物流公司在9月份向上诉人开具的发票金额为20316元,已扣除了物损金额,且至运输合同到期,物流公司从未向其催讨过运费,因此物流公司对甲的行为是认可的。原审法院对甲能力的认定和对"基本同意"的认定均存在偏差。综上,要求撤销原审判决,改判驳回物流公司的诉讼请求。

物流公司答辩称:甲仅是公司的经办人,其无权对货损做出认定和承诺,对账单上的铅笔字是谁写的,未予查明,而且扣款和欠款是一回事,运输合同中明确注明货损与运费无关,上诉人可以另行主张,甲无权对合同进行修改,虽然发票只开具了20316元,但不代表其放弃另外的运费,原审判决认定事实正确,故要求驳回上诉,维持原判。

二审法院经审理查明:原审判决认定事实正确,予以维持。

(二) 评析

本案的争议焦点在于是否发生货损以及双方当事人对在运输费用中扣除货损金额是否达成一致。根据A公司提供的保险公司及物流公司出具的情况说明,A公司主张的在运输途中发生货损的事实客观存在。A公司另主张双方对货损金额在运输费用中予以扣除已达成了一致,提供了双方往来的传真件及对账单等证据。事实上,考量当事人双方的权利义务关系应以双方签订的合同为法律依据,运输合同为签约双方的真实意思表示,未违反法律禁止性规定,合法有效,具有法律约束力。该合同中明确约定运输费用结算款项不受货损、理赔及送货回单等因素影响,而甲在传真件中所做出的"基本同意上述方案"的承诺,改变了合同结算条款的约定,甲此种变更合同约定的行为未得到物流公司的确认,该承诺对物流公司而言并无法律约束力。至于对账单上有"实收20316,扣除28108"的字样以及物流公司只开具20316元发票的事实,均不能认定为物流公司对甲上述行为的追认。至于上诉人主张甲上述行为已构成表见代理的意见,根据我国《合同法》第四十九条的规定,表见代理只发生在无权代理人以被代理人名义订立合同的情况下,本案中甲的承诺不发生表见代理的问题。综上所述,上诉人主张双方已对在运费中扣除货损金额达成一致的观点,没有相应依据佐证,应不予支持。上诉人可另行主张权利。原审判决并无不当,应予以维持。

思考题

1. 试述道路货物运输的分类。
2. 试述道路货物运输合同的分类。
3. 货物运输中托运人的责任有哪些?
4. 货运事故赔偿限额是如何规定的?

第十一章 铁路货物运输法律法规

第一节 铁路货物运输法概述

一、铁路货运法律规范的概念、构成和分类

(一) 铁路货运法律规范的概念

铁路货运法律规范是指以调整铁路货运关系为对象的规范,包括国家在对铁路货运工作施行行政管理过程中所形成的行政管理法律关系的规范和铁路货运当事人之间的民事法律关系的规范。

铁路货运法律规范的特点,一是以铁路货运行为为调整对象;二是属于经济行政法的范畴,既有经济内容,也有行政内容;三是涉及当事人权利义务内容的大多数由规章制定,当事人自由协商的空间少;四是与铁路管理体制相适应,规章既有运输管理的内容,也有运输合同的内容。随着铁路改革的不断深化,铁路货运法律规范逐步要向行政与经济独立化方向转变,即属于行政管理内容的由行政法规调整,属于经济合同内容的由《合同法》及其相关法规和规章调整。在经济方面,要贯彻民事法律的公平、公正、合理的原则;在行政方面,要体现国家对铁路管理的要求。

(二) 铁路货运法律规范的构成

铁路货运法律规范主要体现在《合同法》、《民法通则》和《铁路法》之中。交通运输部制定的铁路货运规章,也是铁路货运法律规范的组成部分,但其法律效力低于法律、法规的规定,依据《中华人民共和国立法法》的规定,其可作为司法机关处理纠纷的参考,只要不违背法律原则,便具有相应的法律效力。因此,作为铁路货运工作人员,既要了解铁路规章制度,也要了解相应的法律法规,以便依法做好铁路货运工作。

(三) 铁路货运法律规范的分类

根据管理对象的不同,铁路货运法律规范可以分为货运管理法律规范和铁路

货运合同规范两大类。铁路货运管理规范属于行政性规范,是国家对铁路货运工作进行管理的依据。铁路货运合同规范是调整当事人之间货运合同关系的规范,属于民事法律规范,体现的是平等主体的当事人之间的民事法律关系。

二、铁路货运管理法律规范

铁路货运管理法律规范是指国家管理铁路货物运输活动所制定的法律规范,这是行政管理机关对铁路货物运输行为进行管理的法律依据,体现的是管理与被管理的行政法律关系。主要包括:运价管理、安全管理、运输管理等方面,这是国家对铁路施行行政管理的必然要求。

(一) 运价管理

运价管理是铁路货运管理的主要内容。根据《铁路法》的规定,当事人不能协商铁路货运的运价,只能根据法律的规定,确定具体的运费。铁路运价管理体制的内容是:货运的运价率由国务院铁路主管部门制定,报国务院批准后实施;特定货物的运价率由国务院铁路主管部门与物价部门共同制定;运杂费由交通运输部制定。

(二) 安全管理

铁路货运安全管理是铁路管理的重要内容。保证货运安全是托运人、承运人和与运输有关的人的共同责任。尤其是铁路运输企业,更要保证铁路货运的安全。

1. 危险品运输

这是货运安全的重点。当事人运输危险品,应当遵守有关危险品运输的规定。对于托运人来说,要如实申报危险货物的品名、质量、安全措施;对于承运人来说,要严格把好危险货物承运关,对不符合运输安全条件的,应当要求托运人改善后运输。托运人不改善的,应当拒绝运输。

2. 装载加固

货物的装载状况关系到运输的安全。要求当事人双方严格执行装载加固的有关规定,确保货物的装载加固能够保证运输的安全。对于违反规定并造成后果的,责任人要承担相应的法律责任。

3. 特殊货物运输

特殊货物运输包括超限货物运输、鲜活货物运输、特殊物品运输等,这类货物往往对运输条件有特殊的要求,只有按照规定的要求办理运输,才能保证运输的安全。因此,这也是安全管理的内容。

4. 车辆安全

承运人投入使用的车辆,要符合运输安全的要求。未经检验合格的车辆不得投入使用。运输危险品的车辆,在卸货后要进行消毒处理。车辆要定期检修,发现问题要及时处理。

(三) 运输管理

运输管理包括运输组织、车辆调度。这类规范大多数是铁路内部的管理规范，其适用范围是铁路企业及其职工，其目的是保证铁路货物运输的安全，不涉及托运人、收货人的权益。如果铁路职工违反这类规范，作为企业要追究责任人的行政责任。而造成托运人、收货人的货物损失的，铁路企业作为承运人要承担合同责任。

第二节 铁路货物运输合同

一、铁路货物运输合同的订立和内容

铁路货物运输合同是指铁路承运人根据托运人的要求，按期将托运人的货物运至目的地，交予收货人的合同。

(一) 大宗物资和整车物资运输合同

大宗物资的运输，有条件的可按年度、半年度或季度签订货物运输合同，也可以签订更长期限的运输合同；其他整车货物运输，应按月度签订运输合同。按月度签订的运输合同，可以用月度要车计划表代替。按年度、半年度、季度或月度签订的货物运输合同，经双方在合同上签认后，合同即告成立。托运人在交运货物时，还应向承运人按批提供货物运单，作为运输合同的组成部分。

按年度、半年度、季度或月度签订的货物运输合同，应载明下列基本内容：① 托运人和收货人的名称；② 发站和到站；③ 货物名称；④ 货物质量；⑤ 车种和车数；⑥ 违约责任；⑦ 双方约定的其他事项。

(二) 零担货物和集装箱货物运输合同

零担货物和集装箱货物运输，以货物运单作为运输合同。零担货物和集装箱货物的运输合同，以承运人在托运人提供的货物运单上加盖车站日期戳后，合同即告成立。零担货物和集装箱货物运输合同的货物运单，由当事人双方填写，托运人必须在运单上签名，还要加盖单位的印章。托运人对自己在运单上所填记事项，必须负完全责任。

货物运单应载明下列内容：

(1) 托运人、收货人的名称及其详细地址；

(2) 发站、到站及到站的主管铁路局；

(3) 货物名称；

(4) 货物包装、标志；

(5) 件数和质量（包括货物包装质量）；

(6) 承运日期；

(7) 运到期限；

(8) 运输费用；

(9) 货车类型和车号；

(10) 施封货车和集装箱的施封号码；

(11) 双方商定的其他事项。

二、铁路货物运输合同双方的义务

（一）托运人的义务

(1) 按照货物运输合同约定的时间和要求向承运人交付托运的货物。

(2) 要如实申报货物的品名、质量和性质。

(3) 需要包装的货物，应当按照国家包装标准或部颁包装标准（专业包装标准）进行包装，没有统一规定包装标准的，要根据货物性质在保证货物运输安全的原则下进行包装，并按国家规定标明包装储运指示标志，笨重货物还应在每件货物包装上标明货物质量；货物包装上与本批货物无关的运输标记和包装储运图示标志，托运人必须撤除或抹消。

(4) 按规定需要凭证运输的货物，应出示有关证件。

(5) 对整车货物，要提供装载货物所需的货车装备物品和货物加固材料；托运零担货物，应在每件货物上标明清晰明显的标记（货签）。

(6) 托运人组织装车的货物，装车前应对车厢的完整和清洁状态进行检查，按照规定的装载技术要求进行装载，在规定的装车时间内将货物装载完毕或在规定的停留时间内，将货车送至交接地点。

(7) 在运输中需要特殊照料的货物，须派人押运。

(8) 向承运人交付规定的运输费用。

(9) 将领取货物凭证及时交给收货人并通知其前往到站领取货物。

(10) 货物按保价运输办理时，须提出货物声明价格清单，支付货物保价单，国家规定必须保险的货物，托运人应在托运时投保货物运输险，对于每件价值在700元以上的货物或每吨价值在500元以上的非成件货物，实行保险与负责运输相结合的补偿制度，托运人可在托运时投保货物运输险，具体办法另行规定。

（二）承运人的义务

(1) 按照货物运输合同约定的时间、数量、车种，拨调状态良好、清扫干净的货车;装车前,装车单位应对车厢的完整和清洁状况进行检查。

(2) 在车站公共装卸场所装卸的货物,除特定者外,负责组织装卸;货物的装载加固也应当按《铁路货物装载加固规则》的规定办理。

(3) 将承运的货物按照合同规定的期限和到站,完整、无损地交给收货人。

(4) 对托运人或收货人组织装车或卸车的货物,将货车调到装、卸地点或商定的交接地点。

(5) 由承运人组织卸车的货物,到站应不迟于卸车完毕的次日内。货物到站后,应向收货人发出到货催领通知;在收货人办完领取手续和支付费用后,应将到站货物连同货物运单一并交给收货人。

(6) 发现多收运输费用,应及时退还托运人或收货人。

(三) 收货人的义务

(1) 缴清托运人在发站未交或少交以及运送期间发生的运输费用和由于托运人责任发生的垫款。

(2) 及时领取货物,并在规定的免费暂存期限内将货物搬出车站。

(3) 收货人组织卸车的货物应在规定卸车时间内将货物卸完或在规定停留时间内将货车送至交接地点。

三、合同的变更和解除

铁路货物运输合同经双方同意,并在规定的变更范围内可以办理变更。企业托运人由于特殊原因,经承运人同意,对承运后的货物可以按批在货物的中途站或到站办理变更到站、变更收货人。但在下列情况下,不得办理:

(1) 违反国家法律、行政法规、物资流向或运输限制;

(2) 变更后的货物运输期限大于货物容许运送的期限;

(3) 对一批货物中的部分货物进行变更;

(4) 第二次变更到站。

承运后、发送前,托运人可向发站提出取消托运,经承运人同意,货物运输合同即告解除。托运人或收货人要求变更或解除运输合同时,应提出领货凭证和货物运输变更要求书,提不出领货凭证时,应提出其他有效证明文件,并在货物运输变更要求书内注明。货物运输变更由车站受理,但整车货物变更到站,受理站应报主管铁路分局同意。车站在处理变更时,应在货票记事栏内记明变更的根据,改正运输票据、标记(货签)等有关记载事项,并加盖车站日期戳或带有站名的名章。变更到站时,应通知新到站及其主管铁路分局收入检查室和发站。

第三节　铁路货物运输责任的划分

一、承运人的责任

（一）违约责任

由于下列原因之一，承运人未按货物运输合同履行的，按车向托运人偿付违约金50元：① 未按旬间日历装车计划及商定的车种、车型配够车辆，但当月补足或改变车种、车型经托运人同意装运者除外；② 对托运人自装的货车，未按约定的时间送到装车地点，致使不能在当月装完；③ 拨调车辆的完整和清扫状态，不适合所运货物的要求；④ 由于承运人的责任停止装车或使托运人无法按计划将货物搬入车站装车地点。

承运人未按规定的运到期限将货物运至到站，应向收货人偿付货物所收运费的5%～20%的违约金。由于承运人的过错将货物误运到别站或误交收货人，应免费运至合同规定的到站，并交给收货人。铁路运输企业逾期30日仍未将货物、包裹、行李交付收货人或旅客的，托运人、收货人或者旅客有权按货物、包裹、行李灭失向铁路运输企业要求赔偿。

（二）货损责任

从承运货物时起，至货物交付收货人或依照有关规定处理完毕时止，货物发生灭失、短少、变质、污染或者损坏的，承运人按下列规定赔偿：① 货物的损失由于承运人的故意行为或重大过失造成的，不适用赔偿限额的规定，按照实际损失赔偿。② 已投保货物运输保险的货物，由承运人和保险公司按规定赔偿。③ 保价运输的货物，由承运人按声明价格赔偿，但货物实际损失低于声明价格的按实际损失赔偿。全批货物损失时，赔偿金额最高不超过保价金额；一部分损失时，则按损失货物占全批货物的比例乘以保价金额赔偿。④ 未办理货物运输保险或者保价运输的货物均由承运人按货物的实际损失赔偿，但最高不超过国务院铁路主管部门规定的赔偿限额；如果损失是由于铁路运输企业的故意或重大过失造成的，不适用赔偿限额的规定，按照实际损失赔偿。

托运人或者旅客根据自愿，可以办理保价运输，也可以办理货物运输保险；还可以既不办理保价运输，也不办理货物运输保险。不得以任何方式强迫办理保价运输或者货物运输保险。

（三）承运人免责事由

由于下列原因之一造成的货物灭失、短少、变质、污染、损坏，承运人不负赔偿责任：① 不可抗力；② 货物本身性质引起的碎裂、生锈、减量、变质或自燃等；③ 国家主管部门规定的货物合理损耗；④ 托运人、收货人或所派押运人的过错。

二、托运人的责任

（一）违约责任

由于下列原因之一，未按货物运输合同履行，按每车向承运人偿付违约金50元：① 未按规定期限提出旬间日历装车计划，致使承运人未拨调货车（当月补足者除外），或未按旬间日历装车计划的安排，提出日要车计划；② 收货人组织卸车的，由于收货人的责任导致卸车迟延、线路被占用，影响向装车地点配送空车或收货人指定使用本单位自卸的空车装货，而未完成装车计划；③ 承运前取消运输；④ 临时计划外运输致使承运人违约造成其他运输合同落空者。

（二）损失赔偿责任

由于下列原因之一招致运输工具、设备或第三者的货物损坏，按实际损失赔偿：① 匿报或错报货物品名或货物质量的；② 货物包装有缺陷，无法从外部发现，或未按国家规定在货物包装上标明包装储运指示标志的；③ 托运人组织装车的，加固材料不符合规定条件或违反装载规定，在交接时无法发现的；④ 由于押运人过错的。

三、收货人责任

（一）收货和支付费用的责任

货物到站后，收货人应当按照国务院铁路主管部门规定的期限及时领取，并支付托运人未付或者少付的运费和其他费用；逾期领取的，收货人或者旅客应当按照规定交付保管费。

（二）损失赔偿责任

由于收货人原因招致运输工具、设备或第三者的货物损坏的，由收货人按实际损失赔偿。

四、承运人或托运人的共同免责事由

货物运输合同遇有下列情况，承运人或托运人免除责任：

（1）因不可抗力或铁路发生重大事故影响排空送车，企业发生重大事故以及停电影响装车，超过24小时；

（2）根据国家和省、自治区、直辖市的主管行政机关的书面要求停止装车时；

（3）由于组织轻重配装或已完成货物吨数而未完成车数时；

（4）由于海运港口、国境口岸站车辆积压堵塞，不能按计划接车而少装时。

同时，货物在运输过程中，承运人与托运人或收货人对于符合条件的款项享有互不赔偿的权利。《铁路货物运输规程》第五十五条规定:"承运人同托运人或收货人间所发生赔偿或退补费用以及违约金的款额,每批货物不满 5 元(零担货物为每批不满 1 元),互不赔偿、退补、支付或核收。但个人托运的搬家货物、行李的赔偿、退补、支付或核收费用,不受以上规定款额的限制。"

五、索赔时效

承运人同托运人或收货人相互间要求赔偿或退补费用的时效期限为 180 日(要求铁路支付货物运到期限违约金为 60 日)。

托运人或收货人向承运人要求赔偿或退还运输费用的时效期限,由下列日期起算:

(1) 货物灭失、短少、变质、污染、损坏,为车站交付货运记录的次日;

(2) 货物全部灭失,未编有货运记录,为运到期限满期的第 16 日,但鲜活货物为运到期限满期的次日;

(3) 要求支付货物运到期限违约金,为交付货物的次日;

(4) 多收运输费用,为核收该项费用的次日。

承运人向托运人或收货人要求赔偿或补收运输费用的时效期限,由发生该项损失或少收运输费用的次日起算。

承运人与托运人或收货人相互提出的赔偿要求,应自收到书面赔偿要求的次日起 30 日内(对跨及两个铁路局以上运输的货物,为 60 日内)进行处理,答复赔偿要求人。索赔的一方收到对方的答复后,如有不同意见,应在接到答复的次日起 60 日内提出。

发生铁路运输合同争议的,铁路运输企业和托运人、收货人可以通过调解解决;不愿意调解解决或者调解不成的,可以依据合同中的仲裁条款或者事后达成的书面仲裁协议,向国家规定的仲裁机构申请仲裁。当事人一方在规定的期限内不履行仲裁机构的仲裁决定的,另一方可以申请人民法院强制执行。当事人没有在合同中订立仲裁条款,事后又没有达成书面仲裁协议的,可以向人民法院起诉。

第四节 铁路货物运输价格

铁路货物运输价格包括车站价格、运行价格、服务价格和额外占用铁路设备等各项价格。铁路货物运输价格由铁路运输企业使用"货票"和"运费杂费收据"核收。

一、运输价格的计算

(1) 计算运输价格的基本依据是《铁路货物运价规则》(以下简称《价规》)。

(2) 查出发站至到站的运价里程。

(3) 从《铁路货物运输品名分类与代码表》(《价规》附件一)和《铁路货物运输品名检查表》(《价规》附件三)查出该品名适用的货物运价号。

(4) 按适用的货物运价号,按表 11-1 给出的数值计算出货物单位质量(整车为吨,零担为 10 千克,集装箱为箱)的运费。单位质量运费与货物总质量相乘,即为该批货物的运费。

表 11-1　铁路货物运价率表

办理类别	货价号	发到基价		运行基价	
		单位	标准	单位	标准
整车	1	元/吨	4.6	元/吨公里	0.0212
	2	元/吨	5.4	元/吨公里	0.0243
	3	元/吨	6.2	元/吨公里	0.0284
	4	元/吨	7	元/吨公里	0.0319
	5	元/吨	7.9	元/吨公里	0.036
	6	元/吨	8.5	元/吨公里	0.039
	7	元/吨	9.6	元/吨公里	0.0437
	8	元/吨	10.7	元/吨公里	0.049
	9			元/吨公里	0.15
	加冰冷藏车	元/吨	8.3	元/吨公里	0.0455
	加冰冷藏车	元/吨	9.8	元/吨公里	0.0675
零担	21	元/吨	0.087	元/吨公里	0.000365
	22	元/10 千克	0.104	元/10 千克公里	0.000438
	23	元/10 千克	0.125	元/10 千克公里	0.000526
	24	元/10 千克	0.15	元/10 千克公里	0.000631
集装箱	1 吨箱	元/箱	7.4	元/箱公里	0.00329
	5、6 吨箱	元/箱	57	元/箱公里	0.2525
	10 吨箱	元/箱	86.2	元/箱公里	0.3818
	20 英尺箱	元/箱	161	元/箱公里	0.7128
	40 英尺箱	元/箱	314.7	元/箱公里	1.3935

(5) 依《价规》附录一、二、三的规定,分别计算货物的电气化附加费、新路新价均摊运费、建设基金等 3 项价格,再与运费相加即为货物的运输价格。

(6) 杂费按《价规》的规定核收。

货物单位质量的运费的计算方法如下。

　　　　整车货物每吨运价＝发到基价＋运行基价×运价公里

零担货物每10千克运价＝发到基价＋运行基价×运价公里
集装箱货物每箱运价＝发到基价＋运行基价×运价公里

二、货物计费质量的确定

货物计费质量：整车是以吨为单位，吨以下四舍五入；零担是以10千克为单位，不足10千克进为10千克；集装箱是以箱为单位。每项运费的尾数不足1角时，按四舍五入处理；每项杂费不满1个计算单位时，均按1个计算单位计算。零担货物的起码运费每批为2元。

三、铁路电气化附加费的核收办法

凡货物运输中途经过表11-2所列电气化区段时，均按《铁路电气化附加费核收办法》(见表11-3)的规定收取电气化附加费。

表11-2 铁路电气化区段表

序号	线名	电气化区段	区段里程/km	序号	线名	电化气区段	区段里程/km
1	京山线	秦皇岛—山海关	16	24	焦柳线	月山—关林	129
2	丰台西线	丰台—丰台西	5	25	怀化南线	怀化—怀化南	4
3	京承线	丰台—双桥	43	26	宝成线	宝鸡—成都东	673
4	京秦线	双桥—秦皇岛	280	27	阳安线	平阳关—安康	357
5	京包线	沙城—大同	252	28	成渝线	成都东—重庆	500
6	大秦线	韩家岭—柳村南	652	29	川黔线	小南海—贵阳南	438
7	段大线	段甲岭—大石庄	7	30	贵昆线	贵阳南—昆明西	644
8	丰纱线	丰台—沙城	104	31	漳州线	郭坑—漳州	11
9	京广线	丰台—武昌南	1221	32	包兰线	石嘴山—兰州西	581
10	京广线	郴州—韶关	153	33	太岚线	太原北—镇城底	55
11	孟宝线	孟庙—平顶山东	64	34	口泉线	平旺—口泉	10
12	石太线	石家庄—太原北	251	35	宝中线	虢镇—迎水桥	502
13	北同蒲线	人同—太原北	347	36	干武线	干塘—武威南	172
14	玉门沟线	太原北—玉门沟	22	37	汤鹤线	汤阴—鹤壁北	19
15	太焦线	长治北—月山	153	38	马滋线	马头—新坡	12
16	汉丹线	襄樊—老河口东	57	39	侯月线	侯马北—翼城东	50
17	襄渝线	老河口东—小南海	850	40	平汝线	平罗—大武口	11
18	鹰厦线	鹰潭—厦门	694	41	成昆线	成都—昆明东	1108
19	湘黔线	株洲北—贵定	821	42	小梨线	小南海—梨树湾	23
20	黔贵线	贵定—贵阳南	68	43	西重线	西永—重庆	24
21	陇海线	郑州北—兰州西	1192	44	胡大线	胡东—大同东	21
22	兰新线	兰州西—武威南	279	45	渡口线	三堆子—密地	10
23	西固城线	兰州西—西固城	21				

电气化附加费的计算公式为

电气化附加费＝费率×计费质量(箱数或轴数)×电气化区段里程

表 11-3　铁路电气化附加费费率表

项目种类		计费单位	费　率/(%)
整车货物		元/吨公里	1.2
零担货物		元/10千克公里	0.012
自轮运转货物		元/轴公里	3.6
集装箱	1 吨箱	元/箱公里	0.72
	5、6 吨箱	元/箱公里	6
	10 吨箱	元/箱公里	10.8
	20 英尺箱	元/箱公里	19.2
	40 英尺箱	元/箱公里	40.8
自备空箱	1 吨箱	元/箱公里	0.36
	5、6 吨箱	元/箱公里	3
	10 吨箱	元/箱公里	5.045
	20 英尺箱	元/箱公里	9.69
	40 英尺箱	元/箱公里	20.4

四、新路新价均摊运费的核收办法

铁路建设中新建线路不断增加,为了既体现国家实行新路新价的原则,又方便计算运费,凡经国家铁路运输的货物,按发站至到站,正式营业线和实行统一运价的运营临管线(见表 11-4)的运价里程,均按《新路新价均摊运费核收办法》(《价规》附录二)的规定收取新路新价均摊运费。

新路新价均摊运费的计算公式为

新路新价均摊运费＝费率×计费质量(箱数或轴数)×运价里程

表 11-4　新路新价均摊运费费率表

项目种类		计费单位	费率(%)
整车货物		元/吨公里	1.1
零担货物		元/10千克公里	0.0011
自轮运转货物		元/轴公里	0.33
集装箱	1 吨箱	元/箱公里	0.0066
	5、6 吨箱	元/箱公里	0.55
	10 吨箱	元/箱公里	0.924
	20 英尺箱	元/箱公里	1.76

五、货物装卸搬运的费率

铁路货物装卸搬运作业费的收费项目分整车、零担、集装箱、杂项作业 4 种。各地区、各车站按其实际发生的项目和交通运输部规定的费率标准核收。

计算装卸搬运货物的质量:整车货物以吨为单位,吨以下四舍五入;零担货物以 10 千克为单位,不足 10 千克的进为 10 千克;集装箱货物以箱为单位。

货物堆放地点与车辆的最大距离:整车、零担货物为 30 米,集装箱货物为 50 米。人力装卸堆放于仓库和雨棚以外的货物、整车包装成件货物的装车距离为 20 米,散堆装货物除木材、毛竹、草秸类货物为 20 米外,其他货物均为 6 米。

凡超过上述规定的装卸距离,其超过部分按搬运处理。

货物装卸、搬运价格,按各铁路局的规定收取。

六、其他运输价格

根据货物运输的需要,按《铁路货物运价规则》的规定,核收货物运费。铁路国际联运货物、水陆联运货物、军事运输货物,分别按有关规定收取。

第五节 铁路货运损害赔偿

一、损失的概念及分类

损失是指当事人实际利益的减少或者丧失,根据损失与当事人的关系可以分为积极损失和消极损失。所谓积极损失,也叫直接损失或者实际损失,是指因违约行为而造成当事人既得利益的损失。所谓消极损失,也叫间接损失或可得利益的损失,是指因违约行为使本可以取得的利益而未取得所造成的损失。消极损失通常表现为物的使用利益、转卖利益、营业利益、可得利益损失等。

《合同法》规定的赔偿损失,一般是以受害人的损失为基础,而不是基于违约方的受益。这个损失具有如下特点:第一,损失是实际发生的损失,对尚未发生仅仅是预见到的损失,不能随便要求对方赔偿。按照《合同法》的思想仅在填补受害人的损失,不应使他获得超出其所受损失的赔偿。第二,这个损失是可以确定的,即可以用金钱计算。对不能转化成金钱的债务不能要求违约方赔偿,但可以通过侵权责任获得救济。在一般情况下,构成赔偿损失为守约方的损失,但在个别情况下,则可能是有关第三人的损失,如货物运输合同中的收货人所受的损失。

二、损失的计算

《合同法》对损失的计算方法做了特别规定,主要有如下三个方面。

(1) 对运输货物的毁损、灭失的赔偿额,当事人可以约定,为其直接的法律依据,这是合同自由原则的体现。但当事人的约定不得违反法律中有关赔偿限额的规定,如果货运合同当事人有关货损赔偿额的约定低于法律赔偿限额的规定(如《铁路法》第十七条,以及《民用航空法》第一百二十八条的有关赔偿限额的规定),约定无效而应当适用法律规定。

(2) 如果货运合同当事人之间就货损的赔偿额没有约定或约定不明确,货运合同当事人可以就货损赔偿额达成补充协议,并予以执行。

(3) 如果双方就货损赔偿额未达成补充协议,可按照一般的赔偿惯例确定赔偿额。如果仍不能确定的,按照交付或者应当交付时货物到达地的市场价格计算。所谓交付时是指运输货物的现实交付或提存之日。所谓应当交付时是指依照合同约定或法律、行政法规规定应交付货物的时日。合同没有约定且法律、行政法规也没有规定的,按照合理的运输期限确定交付时日。

三、货物损失的确定

对于货物运输合同来说,承运人只对承运的货物本身负责,因此损失就是指货物本身的损失,至于与货物相关利益的损失,不应当视为损失的范围。这是因为,货物运输合同的标的是承运人的运输劳务行为,只负责将货物从甲地运送至乙地,托运人或者收货人与其他人的关系是另一个层面上的合同关系,与承运人没有必然的联系。尤其是不能把买卖合同或者其他合同的履行风险转嫁到承运人身上。所以,货物运输合同的损失就是实际损失,也就是货物本身的损失。但与货物本身直接相关的损失也应当计算在货物损失内,主要包括货物的包装费用、运输费用、税费、装卸费。如果当事人在签订合同时对损失有约定,则双方约定的数额就是损失的范围。

四、责任免除

铁路承运人的责任免除,是确定赔偿责任的一项重要内容。责任免除也称免责条款,是指免除当事人承担责任的规定。《合同法》第三百一十一条规定:"承运人对运输过程中货物的毁损、灭失承担损害赔偿责任,但承运人证明货物的毁损、灭失是因不可抗力、货物本身的自然性质或者合理损耗以及托运人、收货人的过错造成的,不承担损害赔偿责任。"这就是货物运输合同中的免责条款。

(一) 不可抗力

根据《民法通则》第一百五十三条的规定,所谓不可抗力,通常是指不能预见、不能避免并且不能克服的客观情况。简单地说,就是人力不能抗拒的力量,例如因发生洪涝、泥石流等灾害,冲毁铁路线路,导致铁路运输企业不能按期将货物运至目的站,在这种情况下铁路运输企业就不承担赔偿责任或逾期违约责任。根据产生客观情况的条件不同,又可以分为两类,一类是自然的因素,一类是社会的因素。不管是哪种因素,都可以免除承运人的赔偿责任。

(二) 货物本身的自然性质

货物、包裹、行李本身的自然属性或合理损耗引起的损失,承运人不承担赔偿责任。货物本身的自然性质引起的损耗,是指货物的内在属性所导致的货物损失的情况,如货物的易腐性、挥发性、锈蚀性、危险性、热变性等。因货物这些自然属性而影响货物质量的,承运人可以免责。货物本身的合理损耗,是指货物的自然特性和运输特性不可避免地使得货物的数量、质量减少导致货物损失的,承运人可以免责,这是符合运输合同特征的。

(三) 托运人、收货人自身的过错

托运人、收货人或者旅客自身的过错造成的损失,承运人不承担赔偿责任。托运人的过错也包括托运人派遣的押运人员的过错。因为押运人员是受托运人委托的、对货物的安全负有直接责任的人员,如果押运人员不负责任,造成货物损失,当然应当由托运人承担责任。

货物运输合同实行严格责任制度,只要不是上述免责范围内发生的货物损坏,承运人都要承担赔偿责任。是否属于免责范围,应由承运人举证;承运人不能证明货物运输合同中免责条款的情形的,则要承担赔偿责任。

第六节　国际铁路货物运输

一、国际铁路货物运输概述

(一) 国际铁路货物运输合同

国际铁路货物运输合同是指铁路承运人将发货人的货物从一国的某地运至另一国的某地,将货物交付给收货人,由发货人或收货人支付运费的合同。铁路承运人接受货物时,通常向发货人签发运单,运单签出即产生法律效力。它是承运人与发货人或收货人之间的具有法律约束力的文件。

(二) 国际铁路货物运单的特点

(1) 运单是铁路收到承运人运输货物的表面证据;

(2) 运单不具有作为所有权凭证的法律效力,不能背书转让;

(3) 运单是铁路在到站据以向收货人收取运费和交付货物的依据;

(4) 运单是出入沿途各国海关所需的证件；

(5) 运单的副本是买方支付货款的主要单证。

根据铁路运输法律规定，发货人在托运货物时，应填写运输单（证），并交付运费，然后由始发站加盖戳记。因发货人对运单的填写不合常规、不正确、不完全等而造成的一切损失由其自身承担责任。

(三) 运单的内容

根据国际铁路货物运输的法律规定，运单的主要记载事项分为如下三类。

(1) 必要记载事项。该内容包括：到站名称，收货人的名称和地址，货物名称，货物质量，零担货物的件数、包装标志，发货人负责装车时的车号及私有车辆的自重，单证明细表，发货人的名称与地址。

(2) 根据需要填写的事项。该内容包括：货物交付方式，适用的运价规程，货物交付利息的金额数，发货人负责支付的费用，现款交付和运费的金额，发货人规定的运输线路和海关、其他行政机关要求办理手续的车站名称，发货人和收货人相互间关于办理海关手续的约定，发货人关于收货人不得变更合同的声明，押运情况。

(3) 可附加记载事项。该内容仅供收货人参考，对铁路没有约束力，是发货人用于提示收货人有关货物的情况，如货物的来向、去向及运输方货物的保险等。

二、国际铁路货物运输公约

(一) 国际铁路货物运输公约

国际铁路货物运输公约主要有两个，一个是由奥地利、法国、德国、比利时等西欧国家于 1961 年在瑞典首都伯尔尼成立国际铁路运输中央执行局组织时所签订的《关于铁路货物运输的国际公约》（以下简称《国际货约》），另一个是由苏联、波兰、捷克斯洛伐克、匈牙利、前罗马尼亚等 8 国于 1951 年在华沙签订的《国际铁路货物联运协定》（以下简称《国际货协》）。《国际货约》是用以约束国际铁路运输中央执行局组织下面的各个缔约国的运输的公约。《国际货协》是用以约束东欧国家铁路合作组织开展的运输的公约。《国际货协》的成员国中的有些国家同时也参加了《国际货约》，为沟通国际间的货物铁路运输创造了更为有利的条件，使参加《国际货协》的国家的进出口货物可以通过铁路转运到《国际货约》的成员国。

(二) 国际铁路货物运输公约的主要内容

(1) 承运人的基本权利。承运人的基本权利是按合同规定收取运费，当收货人非法拒绝货物时，应按规定向他收取罚款。为了保证铁路承运人核收运输合同项下的一切费用，铁路当局对货物享有留置权。留置权的效力以货物交付地国家的法律为依据。

(2) 承运人的基本义务。承运人应当按货物运输合同的规定，将货物安全地运至目的地。《国际货协》规定,按运单承运货物的铁路部门,应对货物负连带责任,执行发货人或收货人按规定提出的变更合同的要求,妥善保管发货人在运单内所记载并添付的各项文件,在责任期限内,对货物逾期到达以及货物的损坏负赔偿责任。

（3）承运人的免责规定。承运人在运输期间对下列原因造成的损失不负赔偿责任：由于铁路不能预防和不能消除的情况；由于货物的特殊自然性质引起的货物的损失；由于发货人或收货人的过失或由于其要求,而不能归咎于承运人的情况；由于发货人或收货人装车或卸车的原因所造成；由于货物发送铁路规章的规定,使用敞车类货车运输货物；由于发货人或收货人的货物押运人未采取保证货物完整的必要措施；由于容器或包装的缺点在承运中无法从其外表发现；由于发货人用不正确、不确切或不完全的名称托运违禁品；由于发货人在托运时,未按特定的条件托运货物；由于规定的标准范围内的货物的自然损耗。

（4）赔偿规定。《国际货协》与《国际货约》在赔偿方面采用了不同的做法。《国际货协》基本采用足额赔偿的方法,货物损失方可以得到 100% 的赔偿。《国际货约》规定铁路运输方可以享受责任限制权利。

《国际货协》第二十二条中规定,铁路对货物赔偿损失的金额在任何情况下,都不得超过货物的全部灭失时的款额。对于未声明价格的家庭用品,如发生全部或部分灭失时,铁路赔偿的最高额为每千克 2.70 卢布。《国际货约》规定：对于货物的灭失赔偿,应以灭失货物的价格为限,但毛重每千克不得超过 50（金）法郎（在《国际货约》中,法郎是指含金纯度为 900‰、10/31 克重的金法郎,本文中出现的货币单位法郎均是指这里的金法郎）。

（5）诉讼时效。《国际货协》规定,铁路运输合同一方当事人向铁路承运人提出赔偿请求或诉讼,或铁路就运费、罚款和赔偿,向发货人和收货人提出诉讼,应在 9 个月内提出。有关货物逾期的赔偿或诉讼,应在 2 个月内提出。《国际货约》规定的诉讼时效为 1 年。对于发生现款交付的诉讼、原告要求收回铁路承运人出售货物的净收入的诉讼、故意致损的诉讼、欺诈行为的诉讼和转运前运输合同的诉讼的特殊情况,诉讼时效为 2 年。

案 例 分 析

一、承运货物被人冒领

（一）案情

2008 年 4 月上旬,原告中铁快运公司与被告郑州物流运输公司签订运输合同,约定原告委托被告往河南驻马店市托运一批小儿用药,共计 60 箱 9000 盒,价值 8.7 万余元,收货人为刘女士。第二天,被告将货物运到指定地点,货物被一个姓王的人冒领。后被告以原告未对托运的货物据实投保为由,只愿给付不超过单件货物运费3至10倍的赔偿款。

法院经审理,做出判决:被告存在看管过失,理应承担赔偿责任,判决丢失货物的承运人赔偿托运人货物款8.7万余元。

(二)评析

本案中,在原告将货物交由被告后,被告应将货物安全送达给指定收货人。可是,被告却在没有核实王某身份的情况下,将指定收货人为刘女士的货物交给了王某,从而导致了货物丢失,被告确实存在看管过失,理应承担赔偿责任。

二、运输货物未保价

(一)案情

2004年11月18日,某科技公司委托某快运公司将三件货物运至上海市。写的托运货物名称是配件,件数三件,未办理保价运输。后由于托运的三件货物有一件未运到,科技公司向法院起诉称,至今快运公司仍未将拖欠的货物交付我方,其存在重大过失,应按照托运货物的实际损失赔偿,托运单中"未办理保价运输的快运包及在运输途中发生损失按实际损失赔偿,但最高连同包装质量每千克不超过20元"的内容为格式条款;请求判令快运公司赔偿货物损失4.9万元,退回运费165元,支付违约金33元及工商查档费430元。快运公司辩称,科技公司要求赔偿货物损失价值无依据。托运单中的内容,是根据《合同法》约定的,非格式条款。由于科技公司托运时未保价,只能按限额赔偿。

经铁路运输法院审理,法院判决快运公司赔偿科技公司货物损失280元,退还运费55元。

(二)评析

根据交通运输部的规定,由于科技公司未办理保价运输,快运公司负限额赔偿责任。双方在合同中自愿约定,发生损失按实际损失赔偿,但最高连同包装质量每千克不超过20元。此约定不违反法律、行政法规的强制性规定,约定有效。科技公司未提供证据证明快运公司对所承运的货物在运输过程中的灭失是明知的,所以不能认定快运公司有重大过失责任。

三、铁路货物运输合同纠纷案

(一)案情

1990年11月3日,新城诚信经销部以每千克1.76元收购葵花籽34650千克,共770件,委托呼和浩特火车站客货服务公司运输到被告所属的芜湖市化鱼山火车站,交安徽省芜湖市果品食杂公司收货。到站卸车时,收货人发现车厢内有严重异味,拒收货物。新城诚信经销部因此遭受经济损失,要求芜湖市化鱼山火车站按货价、包装费及运费等共计68179.50元赔偿全部损失。被告化鱼山火车站称:装载原告货物的车厢内有异味一事属实,但经卫生检疫部门检验,该异味仅使原告货物的包装物受到污染,货物本身并未污染,因而不存在货物损失。同意赔偿原告所遭受的污染包装麻袋的实际损失,不承担其他赔偿责任。

南京铁路运输法院审理查明:1990年11月3日,原告将其收购的葵花籽34650千克,共770件,委托呼和浩特火车站客货服务公司以零担货物方式发运。呼和浩特火车站承运后,于当日将此批货物装入637281号车皮。11月9日,该车抵达芜湖市化鱼山火车站。当日,在该站当班货运员监督下,收货人安徽省芜湖市果品食杂公司到站提货。卸车时,车厢内异味严重,装卸工均感头昏。收货人见此情况,拒收货物,并向芜湖铁路卫生防疫站报检。芜湖铁路卫生防疫站现场勘查后,认为此批货物有被污染的可能,遂全部封存,取样送卫生部食品卫生监督检验所检验。检验结论是:在装载货物车厢内的残存物中检出3911(剧毒农药),含量为3591.66毫克/千克;在包装葵花籽的麻袋中检出3911,含量为100毫克/千克。经铁路到站顺查,发现该车皮于1990年10月18日曾装运过3911。卸车后,该车皮被回送到郑州东站经洗刷消毒后又投入使用。在此次装运葵花籽前,该车皮已经过先后多次排空和装运水泥两次。

南京铁路运输法院在审理后,积极调解,原告与被告于1991年4月12日自愿达成如下协议:

被告芜湖市化鱼山火车站除将已处理的葵花籽货款42770元(被告化鱼山火车站根据国家经济委员会颁布的《关于港口、车站无法交付货物处理办法》将剩余货物予以变卖,收回价款42770元)退还给原告外,赔偿原告经济损失20330.40元,两项共计赔偿原告经济损失63100.40元。

(二)评析

郑州火车东站对装运过剧毒农药的车皮洗刷消毒不彻底,呼和浩特火车站使用明显有异味的车皮装运葵花籽,是造成货物包装被污染的直接原因。责任应由铁路货物运输合同的承运方承担。化鱼山火车站作为代表承运方对原告的赔偿要求进行处理的单位,应当承担赔偿责任。依照法律规定,承运方应对运输过程中货物的污染,按货物的实际损失(包括包装费、运杂费)赔偿。本案的实际损失应按原告支出的葵花籽收购价、包装费及运杂费计算,由被告赔偿。被告答辩实际损失只是被污染麻袋的损失这一理由,不能成立。

四、铁路货物运输合同逾期货损索赔再审案

(一)案情

1995年4月19日,广东省物资储运公司受上海宏隆实业有限公司(以下简称宏隆公司)的委托,将宏隆公司被买方拒收的240件铁桶包装的TD甘油在广州东站办理了托运手续,自装自锁装入P632697号60吨的棚车,施封号码为0276。托运人填写的货物运单记载:甘油240件,重量60吨,货物价值6万元,保价6万元,到站为上海何家湾站,收货人为上海宏隆实业有限公司。承运人缮制的货票记载,运到期限为9天。

P632697号货车于1995年4月20日从广州东站开出,次日到达株洲北站,在列车编组作业中被两次开往白马垅站保留,直至5月18日解除保留开回株洲北站编入直通货物列车开出,同日到达鹰潭站。列检员在例行检查中发现P632697号车的走行部一侧旁承游间及枕簧被压死,不能继续运行,遂将该车送至鹰潭南站倒装扣修。鹰潭南站于6月8日以两辆敞车加篷布苫盖倒装了P632697号车上的货物。倒装时货运记录记载:车底板上有油迹,经清点有空桶17件,另有7件桶的中部有0.8厘米×0.4厘米的破口(新痕),内部货物剩余约半桶。倒装后,两辆敞车于6月9日挂运,6月14日抵达上海何家湾站。

收货人宏隆公司自行卸车。卸车时货运记录记载:空桶44件,半桶36件。货物外包装上贴有英文标签,标有"Sorbitol Neosorb"(即山梨糖醇、固体山梨醇),"Net 275kg"(即净重275千克),"Gross 296kg"(即毛重296千克)字样,桶上没有中文标识。宏隆公司将10个满桶货物抽样过秤,最重的达273千克,最轻的有270千克。涉案货物后经上海市产品质量监督检验所现场外观检查,结果是:TD甘油共计240桶,其中空桶61只,满桶179只。在179桶中,有167桶为半桶。随机抽查半桶4只,内均有气体逸出,且内装物均有发酵味。抽样检验结论:该产品本次抽查检验不合格。

宏隆公司于1994年11月13日以1万元/吨的价格,购买了涉案的这批TD甘油并发往广东,以履行其与广州润泽有限公司签订的甘油(丙三醇)买卖合同。1994年11月16日卸货时,货运记录记载:5件有不同程度渗漏,完好件重275千克。买方副经理邓志强称:1994年12月26日,宏隆公司总经理王日宏带技术员到广州抽查货物时,发现气味不对,用手试黏度,已不拉丝,有些货已发酵,有些桶鼓胀。因质量不达标,买方要求退货,宏隆公司决定将此批货物返运回上海,此时该货物已在广州滞留5个月。宏隆公司以铁路运输企业野蛮装卸致使货物包装严重破损、逾期运到47天致使货物变质、承运人对货损有重大过失为由提起诉讼,请求判令到站何家湾站赔偿货损和其他损失共计840889元。

一审法院上海铁路运输中级法院追加株洲北站、鹰潭站为第三人,经审理认为:宏隆公司指控承运人有野蛮装卸和重大过失证据不足。株洲北站保留该车,致使货物逾期运到并超过保质期发生变质,对货损有一般过失,应在货物保价金额内承担赔偿责任;货物到达鹰潭站已过保质期,扣车和倒装系货物超载所致,故鹰潭站不承担赔偿责任。一审判决株洲北站按货物保价金额赔偿宏隆公司货损6万元,并支付逾期违约金1434元。

宏隆公司和株洲北站不服上海铁路运输中级法院的一审判决,向上海市高级人民法院提起上诉。

上海市高级人民法院经审理认为:株洲北站上诉称由于醴陵限制口的车辆通

过能力有限,因此该车被保留,属不可抗力,株洲北站不应为此承担逾期运到的货损和违约责任。而事实上,宏隆公司于本案货物托运的次日又托运了另一车 TD 甘油,8 天后即运抵上海。即便是由于车辆通过能力受限需要采取保留措施,但后运的货物却能先到达,株洲北站以保留来拒绝承担责任的理由难以采信。TD 甘油有一定的保质期,鹰潭站对到站货车没有及时倒装,致使宏隆公司托运的 TD 甘油在该站滞留,造成逾期变质。承运人确实存在重大过失,应当承担全部赔偿的责任。宏隆公司上诉请求按实际损失赔偿,并无不当。据此,上海市高级人民法院按照交通运输部关于"铁路货运损失由到站赔偿"的决定,判决撤销一审判决,改判由何家湾站赔偿宏隆公司货物损失 6 万元。

何家湾不服上海市高级人民法院的二审判决,向最高人民法院申请再审。

最高人民法院认为:《中华人民共和国铁路法》第十九条规定:"托运人应当如实填报托运单,铁路运输企业有权对填报的货物和包裹的品名、质量、数量进行检查。"第二十条规定:"托运人对托运货物应当按照国家的或者行业的包装标准包装,使货物在运输途中不因包装原因而受损坏。"

《铁路货物保价运输管理办法》第八、十条规定,保价金额 50 万元以上的整车货物,应及时挂运,中转停留一般不超过 24 小时。由于宏隆公司委托的托运人未如实申报货物价值,使承运人确认该批货物属对运输无特殊要求的低值普通货物,故在选择保留车时,根据先普通货物后特殊货物的原则决定将该车保留。该批货物使用棚车运输,由托运人自装自锁。按照中华人民共和国交通运输部《铁路货物运输规程》第四十七的规定,承运人与托运人凭封印交接,内货状况和包装由托运人负责。《铁路法》第十九条规定了铁路运输企业对货物进行检查是承运人的权利,并非义务。承运人按照运单填报内容,依据运输规章决定将该车保留,延长了运输时间,使货物的变质加剧,属货物本身的自然属性和托运人的过错造成的。依照铁路法第十八条第一款第(二)、(三)项规定,承运人不承担赔偿责任。

最高人民法院于 2000 年 9 月 12 日做出如下判决:

(1) 撤销上海市高级人民法院的二审民事判决和上海铁路运输中级法院的一审民事判决;

(2) 驳回宏隆公司要求赔偿货物损失的诉讼请求;

(3) 一、二审案件受理费共 30520 元,鉴定费 3000 元,由对方当事人宏隆公司负担。

(二) 评析

本案货物的运到期限为 9 天,逾期 47 天运到。《铁路法》第十六条规定:"铁路运输企业应当按照合同约定的期限或者国务院铁路主管部门规定的期限,将货物、包裹、行李运到目的站;逾期运到的,铁路运输企业应当支付违约金。"《铁路货物运输合同实施细则》第十八条第五款规定,承运人"未按规定的运到期限,将货物运至到站,向收货人偿付该批货物所收运费5%至20%的违约金"。株洲北站虽然是因运输能力的限制而对该车采取保留措施造成逾期,但仍属承运人的违约行为,与托运人或者收货人无关,株洲北站应当依法给付该段逾期时间内的违约金。

本案另一个关键点在于株洲北站是否应该给原告赔偿相应的损失。正如法院所述,根据《铁路货物保价运输管理办法》第8、10条规定,保价金额50万元以上的整车货物,应及时挂运,中转停留一般不超过24小时。由于宏隆公司委托的托运人未如实申报货物价值,使承运人确认该批货物属对运输无特殊要求的低值普通货物,故在选择保留车时,根据先普通货物后特殊货物的原则决定将该车保留。该批货物使用棚车运输,由托运人自装自锁。按照中华人民共和国铁道部1991年公布的《铁路货物运输规程》第47条(1)的规定,承运人与托运人凭封印交接,内货状况和包装由托运人负责。铁路法第十九条规定的铁路运输企业对货物进行检查是承运人的权利,并非义务。承运人按照运单填报内容,依据运输规章决定,将该车保留,延长了运输时间,使货物的变质加剧,属货物本身的自然属性和托运人的过错造成的。故承运人不应承担责任。

思考题

1. 铁路货运管理法律法规有哪些?
2. 铁路货运中承运人的义务有哪些?
3. 铁路货运中托运人的责任有哪些?

第十二章　水路货物运输法律法规

第一节　水路货物运输法概述

一、水路货物运输

水路货物运输是指国内沿海港口、沿海与内河港口,以及内河港口之间由承运人收取运费,负责将托运人托运的货物经水路由一港运至另一港的行为。水路货物运输包括班轮运输和航次租船运输。班轮运输是指在特定的航线上按照预订的船期和挂靠港从事有规律的水上货物运输的运输形式。航次租船运输是指船舶出租人向承租人提供船舶的全部或者部分舱位,装运约定的货物,从一港(站、点)运至另一港(站、点)的运输形式。在班轮运输条件下,班轮公司采取的是一套适宜小批量接受货物运送的货运程序,可以为货主提供方便的运输服务,运价也相对稳定;而航次租船运输则更适于大批量货物的运输,租船人可以根据实际业务的需要来选择特定的船舶、航次、港口等来运送特定的货物。

二、水路货物运输法规

我国与水路运输相关的法律法规包括:《合同法》、《海商法》,国务院批准的行政法规《水路货物运输合同实施细则》、《水路运输管理条例》,以及交通运输部颁布的《国内水路货物运输规则》、《国内水路运输经营资质管理规定》、《水路运输服务业管理规定》等。

几十年来,我国一直将国际海上货物运输与国内沿海与内河的货物运输区别对待,把沿海货物运输和内河货物运输统称为国内水路货物运输,采用不同于国际海上运输的管理和立法体制。比如《海商法》第四章仅适用于国际海上货物运输,海上货物运输的提单不仅要受国内法的调整,还要受《海牙规则》和《跟单信用证统一惯例》的调整;《国内水路货物运输规则》仅适用于国内水路货物运输,包括沿海货物运输和内陆水域货物运输;《海商法》第六章、《合同法》第十七章"运输合同"和"总则"既适用于国际海上货物运输,也适用于国内水路货物运输。水路运输单证采用不可转让的运单制,运单随船而行,不可转让,不能作为跟单信用证的单证,承运人实行完全过失责任制,对船长、船员在驾驶和管理船舶上的过失而引起的货物损失承担赔偿责任等。鉴于水路运输和海上运输在立法上有如此大的区别,本章的水路运输法律法规作为狭义理解,只解释国内水路运输的法律法规部分,国际海上货物运输的特别规定将在本章第五节进行详细的讲述。

第二节 水路货物运输合同

一、水路货物运输合同的订立

(一) 水路货物运输合同的概念和种类

水路货物运输合同,是指承运人收取运输费用,负责将托运人托运的货物经水路由一港(站、点)运至另一港(站、点)的合同。当事人可以根据需要订立单航次运输合同或长期运输合同。

(二) 水路货物运输合同的形式和签订

运输合同的基本形式分为月度或月度以上运输合同、航次租船合同、水路货物运单和水水联运货物运单(水路货物运单和水水联运货物运单以下简称货物运单)。国家下达的水路货物运输计划以及水水联运的货物,托运人和承运人应当签订月度或月度以上运输合同。其他货物,经承运人和托运人协商,可以签订月度或月度以上运输合同或航次租船合同,也可以签订货物运单。签订月度或月度以上运输合同或航次租船合同的,在实际办理承、托运手续时,托运人与承运人还应按批签订水路货物运单或水水联运货物运单。

订立运输合同可以采用书面形式、口头形式和其他形式,书面形式是指合同书、信件和数据电文(包括电报、电传、传真、电子数据交换和电子邮件)等可以有形地表现所载内容的形式。

水路货物运输合同,除短途驳运、摆渡零担货物,双方当事人可以即时清结者外,应当采用书面的形式。大宗物资运输,可按月签订货物运输合同。对其他按规定必须提送月度托运计划的货物,经托运人和承运人协商同意,可以按月签订货物运输合同或以货物运单作为运输合同。零担货物运输和计划外的整批货物运输,以货物运单作为运输合同。按月度签订的货物运输合同,经双方在合同上签认后,合同即告成立。如承、托运双方当事人无需商定特约事项的,可以用月度托运计划表代替运输合同,经双方在计划表上签认后,合同即告成立。在实际办理货物承、托运手续时,托运人还应向承运人按批提出货物运单,作为运输合同的组成部分。以货物运单作为运输合同的,经承、托运双方商定货物的交付时间、地点,由双方认真验收、交接,并经承运人在托运人提出的货物运单上加盖承运日期戳后,合同即告成立。货物运单的格式,江海干线和跨省运输的由交通运输部统一规定;省(自治区、直辖市)内运输的由省(自治区、直辖市)交通运输主管部门统一规定。

(三) 水路货物运输合同的内容

货物运输合同,一般包括以下内容:

(1) 货物的名称;
(2) 托运人和收货人的名称;
(3) 起运港和到达港,海江河联运货物应载明换装港;
(4) 货物质量,按体积计费的货物应载明体积;
(5) 违约责任;
(6) 特约条款;

班轮运输形式下的运输合同一般包括以下内容:

(1) 承运人、托运人和收货人的名称;
(2) 货物的名称、件数、质量、体积(长、宽、高);
(3) 运输费用及其结算方式;
(4) 船名、航次;
(5) 起运港(站、点)(以下简称起运港)、中转港(站、点)(以下简称中转港)和到达港(站、点)(以下简称到达港);
(6) 货物交接的地点和时间;
(7) 装船日期;
(8) 运到期限;
(9) 包装方式;
(10) 识别标志;
(11) 违约责任;
(12) 解决争议的方法。

航次租船运输形式下的运输合同一般包括以下内容:

(1) 出租人和承租人的名称;
(2) 货物的名称、件数、质量、体积(长、宽、高);
(3) 运输费用及其结算方式;
(4) 船名;
(5) 载货质量、载货容积及其他船舶资料;
(6) 起运港和到达港;
(7) 货物交接的地点和时间;

(8) 受载期限；

(9) 运到期限；

(10) 装、卸货期限及其计算办法；

(11) 滞期费率和速遣费率；

(12) 包装方式；

(13) 识别标志；

(14) 违约责任；

(15) 解决争议的方法。

(四) 水路货物运输合同的成立

采用合同书形式订立运输合同的，自双方当事人签字或者盖章时合同成立。采用信件、数据电文等形式订立合同的，可以在合同成立之前要求签订确认书，签订确认书时合同成立。采用合同书形式订立合同，在签字或者盖章之前，当事人一方已经履行主要义务，对方接受的，该合同成立。

《合同法》第七条规定："当事人订立、履行合同，应当遵守法律、行政法规。"由于自2001年1月1日起施行的《国内水路货物运输规则》的法律位阶是部门规章，在法院审理案件的司法实践中只能作为参照适用，其有效性大打折扣，因此，双方签订水路货物运输合同时，均备注一句："本合同涉及的承运人、实际承运人、托运人、收货人的有关权利、义务关系和责任界限，适用《国内水路货物运输规则》。"合同中的此种表述，也就意味着《国内水路货物运输规则》已经作为合同的条款并入到运输合同中，作为水路运输合同的一个组成部分。

二、运输单证

(一) 运单的性质和内容

运单是运输合同的证明，是承运人已经接收货物的收据。运单内容，一般包括下列各项：

(1) 承运人、托运人和收货人的名称及其详细地址；

(2) 货物的名称、件数、质量、体积(长、宽、高)；

(3) 运费、港口费和有关的其他费用结算方式；

(4) 船名、航次；

(5) 起运港、中转港和到达港，海江河联运货物应载明换装港；

(6) 货物交接的地点和时间；

(7) 承运日期；

(8) 运到期限(规定期限或者商定期限)；

(9) 包装；

(10) 运输标志；

(11) 双方商定的其他事项；

(12) 货物价值。

(二) 运单的填制

运单应当按照下列要求填制：

(1) 一份运单，填写一个托运人、收货人、起运港、到达港；

(2) 货物名称填写具体品名，名称过繁的，可以填写概括名称；

(3) 规定按质量和体积择大计费的货物，应当填写货物的质量和体积（长、宽、高）；

(4) 填写的各项内容应当准确、完整、清晰。

(三) 运单的签发

承运人接收货物应当签发运单，运单由载货船舶的船长签发的，视为代表承运人签发。

(四) 运单的份数

运单签发后承运人、承运人的代理人、托运人、到达港港口经营人、收货人各留存一份，另外一份由收货人收到货物后作为收据签还给承运人。承运人可以视情况需要增加或者减少运单份数。

三、运输合同当事人的权利、义务

(一) 托运人的权利和义务

(1) 办理相关手续的义务。托运人应当及时办理港口、海关、检验、检疫、公安和其他货物运输所需的各项手续，并将已办理各项手续的单证送交承运人。因托运人办理各项手续和有关单证不及时、不完备或者不正确，造成承运人损失的，托运人应当承担赔偿责任。

(2) 正确申报义务和责任。托运人托运货物的名称、件数、质量、体积、包装方式、识别标志，应当与运输合同的约定相符，并在货物运单上准确填写。托运人未按规定托运货物造成承运人损失的，应当承担赔偿责任。

起运港具备符合国家规定计量手段的，托运人应按照起运港核定的数据确定货物质量；对整船散装货物，托运人确定质量有困难时，可以要求承运人提供船舶水尺计量数，作为货物的质量。对按照规定实行质量和体积择大计费的货物，应填写货物的质量和体积。对笨重长大货物，还应列出单件货物的质量和体积（长、宽、高）；以件运输的货物，承运人验收货物时，发现货物的实际质量或者体积与托运人申报的质量或者体积不符时，托运人应当按照实际质量或者体积支付运输费用，并向承运人支付衡量等费用。

(3) 包装义务。需要运输包装的货物,托运人应当保证货物的包装符合国家规定的包装标准;没有包装标准的,货物的包装应当保证运输安全和货物质量。需要随附备用包装的货物,托运人应当提供足够数量的备用包装,交承运人随货免费运输。

(4) 根据规定托运危险货物的义务。托运危险货物时,托运人应当按照有关危险货物运输的规定,妥善包装,制作危险品标志和标签,并将其正式名称和危险性质以及必要时应当采取的预防措施书面通知承运人。

(5) 正确制作货物的运输标志和必要的指示标志的义务。托运人应当在货物的外包装或者表面正确制作识别标志。识别标志的内容包括发货符号、货物名称、起运港、中转港、到达港、收货人、货物总件数。托运人应当根据货物的性质和安全储运要求,按照国家规定,在货物外包装或者表面制作储运指示标志。识别标志和储运指示标志应当字迹清楚、牢固。同一托运人、收货人整船、整舱装运的直达运输货物可以不制作识别标志。外贸出口货物到达港口不变换原包装的可以使用原包装的商品标志作为识别标志。

(6) 预付运费义务。除另有约定外,托运人应当预付运费。

(7) 特殊货物的押运义务。除另有约定外,运输过程中需要饲养、照料的活动物、有生植物,以及尖端保密物品、稀有珍贵物品和文物、有价证券、货币等,托运人应当向承运人申报并随船押运。托运人押运其他货物须经承运人同意。托运人应当在运单内注明押运人员的姓名和证件。

(8) 托运重大件、舱面货物的义务。托运笨重、长大货物和舱面货物所需要的特殊加固、捆扎、烧焊、衬垫、苫盖物料和人工由托运人负责,卸船时由收货人拆除和收回相关物料;需要改变船上装置的,货物卸船后应当由收货人负责恢复原状。

(9) 托运易腐货物和活动物、有生植物的义务。托运人托运易腐货物和活动物、有生植物时,应当与承运人约定运到期限和运输要求;使用冷藏船(舱)装运易腐货物的,应当在订立运输合同时确定冷藏温度。

(10) 托运木排、船舶或其他水上浮物的义务。托运人托运木(竹)排应当按照与承运人商定的单排数量、规格和技术要求进行编扎。托运船舶或者其他水上浮物,应当向承运人提供船舶或者其他水上浮物的吨位、吃水及长、宽、高和抗风能力等技术资料。在船舶或者其他水上浮物上加载货物,应当经承运人同意,并支付运输费用。航行中,木(竹)排、船舶或者其他水上浮物上的人员(包括船员、排工及押运人员)应当听从承运人的指挥,配合承运人保证航行安全。

(11) 承担洗舱费用的义务。下列原因发生的洗舱费用由托运人或者收货人承担:① 托运人提出变更合同约定的液体货物品种;② 装运特殊液体货物(如航空汽油、煤油、变压器油、植物油等),需要用特殊方式洗舱;③ 装运特殊污秽油类(如煤焦油等),卸后须洗刷船舱。

(12) 检疫、洗刷、熏蒸、消毒义务。在承运人已履行适航适货义务的情况下，因货物的性质或者携带虫害等情况，需要对船舱或者货物进行检疫、洗刷、熏蒸、消毒的，应当由托运人或者收货人负责，并承担船舶滞期费等有关费用。

(13) 投保义务。国家规定必须保险的货物，托运人应在托运时投保货物运输险。对于每件价值在七百元以上的货物或每吨价值在五百元以上的非成件货物，实行保险与负责运输相结合的补偿制度，托运人可在托运时投保货物运输险，具体办法另行规定。

(14) 要求承运人提供船舶水尺计量数作为申报的质量的权利。散装货物，托运人确定质量有困难时，可以要求承运人提供船舶水尺计量数作为申报的质量。

(15) 办理保价运输的权利。托运人托运货物，可以办理保价运输。货物发生损坏、灭失的，承运人应当根据货物的声明价值进行赔偿，但承运人证明货物的实际价值低于声明价值的，按照货物的实际价值赔偿。

(16) 变更到达港或者收货人的权利。承运人将货物交付收货人之前，托运人可以要求承运人变更到达港或者将货物交给其他收货人，但应当赔偿承运人因此受到的损失。

(二) 承运人的义务和权利

(1) 适航适货义务。承运人应当使船舶处于适航状态，妥善配备船员、装备船舶和配备供应品，并使干货舱、冷藏舱、冷气舱和其他载货处适于并能安全收受、载运和保管货物。

(2) 依约接受货物义务。承运人应当按照运输合同的约定接收货物。

(3) 管货义务。承运人应当妥善地装载、搬移、积载、运输、保管、照料和卸载所运货物。

(4) 不得绕航义务。承运人应当按照约定的或者习惯的或者地理上的航线将货物送到约定的到达港。承运人为救助或者企图救助人命或者财产而发生的绕航或者其他合理绕航，不同于违反前款规定的行为。

(5) 不得迟延交付的义务。承运人应当在约定期间或者在没有这种约定时在合理期间内将货物安全运送到约定地点。货物未能在约定或者合理期间内在约定地点交付的，为迟延交付。对由此造成的损失，承运人应当承担赔偿责任。承运人未能在规定期间届满的次日起六十日内交付货物，有权对货物灭失提出赔偿请求的人可以认为货物已经灭失。

(6) 因不可抗力致使不能在合同约定的到达港卸货而采取就近卸货的权利和及时通知义务。因不可抗力致使不能在合同约定的到达港卸货的，除另有约定外，承运人可以将货物在到达港邻近的安全港口或者地点卸载，视为已经履行合同。承运人实施就近卸货行为应当考虑托运人或者收货人的利益，并及时通知托运人或者收货人。

(7) 拒绝运输的权利。托运人违反有关货物包装和危险品申报规定的,承运人可以拒绝运输。

(8) 对危险品的特别处理权。托运人未按照有关危险品规定通知承运人或者通知有误的,承运人可以在任何时间、任何地点根据情况需要将危险货物卸下、销毁或者使之不能为害,而不承担赔偿责任。托运人对承运人因运输此类货物所受到的损失,应当承担赔偿责任。

承运人知道危险货物的性质并已同意装运的,仍然可以在该项货物对于船舶、人员或者其他货物构成实际危险时,将货物卸下、销毁或者使之不能为害,而不承担赔偿责任。但是,本款规定不影响共同海损的分摊。

(9) 向收货人发出到货通知的义务。货物运抵到达港后,承运人应当在 24 小时内向收货人发出到货通知。到货通知的时间,信函通知的,以发出邮戳为准;电传、电报、传真通知的,以发出时间为准;采用数据电文形式通知的,收件人指定特定系统接收数据电文的,以该数据电文进入该特定系统的时间为通知时间,未指定特定系统的,以该数据电文进入收件人的任何系统的首次时间为通知时间。

(10) 委托卸货的权利。根据运输合同的约定应当由收货人委托港口作业的,货物运抵到达港后,收货人没有委托的,承运人可以委托港口经营人进行作业,由此产生的费用和风险由收货人承担。

(11) 对相应运输货物的留置权。应当向承运人支付的运费、保管费、滞期费、共同海损的分摊和承运人为货物垫付的必要费用,以及应当向承运人支付的其他运输费用没有付清,又没有提供适当担保的,承运人可以留置相应的运输货物,但另有约定的除外。

(12) 对无人提取的货物的处分权。承运人发出到货通知后,应当每十天催提一次,满三十天收货人不提取或者找不到收货人,承运人应当通知托运人,托运人在承运人发出通知后二十天内负责处理该批货物。托运人未在前款规定期限内处理货物的,承运人可以将该批货物作为无法交付货物处理。

(13) 对货物的提存权。收货人不明或者收货人无正当理由拒绝受领货物的,承运人可以根据《合同法》的规定将货物提存。

(14) 依法处理地脚货物的权利。承运人对收集的地脚货物,应当做到物归原主;不能确定货主的,应当按照无法交付货物处理。

(15) 向收货人理赔义务。收货人有权就水路货物运单(以下简称运单)上所载货物损坏、灭失或者迟延交付所造成的损害向承运人索赔;承运人可以适用本规则规定的抗辩理由进行抗辩。

(16) 承运人和实际承运人之间的责任划分和连带责任。承运人将货物运输或者部分货物运输委托给实际承运人履行的,承运人仍然应当对全程运输负责。但在运输合同中明确约定合同所包括的特定部分的运输由承运人以外的指定的实际承运人履行的,合同可以同时约定,货物在指定的实际承运人运输期间发生的损坏、灭失或者迟延交付,承运人不承担赔偿责任。

承运人与实际承运人都负有赔偿责任的,应当在该项责任范围内承担连带责任。当实际承运人承担连带责任时,本规则对承运人责任的有关规定,适用于实际承运人。

承运人承担本规则未规定的义务或者放弃本规则赋予的权利的任何特别协议,经实际承运人书面明确同意的,对实际承运人发生效力;实际承运人是否同意,不影响此项特别协议对承运人的效力。

(17)承运人的免责事由。承运人对运输合同履行过程中货物的损坏、灭失或者迟延交付承担损害赔偿责任,但承运人证明货物的损坏、灭失或者迟延交付是由于下列原因造成的除外:① 不可抗力;② 货物的自然属性和潜在缺陷;③ 货物的自然减量和合理损耗;④ 包装不符合要求;⑤ 包装完好但货物与运单记载的内容不符;⑥ 识别标志、储运指示标志不符合规定;⑦ 托运人申报的货物质量不准确;⑧ 托运人押运过程中的过错;⑨ 普通货物中夹带危险、流质、易腐货物;⑩ 托运人、收货人的其他过错。

(18)货物因不可抗力灭失,承运人不得要求支付运费。货物在运输过程中因不可抗力灭失,未收取运费的,承运人不得要求支付运费;已收取运费的,托运人可以要求返还。货物在运输过程中因不可抗力部分灭失的,承运人按照实际交付的货物比例收取运费。

(19)装运散装液体货物的义务。散装液体货物只限于整船、整舱运输,由托运人在装船前验舱认可后才能装载。

(20)按笨重、长大货物运输的权利。单件货物质量或者长度超过下列标准的,应当按照笨重、长大货物运输。① 沿海:质量 5 吨,长度 12 米;② 长江、黑龙江干线:质量 3 吨,长度 10 米;各省(自治区、直辖市)交通主管部门对本省内运输的笨重、长大货物标准可以另行规定,并报国务院铁路主管部门备案。运输笨重、长大货物,应当在运单内载明总件数、质量和体积(长、宽、高),并随附清单标明每件货物的质量、长度和体积(长、宽、高)。

(21)舱面货物的运输要求及责任。承运人在舱面上装载货物,应当同托运人达成协议,或者符合航运惯例,或者符合有关法律、行政法规的规定。承运人与托运人约定将货物配装在舱面上的,应当在运单上注明"舱面货物"。承运人依照规定将货物装载在舱面上,对由于此种装载的特殊风险造成的货物损坏、灭失,不承担赔偿责任。承运人违反规定将货物装载在舱面上,造成货物损坏、灭失的,应当承担赔偿责任。

(22)活动物、有生植物和易腐货物的运输要求及责任。承运人对运输的活动物、有生植物,应当保证航行中所需的淡水,有关费用由托运人承担。运输活动物所需饲料,由托运人自备,承运人免费运输。因运输活动物、有生植物的固有的特殊风险造成活动物、有生植物损坏、灭失的,承运人不承担赔偿责任。但是,承运人应当证明业已履行托运人关于运输活动物、有生植物的特别要求,并证明根据实际情况,损坏、灭失是由于此种固有的特殊风险造成的。承运人应当将与托运人约定的运输易腐货物和活动物、有生植物的运到期限和运输要求,使用冷藏船(舱)装运易腐货物的冷藏温度,木(竹)排的实际规格,托运的船舶或者其他水上浮物的吨位、吃水及长、宽、高和抗风能力等技术资料在运单内载明。

第三节 货物的接收与交付

一、货物的接收与交付过程

货物的接收与交付应该按照法律和当事人的运输合同约定进行。除另有约定外,散装货物按质量交接,其他货物按件数交接。散装货物按质量交接的,承运人与托运人应当约定货物交接的计量方法,没有约定的应当按照船舶水尺数计量,不能按船舶水尺数计量的,运单中载明的货物质量对承运人不构成其交接货物质量的证据。

散装液体货物装船完毕,由托运人会同承运人按照各管道阀门进行施封,施封材料由托运人自备,并将施封的数目、印文、材料品种等在运单内载明;卸船前,由承运人与收货人凭舱封交接。

托运人要求在两个以上地点装载或者卸载或者在同一卸载地点由几个收货人接收货物时,计量分批及发生质量差数,均由托运人或者收货人负责。

收货人接到到货通知后,应在规定时间内到到达港办妥货物交接验收手续,将货物提离港区,不得因对货物进行检验而滞留船舶。承运人向收货人交付货物时应认真进行验收交接,仔细核对证明收货人单位或者身份以及经办人身份的有关证件。收货人提取货物时,应当验收货物,并签发收据,发现货物损坏、灭失的,交接双方应当编制货运记录。按件承运的货物如发现货物有异状或与货物运单记载不符,按舱、按箱施封的货物如发现舱封、箱封有异状,收货人应立即向承运人提出异议。收货人在验收交接时没有提出异议,并在提货单上签章后,运输合同即终止。运输合同的终止,不影响履行合同中发生违约责任事项的处理。按照约定在提货时支付运费、滞期费和包装整修、加固费用以及其他中途垫款的,应在办理提货手续时付清。

二、货物的接收与交付其他规定

下列情况,按托运人或者收货人的要求,承运人可以编制普通记录:① 货物发生损坏、灭失,按照约定或者本规则的规定,承运人可以免除责任的;② 托运人随附在运单上的单证丢失;③ 托运人押运和舱面货物发生非承运人责任造成的损坏、灭失;④ 货物包装经过加固整理;⑤ 收货人要求证明与货物数量、质量无关的其他情况。货运记录和普通记录的编制,应当准确、客观。货运记录应当在接收或者交付货物的当时由交接双方编制。

收货人在到达港提取货物前或者承运人在到达港交付货物前,可以要求检验机构对货物状况进行检验;要求检验的一方应当支付检验费用,但是有权向造成货物损失的责任方追偿。收货人或者承运人进行检验应当相互提供合理的便利条件。

由收货人自理卸船的货物,应在商定的时间内完成卸船作业,将船舱、甲板清扫干净;对装运污秽货物、有毒害性货物的,应负责洗刷、消毒,使船舱恢复正常清洁状态。

第四节 水路运输的特别规定

一、航次租船运输的特别规定

除了使船舱适航和不得进行不合理绕航的规定强制适用于航次租船的出租人外,其他有关合同当事人之间的权利、义务的规定,仅在航次租船运输形式下的运输合同没有约定或者没有不同约定时适用于出租人和承租人。航次租船运输形式下,收货人是承租人的,出租人与收货人之间的权利、义务根据航次租船运输形式下运输合同的内容确定;收货人不是承租人的,承运人与收货人之间的权利、义务根据承运人签发的运单的内容确定。

(一) 出租人的义务

出租人应当按照合同的约定提供船舶舱位;经承租人同意,出租人可以更换船舶。但提供的船舶舱位或者更换的船舶不符合合同约定的,承租人有权拒绝或者解除合同。因出租人责任未提供约定的船舶舱位造成承租人损失的,出租人应当承担赔偿责任。

出租人在约定的受载期限内未提供船舶舱位的,承租人有权解除合同。但是出租人在受载期限内将船舶延误情况和船舶预期抵达起运港的日期通知承租人的,承租人应当自收到通知时起 24 小时内,将解除合同的决定通知出租人。逾期没有通知的,视为不解除合同。因出租人责任延误提供船舶舱位造成承租人损失的,出租人应当承担赔偿责任。

(二) 承租人的权利和义务

承租人可以将其租用的船舶舱位转租;转租后,原合同约定的权利、义务不受影响。承租人应当提供约定的货物;经出租人同意,可以变更货物。但是,更换的货物对出租人不利的,出租人有权拒绝或者解除合同。因承租人责任未提供约定的货物造成出租人损失的,承租人应当承担赔偿责任。

二、集装箱运输的特别规定

集装箱货物运输,是指将货物装入符合国际标准(ISO)、国家标准、行业标准的集装箱进行运输的水路运输方式。在已经开办集装箱运输的水运航线和海江河联运线路上,凡精密、易碎、价高及其他适于集装箱运输的物品,承、托运双方应采用集装箱运输。

承运人向托运人提供集装箱空箱时,托运人应当检查箱体并核对箱号;收货人返还空箱时,承运人应当检查箱体并核对箱号;承运人、托运人、收货人对整箱货物,应当检查箱体、封志状况并核对箱号;承运人、托运人、收货人对特种集装箱,应当检查集装箱机械、电器装置以及设备的运转情况。集装箱交接状况,应当在交接单证上如实地加以记载。

根据约定由托运人负责装、拆箱的,运单上应当准确记载集装箱封志号;交接时发现封志号与运单记载不符或者封志破坏的,交接双方应当编制货运记录。根据约定由承运人负责装、拆箱的,承运人与托运人或者收货人只需对货物进行交接。

集装箱货物需拆箱后转运的,其包装应当符合规定。收货人提取货物后,应当按照约定将空箱归还,超期不归还的,按照约定交纳滞箱费。集装箱货物装箱时应当做到合理积载、堆码整齐并绑扎。集装箱受载不得超过其额定的质量。

三、单元滚装运输的特别规定

单元滚装运输,是指以一台不论是否装载货物的机动车辆或者移动机械作为一个运输单元,由托运人或者其受雇人驾驶,驶上、驶离船舶的水路运输方式。单元滚装运输方式下运输合同的履行期间为运输单元进入起运港至离开到达港。

承运人应当对运输单元的表面状况进行验收,发现有异常状况的,应当在运单内载明。运输单元进入起运港时承运人应当在运单上签注,离开到达港时托运人应当在运单上签注,并将签注后的运单交还给承运人。单元滚装运输不得运输危险品。运单上应当载明车牌号码、运输单元的质量、体积(长、宽、高)。

托运人对车辆或者移动机械所载货物应当绑扎牢固。运输单元在船舶上需要特殊加固绑扎的,托运人应当在托运时向承运人提出,并支付相关费用。承运人应当备妥加固绑扎的物料,并为防止运输单元滑动而进行一般性绑扎和加固。对有特殊绑扎要求的,由双方另行约定。

运输单元驶上或者驶离船舶时,司乘人员应当遵守有关法规,服从船方指挥,按顺序和指定的行车路线行驶。运输单元进入指定的车位后,司机应当关闭发动机,使车辆处于制动状态。

运输单元的实际质量、体积与运单记载不符的,托运人应当按照实际质量或者体积支付运输费用并向承运人支付衡量等费用。

从事单元滚装运输的船舶应当分设供旅客和运输单元上下船的专用通道;船舶只设有一个通道时,旅客与运输单元上下船时必须分流。承运人应当在船舱内配备照明、通风等设施。

案 例 分 析

一、水路货物运输合同货损赔偿纠纷案

(一) 案情

2003年1月,上海宝矿进出口有限公司(以下简称宝矿公司)委托上海宝矿运输代理有限公司与上海亨灵运贸有限公司(以下简称"亨灵运贸")签订年度《运输协议》,其中第一条约定为"铁矿石名称:巴西产烧结粉矿",第三条约定为"……必须为甲板驳,船上必须有明显水尺刻度及相关的水尺表。船体必须有良好的安全设施并有较高的安全性能,若出现故障和任何不安全因素导致货物路程时间耽搁或货损,乙方(亨灵运贸)必须做出完全赔偿,不可抗力除外"。与此同时,亨灵运贸与黄石长江港务集团船舶运输有限责任公司(以下简称"黄石集运")签订年度《水路矿石运输合同》,委托黄石集运承运上海至鄂钢的矿石。同年2月,宝矿公司就涉案货物向华泰财产保险股份有限公司上海分公司(以下简称华泰保险公司)投保了综合险。华泰保险公司于2月21日签发了预约保单——国内水路、陆路货物运输保险单。2月26日,宝矿公司将《运输协议》项下的1630吨CVRD(即烧结粉矿)交给码头发货人上海港船务代理公司罗泾分公司,由黄石集运接收货物,并在货物交接清单的"承运人"处盖章。黄石集运将涉案铁矿石以散装的方式积载于"石港驳1500-2"轮,并由"石港拖802"轮承拖,但对铁矿石表面未采取任何防止铁矿石流动的措施。3月3日凌晨,承运船舶为避风浪及与接拖船舶"石港拖401"轮换拖,在罗家洲红浮抛锚,船舶因风浪而摇摆较大。当日06:50,"石港驳1500-2"轮所载的铁矿粉突然向右舷发码,导致该轮侧翻,铁矿粉泻入江中。事故发生后,安庆海事局针对黄石集运提交的《事故报告》,做出了"事故报告所述货损及船损情况属实,落水人员未见"的海事签证。安庆气象局于3月6日出具"气象实况证

明",证明 3 月 3 日 05:00 至 07:00,长江江西上阵风可达八到九级。安庆海事局于 3 月 23 日出具《关于"3.3"海事签证意见的复函》,证明事故发生当时当地风灾的存在。华泰保险公司于 4 月 2 日向宝矿公司赔付了人民币 538493.35 元,并取得了权益转让书后,起诉要求承运人亨灵运贸与实际承运人黄石集运连带偿付保险赔偿款人民币 537678.35 元及利息。

海事法院经审理后,判决被告上海亨灵运贸有限公司和被告黄石长江港务集团船舶运输有限责任公司向原告华泰财产保险股份有限公司上海分公司连带赔偿人民币 537678.35 元及利息;对原告华泰财产保险股份有限公司上海分公司的其他诉讼请求不予支持。

被告亨灵运贸和被告黄石集运不服,提起上诉。上海市高级人民法院经审理认为原审程序合法,判决认定事实并无不当,判决结果正确,于 2003 年 12 月 31 日做出二审判决,驳回上诉,维持原判。

(二)评析

本案为水路货物运输合同货损赔偿纠纷,亨灵运贸系涉案货物运输的承运人,黄石集运接受亨灵运贸的委托,实际承运涉案货物,系涉案货物运输的实际承运人。在不能证明存在不可抗力和其他免责事由的前提下,承运人亨灵运贸与实际承运人黄石集运应该对运输途中发生的货物灭失承担赔偿责任。华泰保险公司作为涉案货物的保险人在理赔后,代位求偿权成立,向承运人与实际承运人追偿赔付款的诉讼请求于法有据,应予支持。

二、水路货物运输合同货物错交纠纷案

(一)案情

1992 年 2 月 11 日,华中航运(集团)公司海运分公司(下称华中公司)所属"黄鹤 8 号"轮在汕头港装载厦门越兴贸易公司(下称越兴公司)购买的白板纸 350 件。其中"红象"牌白板纸 219 件,每件净重 0.611 吨,每吨单价 4350 元;"永丰余"牌白板纸 131 件,每件净重 0.4935 吨,每吨单价 4410 元。同船还装有沙市印刷包装物资供销公司(下称沙市公司)购买的"永丰余"牌白板纸 150 件,每件净重 0.4935 吨,每吨单价 4300 元。"黄鹤 8 号"轮于当月 25 日抵武汉港,并向收货人发出到货通知。26 日,沙市公司委托沙市第二货运公司到码头提货,华中公司将承运货物如数发给其运走,但其中 146 件错发为"红象"牌。沙市公司收货后即全发往各购货单位。后沙市公司发现货物错交,即派人员与华中公司协商处理。华中公司提出先由沙市公司将错发的货物返回,所需运费以后协商,沙市公司要求华中公司先付运费再将货物返回。双方未能达成一致意见。由于错发的货物未能返回,越兴公司提货不成,经与华中公司协商同意,即将沙市公司 146 件"永丰余"牌白板纸提走,力争按每吨价格在 4650 元以上先行处理,余下问题三方面再协商。至此,越兴公司共提走"红象"牌白板纸 73 件,"永丰余"牌白板纸 277 件(其中有沙市公司的

146件)。事后,三方当事人多次协商未成。于是,越兴公司、沙市公司各自处理货物,各获得一定利润。

越兴公司于1992年5月18日向武汉海事法院起诉称:华中公司将其146件"红象"牌白板纸错发给了沙市公司,而将沙市公司的146件"永丰余"牌白板纸给了我们。由于华中公司的错误,造成我公司货差损失、价差损失、货款银行利息损失及差旅费共计124216.73元,应由华中公司赔偿。

华中公司辩称:我公司已按运单上的规定件数交货,两家收货人都在运单上签收。沙市公司得知所提货物不属自己后,不但不把货物退给越兴公司,反将其占为己有,并以高出货物到岸价卖出,属不当得利,沙市公司应将多收货物退给越兴公司。

沙市公司在被追加为第三人后辩称:货物错发是华中公司工作不认真造成的,应由其承担全部责任,与我公司无关。

审理过程中,越兴公司和华中公司在案外进行了和解,由华中公司将自己的17件白板纸(每吨净重0.4935吨,单价4750元,共计39853.36元)交给原告作抵押。因双方未能达成和解协议,越兴公司变卖了该17件白板纸。

武汉海事法院经审理,依照《中华人民共和国合同法》第六条,《中华人民共和国民法通则》第九十二条,《国内水路货物运输规则》第五十三条的规定,武汉海事法院于1993年4月26日判决如下:

(1) 华中公司赔偿越兴公司损失费5344元,支付违约金2408.56元,两项共计7752.93元;

(2) 沙市公司返还给越兴公司多提的货物价款77754.79元;

(3) 越兴公司返还给华中公司17件白板纸,折款39853.36元,资金利息2869.44元(从1992年6月6日至1993年4月26日,月利率7.2‰),两项共计42722.80元。以上三项自判决书生效之日起,十日内一次付清。

(二) 评析

在本案中,越兴公司与华中公司签订的水路货物运输合同有效。华中公司将越兴公司的货物错交给沙市公司后,未积极采取措施追回,继而又将沙市公司应收货物交越兴公司处理,违反了运输合同的规定,应承担违约责任,并赔偿由此造成的经济损失。此外,沙市公司多提走的部分货物属不当得利,应按该批货物销售的平均价返还给越兴公司。越兴公司应退还华中公司交其作抵押的17件白板纸。越兴公司的其他诉讼请求应当不予支持。

思考题

1. 水路货物运输合同成立的条件是什么?
2. 托运人的权利义务主要有哪些?
3. 集装箱运输的特别规定有哪些?

第十三章 海上货物运输法律法规

第一节 海上货物运输法概述

一、海上货物运输

(一) 海上货物运输的地位和作用

海上货物运输(简称海运)是国际货物运输方式主要的一种。其他重要的运输方式有水运(内河)、航空运输和管道运输等。目前,世界海运承担着约80%的外贸货运量和更多外贸货物周转量。海运主要用于运输石油、铁矿石、粮食、煤炭等大宗货,它具有运输量大、成本低等优点,同时有受天气影响较大,风险大等缺点。我国幅员辽阔,海岸线绵长,海运在我国经济中占据十分重要的地位。

(二) 海上货物运输的发展

古代海上货物运输主要是由货主亲自买船进行的,这被称为历史上的"商航合一"阶段。到后来航运技术进步,出现了专门从事海上货物运输的人。商人不再负责运输,而只需将货物交给从事运输的人,即进入了"船商分离"时期。现代国际贸易中,由货主直接进行货物运输的情况已经很少见了,大部分货主都会求助于专门从事运输的公司,与这些运输公司签订运输合同,由运输公司实际完成货物的运输任务。

但是"船商分离"后,货主并非就完全不参与运输了。正好相反,不管是签订怎样的运输合同,货主往往都在运输合同下承担一定的运输任务。

这种任务承担的多少与采用的运输合同的种类有关。如一般班轮运输合同下,货主承担的运输任务较少,而租船运输合同下,货主承担的运输任务较多。

所谓班轮运输是指由航运公司根据公布的固定的船期表、固定的航线,承接零担货物而进行的运输。这种运输下班轮公司在运输合同中居于强势地位,运输合同往往根据班轮公司的固定格式签订,并体现在运输公司签发的提单中。班轮运输中,货主一般只需负责将货物交到船上或承运人指定的港口的某一地点,并在卸货港从船上或指定地点接收货物。具体的海上运输都是由承运人进行的。

所谓租船运输是指货主有较多货物,需要整条船或部分舱位时,和运输公司单独磋商,签订船舶租用合同而进行的运输。根据租用条件不同,货主要负担一部分的运输任务,如装卸货物,甚至指挥船舶的商业营运等。

二、海上货物运输法

(一)海上货物运输法的起源与发展

海上货物运输法是海商法的核心部分,其起源可以追溯到有海上货物运输之初。国际上目前可考的最早的海商法一般认为是由公元600至800年间起源于腓尼基人和古希腊人的海事法发展而来的《罗德法》。由地中海沿岸的海事法典《海事法汇编》、后来成为英国海事法基础的《奥列隆判例集》以及适用于波罗的海沿岸地区的《维斯比海法》组成的"中世纪三大海法",则代表了古代海商法发展的一个高潮。18世纪以后,海商法的发展以各国编撰的国内法为代表。

我国古代海运发达,海上货物运输法也应该完善,遗憾的是现在已经散失,难以查考。现代海上货物运输法和海商法的开端是20世纪初的清末修律。

(二)海上货物运输法的分类和法律渊源

海上货物运输法是调整海上货物运输关系的法律规范的总称。根据调整的方式不同,海上货物运输法可以分为两大部分。一部分是海上货物运输管理法,这是国家和国际组织对海上货物运输活动进行纵向管理的法律规范;另一部分是海上货物运输合同法,这是横向调整海上货物运输中平等主体之间的法律关系的法律规范。其中海上货物运输合同法根据调整对象不同又分为两部分:一部分是调整国际海上货物运输的法律规范;另一部分是调整国内海上货物运输的法律规范。作为海商法的一个核心组成部分,海上货物运输法具有海商法的重要特点,即具有综合性,既有公法性的规范,也有私法性的规范;既有实体法的规范,也有程序法的规范。关于海上货物运输纠纷处理的程序性的法律规范,也是海上货物运输法的组成部分。

海上货物运输法的法律渊源是海上货物运输法的表现形式,它包括国际条约、国内立法、国际惯例等。

国家间签订的有关海运的双边或多边国际条约是海上货物运输法的重要表现形式之一。目前,关于海上货物运输已经有《海牙规则》、《维斯比规则》和《汉堡规则》等多个国家广泛接受的国际公约,海运领域的国际统一立法被认为是各个经济领域中最有成效的。我国不仅明确规定我国参加的国际公约是我国法律的组成部分,而且规定在国际公约与国内立法有抵触时,国际公约优先适用。如《海商法》第二百六十八条第一款规定:"中华人民共和国缔结或者参加的国际条约同本法有不同规定的,适用国际条约的规定。但是,中华人民共和国声明保留的条款除外。"

国家制定的法律是海上货物运输法的最重要的组成部分。各国采取不同的方式对海上货物运输进行立法。有的国家如英国、美国、加拿大等都制定有专门的海上货物运输法,有的国家如我国没有制定单行的海上货物运输法,而是将其包括在《海商法》中。不管采用何种方式,各国对海上货物运输的国内立法一般都受到关于海上货物运输的国际条约的深刻影响。

国际惯例也是我国承认的一种法律渊源。我国《海商法》第二百六十八条第二款规定:"中华人民共和国法律和中华人民共和国缔结或者参加的国际条约没有规定的,可以适用国际惯例。"一项商业习惯性做法,如果已经是广泛适用,被行业内的商人切实遵守,具有相当程度的合理性、确定性和稳定性,则可以被认为是形成了一项国际惯例。国际惯例作为法律渊源主要起一种补充作用,即只有在国际条约和国内立法都没有规定时,才可以援用国际惯例。

(三) 海上货物运输法的现代化

科学技术的发展,现代交通工具和装卸工具的使用以及现代通信方式的普及,使海上货物运输业发生了巨大的变化,规范海上货物运输的法律也随之发生了变化。

海上货物运输法的变化是多方面的,而在以下三个方面尤为突出。首先,体现在承运人责任的加重。海上货物运输中特有的巨大风险使海上货物运输法一直以保护承运人的特殊制度著称。承运人过失免责、最高责任限制、货损货差的索赔的短期时效等现行制度都反映了对承运人的特殊保护。而近年来,这些特殊制度都或多或少受到了挑战,面临修改或废除的可能。其次,体现在新规则的出现。由于集装箱、电子提单等新交通和通信工具的推广使用,如何对这些新工具进行规范成了法律必须解决的问题,国际公约和各国法律都开始在这方面进行尝试,出现了一些新的规范。第三,体现在国际统一立法的进一步发展。由于海上货物运输往往是跨越多个国家的,对海上货物运输的立法一直体现出高度的国际统一性。航运技术的发展,对法律的国际统一性提出了新的要求,促进其进一步发展,并呈现出与以往不同的一些特点。

第二节 海上货物运输合同

一、海上货物运输合同的概念和特征

在我国,《海商法》第四十一条规定:"海上货物运输合同,是指承运人收取运费,负责将托运人托运的货物经海路由一港运至另一港的合同。"承运人是指本人或者委托他人以本人名义与托运人订立海上货物运输合同的人。托运人是指本人或者委托他人以本人名义或者委托他人为本人与承运人订立海上货物运输合同的人，以及本人或者委托他人以本人名义或者委托他人为本人将货物交给与海上货物运输合同有关的承运人的人。海上货物运输合同具有以下特征。

(一) 海上货物运输合同为承揽合同

依据国际海上货物运输合同，承运人负有将货物从一国特定港口运至另一国特定港口的义务，在运输业务完成后，有收取报酬的权利。就货物的托运人而言，其订立合同的目的是要求承运人完成运输，而非要求其提供劳务，因而具有承揽合同的特征。

(二) 海上货物运输合同为双方有偿合同

海上货物运输合同的当事人均负有义务、享有权利，即托运人或承租人应支付运费，而承运人或船舶所有人应履行其约定的运输义务。

(三) 在航次租船运输时，海上货物运输合同为要约合同

在班轮运输或件杂货运输的情况下，当事人一般不需要签订特定形式的运输合同，但承运人应签发提单作为合同的证明。

(四) 海上货物运输合同为诺成合同

托运人和承运人就货物及海上运输条款达成一致时，只要不违反法律的强制性规定，海上运输合同即告成立。

二、海上货物运输合同的种类

根据不同标准，海上货物运输合同可以分成以下不同的种类：① 国际海上货物运输合同和国内海上货物运输合同。② 班轮运输合同和租船运输合同。③ 散货运输合同、件杂货运输合同和集装箱货运输合同。

(1) 国际海上货物运输合同和国内海上货物运输合同。这是根据装卸港口的位置不同进行的划分。在同一国家不同港口之间的运输是国内货物运输，又称为"沿海货物运输"；而将货物从一国港口运往另一国港口的运输是国际货物运输。在中国，两种合同中使用的运输单据不同，适用的法律也不同。

(2) 班轮运输合同和租船运输合同。这是根据合同形式不同进行的划分。按照固定的船期表、固定的港口挂靠顺序有规律进行的运输是班轮运输。班轮运输中通常以提单作为口头或书面订立的运输合同的证明。不是按照固定的时间和航线，而是按出租人与承租人专门商定的条件进行的运输是租船运输。租船运输中双方缔结的是租船运输合同。常见的租船合同包括航次租船、定期租船和光船租船三种形式。

(3) 散货运输合同、件杂货运输合同和集装箱货运输合同。这是根据承运货

物不同进行的划分。所谓散货是指货物在装运以前没有进行包装,而是直接装载在船上的通舱或货舱隔成的小舱中的货物,如谷物、糖、油等。所谓件杂货是指包装成件或本身是可计数的货物,如一箱衣物、一辆汽车等。所谓集装箱货是指装载在集装箱这种新型的包装运输工具中的货物。

三、海上货物运输合同的订立和解除

海上货物运输合同可以是书面形式,也可以是口头形式。但航次租船合同应当采用书面形式。提单运输合同以口头订立的,承运人或托运人可以要求书面确认合同的成立。电报、电传和传真均具有书面的效力。

海上货物运输合同的内容必须合法,尽管法律对合同关系的规定多为任意性的,以当事人的约定为主,但由于班轮运输中承运人实力强大,往往在提单中加入许多免责条款。为了保护货方的合法利益,法律规定了一些有关承运人最低限度义务的条款,这类条款是强制性的,当事人不得以协议变更,违反强制性条款的约定无效。在我国,《海商法》第四十一条至第四十九条的规定即为强制性规定,承运人不能以合同条款减轻其责任,但依第四十五条的规定,可以在合同中增加承运人的责任。与调整提单运输的法律不同,各国一般不对航次租船合同的内容做强制性的法律规定,国际上也没有制定有关航次租船合同的国际公约。因此,航次租船业务充分体现了"合同自由"的原则,出租人和承租人可以在不违背法律和公共利益的情况下订立任何合同条款。

海上货物运输合同的解除应具备一定的条件,如当事人协商同意、不可抗力或法律规定等。《海商法》对海上货物运输合同的解除做了具体规定。

(一) 当事人协商一致而解除

海上货物运输合同的效力仅发生于当事人之间,因而当事人不仅有订立合同的自由,也有变更或解除合同的自由,只要当事人对变更或解除合同达成一致,合同的变更或解除即可成立。但合同的变更或解除不应损害国家利益或社会公共利益,否则变更或解除协议无效。

(二) 任意解除

海上货物运输合同的任意解除,是在海上货物运输合同发生法律效力后,在既非法定解除亦非约定解除的情形下,依一方当事人的解除意思而使海上货物运输合同的效力终止的行为。《海商法》第八十九条规定:"船舶在装货港开航前,托运人可以要求解除合同。但是,除合同另有约定外,托运人应当向承运人支付约定运费的一半;货物已经装船的,并应当负担装货、卸货和其他与此有关的费用。"如果船舶开航后,托运人要求解除合同,承租人需支付运费及其他费用,并负担共同海损、海上救助费用以及应由其负责的损害,或提供足够的担保,方可解除合同。

(三) 法定解除

海上货物运输合同的法定解除,是指船舶在开航前和开航后因不可抗力或者其他不能归责于承运人或托运人的原因致使合同不能履行的行为。

《海商法》第九十条规定:"船舶在装货港开航前,因不可抗力或其他不能归责于承运人和托运人的原因致使合同不能履行时的,双方均可以解除合同,并互相不负赔偿责任。除合同另有约定外,运费已经支付的,承运人应当将运费退还给托运人;货物已经装船的,托运人应当承担装卸费用;已签发提单的,托运人应将提单退还承运人。"第九十一条规定:"因不可抗力或其他不能归责于承运人和托运人的原因致使船舶不能在合同约定的目的港卸货的,除合同另有约定外,船长有权将货物在目的港邻近的安全港口或者地点卸货,视为已履行合同。船长决定将货物卸载的,应当及时通知托运人或者收货人,并应考虑托运人或者收货人的利益。"

第三节 提 单

一、提单的概念

国际海上货物运输中最常见的运输单证就是提单。按照《海商法》的规定,提单是指用以证明海上货物运输合同和货物已经由承运人接收或者装船,以及承运人保证据以交付货物的单证。它与国内水路货物运输中所使用的运单有很大的区别。

二、提单的性质和作用

提单是承运人或其代理人收到货物后签发给托运人的一种证件,提单中载明的向记名人交付货物,或者按照指示人的指示交付货物,或者向提单持有人交付货物的条款,构成承运人据以交付货物的保证。它体现了承运人与托运人之间的相互关系。提单的性质和作用,主要表现在以下三个方面。

(一) 提单是货物收据

提单是承运人或其代理人出具的货物收据,证实其已按提单的记载收到托运人的货物。提单作为货物收据,不仅证明收到货物的名称、种类、数量、标志、外表状况,还证明收到货物的时间。由于国际贸易中习惯地将货物装船象征卖方将货物交付给买方,于是签发已装船提单的时间就意味着卖方的交货时间。实际操作中,托运人取得已装船提单,即可到银行结汇而获得货款。

（二）提单是物权凭证

提单是代表货物所有权的凭证，提单的持有人拥有支配货物的权利，因此提单可以用来向银行议付货款和向承运人提取货物，也可用来抵押或转让。

（三）提单是运输合同的证明

提单是承运人和托运人双方订立的运输合同的证明，由于运输合同是在装货前签订的，而提单一般是在装货后签发的，故提单本身不是运输合同，而只是海上货物运输合同已经订立的证明，如果承运、托运双方除提单外并无其他协议或合同，那么，提单就是订有提单上条款的合同的证明。如果托运人与承运人订有运输合同，那么，承运、托运双方的权利、义务就应以合同为依据；但收货人或提单持有人与承运人之间的权利、义务是按提单条款办理的，此时提单就是收货人与承运人之间的运输合同。《海商法》第七十八条规定："承运人同收货人、提单持有人之间的权利、义务关系，依据提单的规定确定。"

三、提单的分类

海运提单包括班轮提单和租船合同项下的提单。班轮提单除了在正面做了有关货物和运费事项的记载外，在提单背面还印有运输条款。为了统一提单背面的运输条款的内容，国际上曾先后签署了《海牙规则》、《维斯比规则》和《汉堡规则》三项国际公约。

提单可以从各种不同的角度分类，在国际贸易中使用的提单主要有下列几种。

（一）按签发提单时货物是否装船分类，可分为已装船提单和备运提单

已装船提单是指货物装船后，由承运人签发给托运人的提单，它必须载明船名和装船日期。由于这种提单对收货人按时收货有保障，故买方订买卖合同时，一般都规定卖方必须提供已装船提单。备运提单是指承运人收到托运货物，尚未装船而向托运人签发的提单。由于这种提单没有载明装货日期，也没有注明船名，即使注明也只是拟装船名，将来货物能否装运和何时装运，都难以预料，故买方一般不愿接受备运提单。

（二）按提单有无不良批注分类，可分为清洁提单和不清洁提单

清洁提单是指托运货物的外表状况良好，承运人未加有关货损或包装不良之类批语的提单。买方为了收到完好的货物，以维护自身的利益，故都要求卖方提供清洁提单。不清洁提单是指承运人加注了托运货物外表状况不良或存在缺陷等批语的提单。此种提单买方通常都不接受，银行也拒绝接收。

（三）按提单收货人抬头分类，可分为记名提单、不记名提单和指示提单

记名提单是指在提单收货人栏内具体指定收货人名称的提单；不记名提单是指在提单收货人栏内不填写收货人名称而留空的提单，故又称空名提单。由于记

名提单只能由指定的收货人提货,它不能转让流通;而不记名提单,仅凭单交货,风险较大,故这两种提单在国际贸易中都很少使用。指示提单是指在提单的收货人栏内填写"凭指定"或"凭某人指定"字样的提单,此种提单可通过背书转让,提单经背书后,可转让给其他第三者,因而又称为可转让的提单。由于指示提单可以背书转让,故其在国际贸易中被广为使用。在我国贸易中,通常采用凭指定空白背书提单的方式,习惯上称为"空白抬头、空白背书提单"。

(四)按运输方式分类,可分为直达提单、转船提单和联运提单

直达提单,又称直运提单,是指货物从装货港装船后,中途不经转船,直接运至目的港卸船交予收货人的提单。直达提单上不得有"转船"或"在某港转船"的批注。凡信用证规定不准转船者,必须使用这种直达提单。即使提单背面条款印有承运人有权转船的"自由转船"条款者,也不影响该提单成为直达提单的性质。转船提单是指货物从起运港装载的船舶不直接驶往目的港,需要在中途港口换装其他船舶转运至目的港卸货,承运人签发的这种提单称为转船提单。在提单上注明"转运"或在"某某港转船"字样,转船提单往往由第一程船的承运人签发。由于货物中途转船,增加了转船费用和风险,并影响到货时间,故一般信用证内均规定不允许转船,但直达船少或没有直达船的港口,买方也只好同意可以转船。联运提单是指货物运输需经两段或两段以上的运输方式来完成,如海陆、海空或海海等联合运输所使用的提单。船船(海海)联运在航运界也称为转运,包括海船将货物送到一个港口后再由驳船从港口经内河运往内河目的港。联运的范围超过了海上运输界限,货物由船舶运送经水域运到一个港口,再经其他运输工具将货物送至目的港,先海运后陆运或空运,或者先空运、陆运后海运。当船舶承运由陆路或飞机运来的货物继续运至目的港时,货方一般选择使用船方所签发的联运提单。

(五)其他种类的提单

(1)集装箱提单。凡用集装箱运输货物而由承运人签发给托运人的提单,称为集装箱提单。

(2)舱面提单。舱面提单是指货物装在船舶甲板上运输所签发的提单,故又称甲板提单,在这种提单中应注明"在舱面"字样。

(3)过期提单。关于过期提单有两种说法:一种是提单晚于货物到达目的港,在海洋运输中难免会出现这种情况,因此买卖合同中一般都规定"过期提单可以接受"的条款;另一种是向银行交单时间超过提单签发日期21天,这种滞期交到银行的提单,也称为过期提单,银行有权拒收。

(4)电子提单。电子提单是指通过电子数据交换系统传递的按一定的规则组合而成的有关海上货物运输合同的数据。电子提单是在日益发达的电子计算机和通信技术的基础上产生的,有利于解决提单在传统的邮寄方式下经常出现的晚于

货运船舶抵达目的港的问题,也能满足集装箱货物运输方式对航运单证及其流转途径提出的新要求,而且电子提单通过密码传输电子数据,能有效地防止在海运单证方面的欺诈。电子提单的出现将推动国际贸易从"有纸贸易"向"无纸贸易"的转变,必将对国际航运的发展产生深远的影响。

四、提单的内容

各国船运公司都在提单的制定上有自己的格式,有的船运公司还对所经营的不同航线制定不同的提单格式。尽管如此,有关提单上所记载的内容,都是根据长期以来在海运实践中形成的国际惯例和有关法律确定的。提单分为正反两面,正面规定船名、航次、承运人、托运人、收货人、起运地、目的地、货名、件数等有关货物运输的事项,背面规定承运人和托运人双方的权利义务等条款。我国和其他国家一样,对提单内容一般无强制性规定,提单所规定的内容与提单有效性并设有直接联系,但是,提单应当符合《海商法》第七十一条有关提单定义的规定。提单的主要内容如下。

(一)船名

此项记载的意义在于:首先,承运人或船东是否已约定船舶投入运输,否则托运人或承租人有权解除合同;其次,一旦发生纠纷,法院应当事人的申请采取财产保全措施时,有确定的客体。

(二)承运人及其名称和主营业所

承运人是运输合同的一方当事人。

(三)托运人

托运人是货物运输合同的另一方当事人,其记载的必要性不言而喻。不记名指示提单中,托运人更是不可缺少。

(四)收货人

在提单分类时已说明提单上的收货人名称分为记名、不记名和指示三种。

(五)装货港、卸货港、联运提单的转货港

它们是确定海上运输服务的必要项目,同时又对运输合同的法律适用权有很大的影响。

(六)货物品名、标志、包装或件数、质量或体积以及运输危险货物时对危险性质的说明

这一项目的内容由托运人提供,并应保证正确无误,否则要承担责任。

(七)运费支付方式

运费支付方式即规定运费是预付还是到付。

（八）提单签发日期、地点和份数

提单签发日期一般以装船日期为准。签发地点，应与装货地点一致。提单一般签发正本3份，副本若干份。收货人凭正本提单中任何一份提货，其余正本提单作废。副本提单是依承运人或托运人需要制作的，份数不限，仅具参考作用，不能作为提货凭证或者背书转让。

（九）承运人或其代表的签字

提单多由船长或承运人的代理人签字，无论是前者还是后者签发的提单，均对承运人具有约束力。

（十）多式联运提单增列接收货物地点和交付货物地点

五、提单的主要条款

提单背面条款，只要不违背适用于提单的强制性国际公约，并与承运人和托运人事先达成的协议不相抵触，便是承运人和托运人之间海上货物运输合同内容的证明。当提单转移至第三者收货人或者提单受让人时，这些条款是确定承运人与收货人或者提单受让人之间权利义务关系的依据。虽然各种提单背面条款多少不一，内容不尽相同，但最主要的是下列条款。

（一）首要条款

首要条款主要规定提单所适用的法律，即提单中指明受某一国际公约和某一国内法律制约的条款。根据《海商法》第二百六十九条的规定，国际海上货物运输合同的当事人可以选择合同适用的法律。这就是说，选择何种法律作为合同的准据法，可由当事人自行决定。

（二）管辖权条款

管辖权条款主要规定处理提单纠纷的法院。各国的船东或承运人总是希望由其本国法院行使管辖权，所以几乎所有的海运提单的背面条款都有这样的规定，一切由提单引起的纠纷由船东所在国家法院行使管辖权。但是许多收货人则坚持向提单管辖权条款所规定之外的法院提起诉讼，这就涉及提单管辖权条款的效力问题。有的国家尊重这一条款，如德国、荷兰；较多国家以本国法院管辖权或诉讼不方便为由，拒绝接受管辖权条款。我国目前对此条款倾向于采取对等原则。

（三）承运人责任条款

承运人责任条款主要规定了承运人的责任范围，承运人对货物灭失或损坏的责任及豁免。一般来说，如果国家制定有约束承运人运输责任的立法，或者是《海牙规则》或《维斯比规则》的缔约国，因为在首要条款中已明确法律适用问题，故无须再规定承运人责任条款。

六、提单的转让

《国内水路货物运输规则》未规定运单可以转让,但《海商法》却对提单的转让做了专门规定。除记名提单外,指示提单和不记名提单均可以转让,其中指示提单通过记名背书或者空白背书进行转让,不记名提单则无须背书即可转让。

第四节 海上货物运输责任的划分

一、承运人的义务

（一）船舶适航义务

船舶的适航能力,是《海商法》中要求船舶应具备的基本功能。《海商法》第四十七条规定:"承运人在船舶开航前和开航当时,应当谨慎处理,使船舶处于适航状态,妥善配备船员,装备船舶和配备供应品,并使货舱、冷藏舱、冷气舱和其他载货处所适于并能安全收受、载运和保管货物。"

（二）管货义务

《海商法》第四十八条规定:"承运人应当妥善地、谨慎地装载、搬移、积载、运输、保管、照料和卸载所运货物。"在班轮运输的情况下,大多数货主并不随船同行而全权委托承运人或船长代为管理和照料货物,那么承运人或船长就应当注意妥善而谨慎地管理货物。这里所谓"妥善而谨慎地",并无精确定义,实际上也与合理注意同义。其中,"妥善地"是指技术上的合理注意,"谨慎地"是一般性的合理注意。

（三）不得进行不合理绕航

船舶不得驶离承运人和托运人事先约定的或者习惯的或者地理上的航线。为此《海商法》第四十九条规定:"承运人应当按照约定的或者习惯的或者地理上的航线将货物运往卸货港。"该条第二款还规定:"船舶在海上为救助或者企图救助人命或财产而发生的绕航或者其他合理绕航,不属于违反前款规定的行为。"承运人对合理绕航所引起的损失是免除责任的。

（四）迟延交货的责任

倘若货物未能在明确约定的时间内、在约定的卸货港交付的,则为迟延交付。除依照本章规定承运人不负赔偿责任的情形外(具体见后面的免责事项),由于承运人的过失,而致使货物因迟延交付而灭失或者损坏的,承运人应当负赔偿责任。此外,除依照本章规定承运人不负赔偿责任的情形外,由于承运人的过失,而致使货物因迟延交付而遭受相应经济损失的,即使货物没有灭失或者损坏,承运人仍然应当负赔偿责任。

二、托运人的主要义务

(一) 支付约定的运费

海上货物运输合同是承运人收取运费并负责将托运人交运的货物运至目的港的合同。在我国,《海商法》第六十九条规定:"托运人应当按照约定向承运人支付运费。托运人与承运人可以约定运费由收货人支付;但是,此项约定应在运输单证中载明。"若提单不载明运费到付或运费由收货人支付,托运人应支付运费。若托运人或收货人到期不支付运费,大多数国家海商法均规定承运人有权留置该货物。

(二) 提供约定的、合格、合法的货物

根据各国的法律规定,托运人应向承运人提供约定的货物,特别在狭义租船合同的情况下,若托运人未提供约定的货物,出租人可以解除合同,并可要求赔偿。《海商法》第六十六条规定:"托运人托运货物,应当妥善包装,并向承运人保证,货物装船时所提供的货物的品名、标志、包数或者件数、质量或者体积的正确性,由于包装不良或者上述资料不正确,对承运人造成损失的,托运人应当负赔偿责任。"但是,承运人享有的这一受偿权利,不影响其根据货物的运输合同对托运人以外的人所承担的责任。

(三) 托运人对危险货物的责任

托运人托运危险货物,可能危及船货和人身安全,为了保障货运安全,大多数国家的海商法对危险货物的运输均做了特殊的规定。《海商法》第六十八条规定:"托运人托运危险货物,应当依照有关海上危险货物运输的规定,妥善包装,打上危险品标志和标签,并将其正式名称和性质以及应当采取的预防危害措施书面通知承运人;托运人未通知或者通知有误的,承运人可以在任何时间、任何地点根据情况需要将货物卸下、销毁或使之不能为害,而不负赔偿责任。托运人对承运人因运输此类货物所受到的损失,应当负赔偿责任。"

(四) 托运人应当及时办理货物运输所需的各种手续,包括港口、海关、检疫、检验方面

如因办理上述手续不及时、不完备和不正确而使承运人的利益受到损害的,托运人应负赔偿责任。

三、承运人的责任期间

承运人的责任期间是指承运人对货物应负责的期间。关于承运人承担上述责任的期间,《海商法》对集装箱货物和非集装箱货物做出了不同的规定,具体做法

是：① 承运人对集装箱装运货物的责任期间，是指从装货港接收货物时起至卸货港交付货物时止，货物处于承运人掌管之下的全部期间；② 承运人对非集装箱装运的货物的责任期间，是指从货物装上船时起至卸下船时止，货物处于承运人掌管之下的全部期间。但是，承运人可以同托运人就此种货物在装船前和卸货后，其所承担的责任达成任何协议，即对此种货物在承运人从装货港接受至装船期间，以及从卸货港至交付期间，承运人对货物的灭失或者损害是否负责，应根据承运人与托运人达成的协议确定。

四、承运人的免责事项

与国内水路货物运输相比，国际海上货物运输中承运人的免责事项要宽泛得多，具体如下。

（1）船长、船员、引航员或者承运人的其他受雇人在驾驶船舶或者管理船舶中的过失；

（2）火灾，但是由于承运人本人的过失所造成的除外；

（3）天灾，海上或者其他可航水域的危险或者意外事故；

（4）战争或者武装冲突；

（5）政府或者主管部门的行为、检疫限制或者司法扣押；

（6）罢工、停工或者劳动受到限制；

（7）在海上救助或者企图救助人命或者财产；

（8）托运人、货物所有人或者他们的代理人的行为；

（9）货物的自然特性或者固有缺陷；

（10）货物包装不良或者标志欠缺、不清；

（11）经谨慎处理仍未发现的船舶潜在缺陷；

（12）非由于承运人或者承运人的受雇人、代理人的过失造成的其他原因。

由前两项来看，与国内水路货物运输实施的完全过错责任原则不同，对国际海上货物运输承运人实行不完全的过错责任原则，或称为过错责任原则加列明的过失免责。即承运人对货物在其责任期间发生的灭失或损害是否负责，应以其本人、代理人或受雇人员有无过错而定，有过错就应负责，没有过错可不负责。但如果货物的灭失或损害是由于船长、船员或其他受雇人员在驾驶船舶或管理船舶方面的过失所造成的，承运人可以免责，称为航海过失免责。并且，如果货物灭失或损坏是由于以上人员的过失所造成的火灾所导致的，承运人亦可以免责，称为火灾免责。此外，因运输活动物的固有的特殊风险造成活动物灭失或者损害的，承运人不负赔偿责任。但是，承运人应当证明已履行托运人关于运输活动物的特别要求，并证明根据实际情况，灭失或者损害是由于此种固有的特殊风险造成的。

五、承运人的责任限制

国内水路货物运输中承运人不享有责任限制,而国际海上货物运输的承运人则享有这项权利。具体规定如下。

(1) 承运人对货物的灭失或者损坏的赔偿限额,按照货物件数或者其他货运单位数计算,每件或者每个其他货运单位为 666.67 计算单位,或者按照货物毛重计算,每千克为 2 计算单位,以两者中赔偿限额较高的为准。但是,托运人在货物装运前已经申报其性质和价值,并在提单中载明的,或者承运人与托运人已经另行约定高于本条规定的赔偿限额的除外。

(2) 承运人对货物因迟延交付造成经济损失的赔偿限额,为所迟延交付的货物的运费数额。货物的灭失或者损坏和迟延交付同时发生的,承运人赔偿责任限额适用货物灭失或损坏的限额。

就海上货物运输合同所涉及的货物灭失、损坏或者迟延交付对承运人提起的任何诉讼,不论海事请求人是否是合同的一方,也不论是根据合同还是根据侵权行为提起的,均适用关于承运人的抗辩理由和限制赔偿责任的规定。如果该诉讼是对承运人的受雇人或者代理人提起的,经承运人的受雇人或者代理人证明,其行为是在受雇或者受委托的范围之内的,也适用上述规定。

六、承运人责任限制丧失的条件

经证明,货物的灭失、损坏或者迟延交付是由于承运人的故意或者明知可能造成损失而轻率地作为或者不作为造成的,承运人丧失限制赔偿责任的权利。经证明,货物的灭失、损坏或者迟延交付是由于承运人的受雇人、代理人的故意或者明知可能造成损失而轻率地作为或者不作为造成的,承运人的受雇人或者代理人丧失限制赔偿责任的权利。

第五节 海上货物运输费用

海上货物运输费用,依海运船舶的不同营运方式,主要分为班轮运费、程租船运输费用和期租船租金三种。

一、班轮运输费用

班轮运输费用是班轮公司为运输货物而向货主收取的费用。它包括货物从装运港至目的港的海上运费以及货物的装卸费,简称班轮运费。班轮运费是按照班轮运价表的规定计算的。不同的班轮公司或班轮公会有不同的班轮运价表。

采用班轮运输时,运费的构成、收取是一个比较复杂的问题。运费是托运人由于交由承运人运输货物,而向承运人支付的报酬,即货物从装运港码头装至船内,然后运抵目的港,卸到码头上的全部费用。其中包括:装卸费、平舱费、理舱费、垫舱物料费、绞车费(起重费)、开关舱费和卸货费以及各种附加费用等。在国际航运中,班轮的运费是按照班轮运价表的规定收取的。班轮运价表主要有三种类型:班轮公司自制运价表、船方和货主双方制订的双边运价表以及航运公会运价表。

运费由买卖合同中负责运输的一方承担,当按照 CIF 或 CFR 术语成交时,应由卖方在托运时付清运费;船运公司在提单上注明"运费预付";如按 FOB 术语成交,一般由买方在目的港交付运费,船运公司则在提单上注明"运费到付"字样。

班轮运价表一般包括:说明及有关规定、货物分级表、航线费率表、附加费率表、冷藏货及活牲畜费率表等。对于基本费率的规定,有的运价表是按每项货物列出其基本费率,这种运价表称为"单项费率运价表";有的是将承运的货物分为若干等级(一般分为 20 个等级),每一个等级的货物有一个基本费率,称为"等级费率表"。属于第一级的商品运费率最低,第二十级的商品运费率最高。在实际业务中,大都采用等级费率表。

班轮运费由基本运费和附加费用构成。基本运费的计算标准共有 8 种,附加费则种类繁多。

二、程租船运输费用

程租船运输费用主要包括程租船运费和装卸费。此外,还有速遣费、滞期费等。

(一) 程租船运费

程租船运费是指货物从装运港至目的港的海上运费。程租船运费的计算方式与支付时间,需由租船人与船东在所签订的程租船合同中明确规定。其计算方式主要有两种:一种是按签订的运费率,即规定每单位质量或单位体积的运费额,同时还要规定是按装船时的货物质量还是按卸船时的货物质量来计算运费的方法;另一种是整船包价,即规定一笔整船运费,船东保证船舶能提供的载货质量和容积,不管租方实际装货多少,一律照整船包,计算运费。程租船运费率的高低取决于诸多因素:租船市场运费水平、承运的货物价值、装卸货物所需的设备和劳动力、运费的支付时间、装卸费的负担方法、港口费用高低及船舶经纪人的佣金高低等。

程租船运费有预付和到付之分。预付有全部预付的,也有部分预付的,到付有船到目的港开始卸货前付的、边卸边付的,也有货物卸完后支付的。

在定期租船情况下,租船人为使用船舶而付给船舶所有人的对价称为租金(rent)。租金率取决于船舶的装载能力和租期的长短,通常规定为按月每载重吨若干金额或整船每天若干金额。租船人必须按时按规定的金额支付租金,一般说来,如租金未在到期之日付到船舶所有人指定的收款银行,则船舶所有人有权撤回船舶。

(二) 程租船的装卸费

程租船运输情况下,装卸货时间的长短影响到船舶的使用周期和在港费用,直接关系到船方利益。因而,在程租船合同中,除需规定装卸货时间外,还需规定一种奖励处罚措施,以督促租船人实现快装快卸。程租船运输情况下,有关货物的装卸费用由租船人和船东协商确定后在程租船合同中做出具体规定。具体做法主要有以下4种。

(1) 船方负担装货费和卸货费,又可称为"班轮条件"。即装卸费用采用班轮运输的做法,将货物的装卸费用包括在程租船运费内。货方即租船人负担运费,装卸费由船方负责支付。在此条件下,船货双方一般以船边划分费用。多用于木材和包装货物的运输。

(2) 船方管装不管卸。即船方负担装货费,但不负担卸货费。

(3) 船方管卸不管装。即船方负担卸货费,而不负担装货费。

(4) 船方装和卸均不管。即船方既不负担装货费,也不负担卸货费,这种条件一般适用于散装货。采用这一方法时,必要时还需明确规定理舱费和平舱费由谁负担。

(三) 装卸时间、滞期费和速遣费

程租船运输情况下,装卸货时间的长短影响到船舶的使用周期和在港费用,直接关系到船方利益。因而,在程租船合同中,除需规定装卸货时间外,还需规定一种奖励处罚措施,以督促租船人实现快装快卸。

装卸时间或称装卸期限,是指租船人承诺在一定期限内完成装卸作业,它是程租船合同的一项重要内容。装卸期限可用若干日表示,也可用装卸率表示,即平均每天装卸若干吨。此外,还要规定哪些时间应算为工作日,哪些时间除外。装卸时间的计算,有以下几种。

(1) 按日或连续日或时 是指时间连续满24小时就算一日或连续日。

(2) 按工作日 是指按港口习惯属于正常工作的日子。

(3) 按晴天工作日 是指既是工作日,又是适宜装卸的天气才计算为装卸时间。何谓适宜装卸,应视货物的性质以及在不良天气下装卸是否对货物质量有影响而定。

(4) 连续24小时晴天工作日 这种条款和晴天工作日相同,但明确了在天气适宜装卸工作日内时钟连续走24小时算一个工作日。工作日通常要订明星期日、节假日除外。为明确起见,还要说明星期日、节假日进行作业,算不算装卸时间,即星期日、节假日除外,即使已使用了也不算或星期日、节假日除已使用者不算。

① 提单上预先印就"已装船"的字样,签单日期就是装船日期和装运日期。

② 提单上无文字印刷,但货物已装于指定船只,则加"已装船"批注和装船日期,并经承运人签署,该装船日期就是装运日期。

③ 提单上无文字印刷,并表明预期船只,则加"已装船"批注、装船日期和实际船名,并经船方签署。

在规定的装卸期限内,如果租船人未能完成装卸作业,为了弥补船方的损失,对超过的时间,租船人应向船方支付一定的罚款。这种罚款称为"滞期费"或"延滞费"。反之,如果租船人在规定的装卸期限内,提前完成装卸作业而节省了时间,则船方要向租船人支付一定的奖金。这种奖金称为"速遣费"。后者一般为前者的1/2。

为了使程租船合同有关条款符合实际并能保证兑现,必须根据货物的种类、船舶的舱口数、港口的装卸能力、港口习惯、航运市场的运费水平等因素,在充分了解掌握的基础上慎重确定。而且,还应在买卖合同中对装卸时间和滞期费、速遣费条款做相应规定,防止进出口合同条款与租船合同不一致而造成损失。

三、定期租船租金

在定期租船情况下,租船人为使用船舶而付给船舶所有人的对价,称为租金。租金率取决于船舶的装载能力和租期的长短,通常规定为按月每载重吨若干金额或整船每天若干金额。租船人必须按时按规定的金额支付租金,一般说来,如租金未在到期之日付到船舶所有人指定的收款银行,则船舶所有人有权撤回船舶。

第六节 海上货物运输国际公约

在国际海上货物运输领域中,最重要的公约主要有三个:1924年的《统一提单的若干法律规则的国际公约》(通称《海牙规则》),1968年的《修改统一提单的若干法律规则的国际公约的议定书》(通称《维斯比规则》),以及1978年的《联合国海上货物运输公约》(通称《汉堡规则》)。现今这三个公约都在生效,处于并存的状态。我国虽然没有参加上述三个公约中的任何一个,但我国在制定《海商法》的时候也参照并吸收了上述公约的合理内容。这三个公约对国际海上货物运输具有重要的意义和深远的影响。

一、海牙规则

第一次世界大战后,各国要求提单条款标准化的呼声越来越高。在这种背景下,国际法协会于1921年9月在荷兰海牙召开会议,起草了关于提单的海牙规则,供各方选择适用。后又几经修改,于 1924 年 8 月 25 日在比利时召开的有 26 个国家代表出席的外交会议上制定了《统一提单若干法律规定的国际公约》,简称《海牙规则》。《海牙规则》于 1931 年 5 月生效,现有缔约国 72 个。

《海牙规则》共有 16 条,其中第一条至第十条是实质性条款,主要内容包括承运人最低限度的义务、责任期限、责任限制、诉讼时效等。第十一条至第十六条是程序性条款,主要是关于公约的批准、加入和修改的内容。

(一) 承运人最低限度的义务

所谓承运人最低限度的义务,就是承运人必须履行的基本义务。《海牙规则》第三条第一款规定:"承运人须在开航前或开航时恪尽职责:使船舶适于航行;适当地配备船员,装备船舶和供应船舶;使货舱、冷藏舱和该船其他载货处所能适宜和安全地收受、运送和保管货物。"第三条第二款还规定:"承运人应适当和谨慎地装卸、搬运、配载、运送、保管、照料与卸载所运货物。"否则,承运人将承担赔偿责任。《海商法》第四十七条对此做了类似的规定。

(二) 承运人运输货物的责任期间

《海牙规则》第一条(e)项"货物运输期间是指自货物装上船时起,至货物卸下船时止的一段期间"。从该项可以看出,货物运输期间为从货物装上船时起至货物卸下船时止的期间。所谓"装上船时起至卸下船时止"又分两种情况:一种情况是在使用吊杆装卸货物时,货物挂上船舶吊杆的吊钩时起至脱离吊钩时为止,即"钩至钩"期间;另一种情况是使用吊杆或起重机装卸,则以货物越过船舷为界,即"舷至舷"期间。

(三) 承运人的责任限制

在任何情况下对货物或与货物有关的灭失或损坏,《海牙规则》对承运人的赔偿规定了最高限额,称为责任限制。该规则第四条第五款规定:"承运人或是船舶,每件或每计费单位超过一百英镑或与其等值的其他货币的部分,都不负责;但托运人丁装货前已就该项货物的性质和价值提出声明,并已在提单中注明的,不在此限。"

(四) 承运人的免责条款

《海牙规则》实行的是不完全过失责任制。该规则第四条第二款规定了十七项免责条款。海上货物运输中争论的焦点问题是《海牙规则》的过失免责条款,即《海牙规则》第四条第二款第(a)项规定:"船长、船员、引水员或承运人的雇用人员,在航行或管理船舶中的行为、疏忽或不履行义务所引起的货物灭失或损坏,承运人可以免除赔偿责任。"这种过失免责条款是其他运输责任制度中所没有的。很明显,该规则偏袒的是船方的利益,对于货方则较为不利。

承运人的无过失免责主要包括以下内容。① 不可抗力或承运人无法控制的事项,有海上危险、天灾、战争、公敌行为、暴动和骚乱、政府扣押船舶、检疫限制、罢工或停工等。② 托运人或货方的行为或过失,有托运人或货主的行为、货物包装不良、货物标志不清或不当,以及货物的性质、固有缺陷等。③ 特殊免责条款有3项:一是火灾,只有是承运人本人的实际过失或知情参与时才不能免责;二是救助或企图救助海上人命或财产(这是对船舶的特殊要求);三是谨慎处理仍不能发现的潜在缺陷。

(五) 索赔与诉讼时效

《海牙规则》规定的诉讼时效为1年,从货物交付之日起算。

二、维斯比规则

《海牙规则》自生效以来虽然得到海运国家比较广泛的接受,但也暴露了存在的问题。因此,20世纪60年代初,国际海事委员会提出修改《海牙规则》,并于1968年在布鲁塞尔签署了《修改统一提单的若干法律规定的国际公约的议定书》,简称《维斯比规则》,于1977年6月生效。

《维斯比规则》共有17条,对《海牙规则》的第三、四、九、十条进行了修改,其修改内容如下。

(一) 提高了承运人对货物损害赔偿的限额

《维斯比规则》第二条第一款对《海牙规则》第四条第五款做了重要修改。

(1) 将每件或每单位的赔偿限额提高到10000(金)法郎或按灭失中受损货物的毛重计算,每千克为30(金)法郎,以两者中较高者为准。

(2) 以集装箱、货盘或类似的运输工具集装,则提单中所载明的装在这种运输工具中的包数或件数,便应作为本款中所述包数或单位数;如果不在提单上注明件数,则以每集装箱或货盘为一件计算。

(3) 规定了丧失赔偿责任限制权利的条件,如经证明,损害是由于承运人故意造成,或是知道很可能会造成这一损害而毫不在意的行为或不作为所引起的,则承运人就无权享受责任限制。

(二) 扩大了责任主体

《维斯比规则》扩大了责任限制对人的适用。该规则第三条第二款规定,如果这种诉讼是对承运人的受雇人或代理人提起的,该受雇人或代理人便有权适用承运人按照本公约可援用的各项抗辩和责任限制。

(三) 扩大了规则的适用范围

《维斯比规则》对《海牙规则》适用范围过窄做了修改。该规则第五条第三款规定,提单中所载或为提单所证明的合同受本规则或其生效的任何一个国家的立法所约束,不论是船舶、承运人、托运人、收货人或任何其他有关人员的国籍如何,每一缔约国都应将本公约的各项规定适用于上述提单。其含义是只要提单或为提单所证明的运输合同上有规定适用《维斯比规则》的，该提单或运输合同就要受《维斯比规则》的约束。

(四) 明确了提单的最终效力

《维斯比规则》第三条第四款第一、二、三项所载内容对提单中所载货物的表面证据进行了修改。《维斯比规则》用严谨的词语对《海牙规则》中有关提单证据效力含糊不清的表述做了如下修正："但是当提单已转让给善意的第三者时，相反的证据不予采用。"《维斯比规则》确立了一项在法律上禁止翻供的原则，即当提单已背书转让给第三者后，该提单就是货物已按上面记载的状况装船的最终证据。承运人不得借口在签发清洁提单以前货物就已存在缺陷或包装不当来对抗提单持有人，也不能利用可以向托运人取得补偿的权利，而解除承运人应负的责任。

(五) 诉讼时效延长

《维斯比规则》对《海牙规则》第三条第六款第四项做了修改，诉讼时效仍为1年，增加了"但在诉讼事由发生之后，得经当事方同意，将这一期限加以延长"。明确了诉讼时效可经双方当事人协议延长的规定。

三、汉堡规则

《汉堡规则》即《1978年联合国海上货物运输公约》，该公约由联合国贸发会下设的国际航运立法小组草拟，于1978年3月6日至31日在汉堡召开的外交会议上审议通过，简称《汉堡规则》(Hamburg Rules)。该规则于1992年11月生效。

《汉堡规则》最大的特征是加强了对货方正当利益的保护，扩大了承运人的责任。《汉堡规则》的主要内容如下。

(一) 承运人的责任原则

《汉堡规则》摒弃了《维斯比规则》的不完全过失责任制，确定了推定过失与举证责任相结合的完全过失责任制，从而使《海牙规则》中规定的船长和船员在驾驶和管理船舶方面的过失和疏忽的免责条款归于无效。《汉堡规则》规定，凡是在承运人掌管货物期间发生货损，除非承运人能证明承运人已为避免事故的发生及其后果采取了一切可能的措施，否则便推定为损失系由承运人的过失所造成，承运人应承担赔偿责任。

(二) 承运人的责任期间

《汉堡规则》将《海牙规则》"钩至钩"或"舷至舷"的责任期间扩展到"港至港"或者说从收货到交货。《汉堡规则》第四条第一款规定："承运人对货物的责任期间包括在装货港、在运输途中以及在卸货港，货物处于承运人掌管的全部期间。"

(三) 承运人的责任限制

《汉堡规则》第六条第一款规定,承运人对货物灭失或损坏的赔偿限额为每件或每一其他装运单位 835 特别提款权或毛重每千克 2.5 特别提款权,两者之中以其较高者为准。对非国际货币基金组织的成员,且国内法不允许适用特别提款权的国家,承运人的责任限额为货物每件或每一其他装运单位 12500(金)法郎,或按货物毛重计算每千克 37.5(金)法郎,两者之中以较高者为准。这一数额比《维斯比规则》规定的数额提高了 25%。

(四) 承运人和实际承运人的赔偿责任

当承运人将货物委托给实际承运人时,承运人就实际承运人及其受雇人或代理人的疏忽或过失造成的货物损害,如果承运人和实际承运人均需负责的话,则在其应负责任的范围内,承担连带责任,并且不因此妨碍承运人和实际承运人之间的追偿权利。

(五) 活动物与舱面货

《汉堡规则》并不把活动物与舱面货排除在货物之外,而且明确规定,承运人只有按照同托运人达成的协议或符合特定的贸易惯例或依据法规、规章的要求,才有权在舱面上装货,否则,承运人应对货物装在舱面上而造成的损失负赔偿责任。

(六) 保函的法律效力

《汉堡规则》第十七条规定,托运人为了换取清洁提单,可以向承租人出具承担赔偿责任的保函,该保函在承运人与托运人之间有效,对包括受让提单的收货人在内的第三方一概无效。

(七) 诉讼时效

《汉堡规则》将《海牙规则》的诉讼时效扩展为 2 年。同时还规定,被要求赔偿的人,可以在时效期限内的任何时间向索赔人提出书面声明,延长时效期限,并可再次声明延长。这一规定同《维斯比规则》的协议延长时效虽无实质性差别,但却体现了其更为灵活的性质。

(八) 管辖权

《海牙规则》、《维斯比规则》均无管辖权的规定,只是有在提单上载明由航运公司所在地法院管辖的规定,这一规定显然对托运人、收货人不利。为此,《汉堡规则》第二十一条规定,原告可以选择管辖法院,但其选择的法院必须在公约规定的范围以内。

案 例 分 析

一、提单的证据效力
（一）案情

中国 A 公司委托中国某航运公司 B 将 1 万袋咖啡从中国上海港运往巴西某港口。船长签发了清洁提单，载明每袋咖啡重 60 千克，其表面状况良好。货到目的港卸货后，收货人巴西 C 公司发现其中 600 袋有质量不足或松袋现象，经过磅约短少 25%。于是，C 公司提起诉讼，认为承运人 B 公司所交货物数量与提单的记载不符，要求 B 公司赔偿货物短少的损失。B 公司出具有力证据证明货物数量的短少在货物装运时业已存在，并抗辩称，因其在装船时未对所装货物一一进行核对，所以签发了清洁提单。货物数量的短少不是因承运人 B 公司的过失所造成，所以 B 公司不应对此承担赔偿责任。经查，货物数量的短少的确不是因承运人的原因所造成，而属托运人 A 公司的责任。

法院经审理后，判决 B 公司应对货物数量的短少向收货人 C 公司承担赔偿责任。

（二）评析

本案，B 公司签发的清洁提单是其已经按提单所载状况收到货物且货物表面状况良好的初步证据，B 公司虽能提供证据证明货物数量的短少在装船时已存在，而不是因其过失所造成，但该证据和理由不能对抗善意受让提单的包括收货人在内的第三人。因此，B 公司应对收货人 C 公司承担赔偿责任。

二、船舶不适航导致货物损坏案
（一）案情

2002 年 7 月，原告秦皇岛金海粮油工业有限公司与第一被告秦皇岛市裕东行船务有限公司签订运输协议，委托第一被告由巴西运输一套精炼棕榈油设备至秦皇岛港，包干运费 29500 美元。货物运至上海港后，第一被告安排第二被告临海市涌泉航运公司所属"涌泉 2 号"轮进行转船运输。同年 9 月 6 日"涌泉 2 号"轮在驶往秦皇岛途中因货舱进水，船体倾斜，被救助于山东石岛港。经秦皇岛出入境检验检疫局检验，货物残损金额 22270 美元。经青岛双诚船舶技术咨询有限公司对船舶进行检验，"涌泉 2 号"轮船体开裂进水是由于船舶结构缺陷或船舶材质问题所致。

天津海事法院经审理后，依据《海商法》和《合同法》的有关规定，判决两被告连带赔偿原告货物损失、残损检验费，货物在石岛港产生的堆存费、装卸费，外国专家来秦皇岛检查设备的费用，原告重新定购设备的运输费用及其保险费，共计人民币 261795.43 元。

（二）评析

本案中，承运人在开航前和开航时，应当谨慎处理，使船舶处于适航状态，使货舱适于并能安全收受、载运和保管货物。"涌泉2号"轮虽然于2001年12月12日进行了年检，取得适航证书，但青岛双诚船舶技术咨询有限公司验船师在验船时拍摄的照片中显示，该轮货舱锈蚀特别严重，船底K列板上有一条长度约为400毫米的纵向裂口，痕迹较旧并用木塞塞住。另外被核定为抗风能力8级的该轮，在遭遇6级风浪时即造成船体损坏、货舱进水，均证明该轮在开航时，实际上已不适航。第二被告临海市涌泉航运公司作为上海港至秦皇岛港的区段承运人，没有提供适航的船舶，对由此给原告造成的损失应承担赔偿责任。第一被告作为全程承运人，应对全程运输负责，对于原告的损失应与第二被告承担连带赔偿责任。

三、海上承运人违规配载危险品

（一）案情

2003年5月21日，原告波蜜公司委托弘信公司与被告海华轮船公司以运单形式订立海上货物运输合同，约定由海华轮船公司将其6个集装箱的饮料由上海运至广东黄埔和蛇口，海华轮船公司安排"华顶山"轮实行运输。2003年5月25日，NO.2舱出现明火，明火被扑灭，停靠码头开始卸货时，NO.1舱传出沉闷的爆炸声，同时舱内冒出浅黄色的烟雾，之后又有4次爆炸声。本次事故中，原告的6个集装箱随船入水，经检验，原告的货物中有4箱全损、1箱不合格，剩余那箱如在50天内销售则尚有残值21600元。经厦门海事局调查，"华顶山"轮的火灾系因NO.2舱装载的保险粉受潮聚热自燃所致，同时在NO.1舱内的过硫酸钠应属于违规装载。

厦门海事法院经审理，判决海华轮船公司赔偿原告波蜜公司货物损失714560元。

海华轮船公司不服一审判决，向福建省高级人民法院提起上诉，福建省高级人民法院审理后驳回上诉，维持原判。

（二）评析

在本案中，海华轮船公司应对原告遭受的货物损失承担全部的赔偿责任，无权享受海事赔偿责任限制，理应向原告赔偿全部损失。

四、海上货物运输合同短量赔偿纠纷案

（一）案情

2003年3月，中国联合石油有限责任公司（本案原告）购买的原油在印度尼西亚Kodeco Madura港装上利比里亚阿巴奇公司（本案被告）所属的"航海家"轮。3月31日，"航海家"轮船长签发了已装船的清洁提单，提单载明的货物为马杜拉原油，415104桶，质量为51958.068吨，最后确定的卸货港为大连。2003年4月中旬，"航海家"轮抵达大连港卸货，发现货物短少大约0.8%。原告是上述提单的受

让人和提单持有人,也是提单项下货物的收货人,原告因此遭受了货款和利息以及其他损失共计 129759.935 美元。被告是本次货物运输的承运人,也是该船的船东,应对原告的损失承担赔偿责任。为此,请求法院依法判令被告赔偿原告的货物短少损失 103140.456 美元、货物检验费 16212.946 美元、扣船费和诉讼费 3147.005 美元、律师费 7259.528 美元及以上各项利息损失按 5% 一年自 2003 年 4 月 15 日起算至给付之日。

原告为支持其诉讼请求,向本院提供了如下证据:(1) 三份正本提单,以证明被告是货物运输的承运人以及提单的内容;(2) 商业发票,以证明本案货物的价格及其他相关情况;(3) 买卖合同,证明本案货物买卖的有关情况;(4)《明显差异通知》,以证明本案货物在装货港装载的数量;(5) 抗议函,以证明货物装船的数量与提单的数量相比有明显的短少;(6) 抗议函,船方在装货港对提单数量提出异议;(7)"航海家"轮的船舶登记证书,以证明该轮的船舶所有人为被告;(8) 空距检验证书,以证明"航海家"轮在卸货港卸货前测得的船舱空距情况;(9) 空舱证书,以证明"航海家"轮的货物全部卸空,没有剩余;(10) 质量检验证书,以证明"航海家"轮卸货的数量;(11) 测深记录,以证明"航海家"轮在卸货港的船舱空距和容积情况;(12) 入境货物检疫检验证明,以证明"航海家"轮所载原油的密度、水分情况;(13) 汇款申请,以证明原告申请银行按发票金额向卖方支付货款;(14) 银行已按发票金额从原告账号中向卖方汇出全部货款。

根据上述证据,本院认定如下事实:2003 年 2 月 17 日,原告与中国石油(香港)有限公司(以下简称香港石油公司),签订了一份《马杜拉原油买卖合同》,原告购买香港石油公司马杜拉原油,最少 40 万桶,最多 45 万桶,价格为到岸价(CIF),中国大连港交货。2003 年 3 月 31 日,被告所有的"航海家"轮在印度尼西亚 Kodeco Madura 港装载了原告购买的原油。装船后,"航海家"轮船长发现实际装船数量与提单记载数量有误差,因此,被告船长根据装货的实际情况,向装货港 Kodeco Madura 递交了关于该港因未考虑船舶经验系数、游离水含量以及温度等因素计算出的装货数量与实际装船数量有误差的"抗议函"和"声明",但该轮船长未在提单上批注,却签发了提单号为 MC-0303-414 的已装船清洁提单。该提单载明货物数量为 415104 桶,51958.068 吨(60 华氏度毛重),装货港为印度尼西亚 Kodeco Madura 港,卸货港为一个或多个中国安全港口。2003 年 4 月 14 日,"航海家"轮抵达卸货港中国大连港,2003 年 4 月 15 日卸货完毕,原告依据全套正本提单提取了货物。在卸货过程中,经中华人民共和国出入境检验检疫局检验,该轮所卸货物质量为 51061.599 吨,与提单记载短少了 2876.056 桶,359.507 吨。2003 年 5 月 6 日,原告以每桶 32.665 美元的价格向香港石油公司支付了提单项下货物的全部价款 13559372.16 美元。2003 年 5 月 14 日,原告以 MC-0303-414 号提单项下货物短少遭受损失为由,向法院申请海事请求保全,在中华人民共和国大连港扣押了被告所有的"航海家"轮。2003年4月18日,中国船东互保协会为被告向原告出具了《担保函》。同日,原告向法院申请解除对"航海家"轮的扣押,法院裁定予以准许,该轮获释,同时原告向法院提起诉讼。

法院经审理后,依照《中华人民共和国合同法》第一百二十六条第一款、《中华人民共和国海商法》第四十六条第一款、第五十五条第一款、第七十一条、第七十七条的规定,判决如下:

(1) 被告利比里亚阿巴奇公司于判决生效后二十日内向原告中国联合石油有限责任公司赔偿原油短少损失 93946.369 美元及利息(利息按中国人民银行公布的同期美元存款利率计算);

(2) 驳回原告中国联合石油有限责任公司的其他诉讼请求。

(二) 评析

本案中,依据 MC-0303-414 号提单,原、被告双方已形成海上货物运输合同关系,该合同合法有效,受法律保护。原告作为该提单的合法持有人,有权依据提单向被告提取货物;被告作为海上货物运输合同的承运人,有义务按照提单交付货物。被告在装货港接受货物时知道而且有合理根据怀疑提单记载的货物质量与实际接收的货物质量不符时,没有行使批注权,负有过错责任。被告签发的是已装船清洁提单,该提单具有一定的证据效力。被告依据提单交付原告的货物短少且货物短少发生在被告责任期间,被告应当承担赔偿责任。原告依据提单向被告索赔,符合法律规定。但原告要求被告赔偿货物短少的数量应按照统一温度的毛重计算,原告以装货港的毛重与卸货港的净重之差作为货物短量的根据,与事实不符。依照原告提供的证据,本案马杜拉原油价格为每桶32.665美元,被告应赔偿货物短少 2876.056 桶的价格 93946.369 美元。原告要求被告赔偿货物检验费的诉讼请求,因该项费用是必须产生的,与被告货物短少没有关联,故原告的该项诉讼请求,应不予支持。关于原告诉请的律师费,于法无据,也应不予支持。

思考题

1. 海上货物运输合同的特征是什么?
2. 试述提单的分类。
3. 海上货物运输中承运人的免责条款有哪些?
4. 程租船运输费用怎样计算?
5. 《汉堡规则》在哪些方面做了改进?

第十四章 航空货物运输法律法规

第一节 航空货物运输法概述

航空货物运输是现代物流中的重要组成部分,其提供的是安全、快捷、方便和优质的服务。拥有高效率和能提供综合性物流服务的机场,在降低商品生产和经营成本、提高产品质量、保护生态环境、加速商品周转等方面将发挥重要作用。培养一支经验丰富、专业敬业的员工队伍,可以为各类特殊货物提供专业、可靠的运输方案。

航空运输是一种现代化的运输方式,随着航空工业技术的发展和国际贸易市场对货物供应的要求,航空货物运输在货运中所占的比例越来越大。但由于国家对航空业的控制和管理十分严格,物流企业很难使用自己的航空器进行运输,而更多的是与航空公司签订包机合同或航空货物运输合同来完成货物运输。在我国,航空货物运输要受《民用航空法》和《合同法》的调整。中国民用航空局还颁布了《中国民用航空货物国内运输规则》,同样适用于航空货物运输。

一、航空货物运输的营运方式

航空货物运输的营运方式通常有以下两种。

(一) 班机运输

班机运输是指根据班期时刻表,按照规定的航线、定机型、定日期、定时刻的客、货、邮航空运输。班机运输一般有固定的航线,固定的始发站、途经站和目的站,是民航运输生产活动的基本形式。一般航空公司都使用客货混合型飞机。一方面搭载旅客,一方面又运送少量货物。但一些较大的航空公司在一些航线上开辟定期的货运航班,使用全货机运输。班机运输有以下特点。

(1) 迅速准确。由于班机具有固定航线、固定始发站和目的站、固定航期以及固定停靠站等特点,因此,使用班机方式运送货物,就能够准确、迅速地到达国内或国际班机通航的各城市。

(2) 方便货主。收、发货人可以确切掌握货物起运和到达时间,特别对那些市场急需商品、鲜活易腐商品以及贵重货物的运送,使用班机方式对货主非常有利和方便。

（3）舱位有限。班机运输一般为客货混载,因而舱位有限,不能满足大批量货物的出运,往往需要分散分批运输。例如:三叉戟飞机的货舱只有1～2吨的舱位,波音707只有3～6吨的舱位,波音747只有8～10吨的舱位。但是在旅游旺季,航空公司往往先满足旅客的要求,这样货运舱位紧张,不够使用。因此,遇有大批量货物时,必须考虑其他运输方式。

（二）包机运输

包机运输是指包机人为一定的目的包用航空公司的飞机运载货物的形式。包机运输可分为整架包机和部分包机两种形式。

1. 包机的形式

1）整架包机

整架包机又称为整包机,即包租整架飞机,指航空公司或包机代理公司,按照与租机人事先约定的条件及费用,将整架飞机租给包机人,从一个或几个航空港装运货物至指定目的地的运输方式。这种方式适用于运输大批量货物。但整包机的租期,要在货物装运前一个月与航空公司联系,以便航空公司安排运载和向起降机场及有关政府部门申请、办理过境或入境的有关手续。

包机的费用是一次一议,随国际市场供求情况变化而调整。中国民航包机运费,是按照每一飞行公里固定费率核收的,并对空驶里程按每一飞行公里运价的80%收取空驶费。因此,大批量货物使用包机时,要争取来回程都要有货载,这样费用比较低,如果使用单程载货,则运费较高。

2）部分包机

部分包机是指由几家航空货运代理公司（或发货人）联合包租一架飞机,或者由航空公司把一架飞机的舱位分别租给几家航空货运代理公司装载货物。部分包机形式适用于托运不足一整架飞机舱容,但运量在1吨以上的货物运输。

部分包机与班机相比,有一些不同之处:首先,时间比班机要长,尽管部分包机有固定时间表,往往因其他原因而不能按时起飞,但运费比班机的低。其次,各国政府为了保护本国航空公司的利益,常对从事包机运输业务的外国航空公司实行各种限制。例如,降落地点受到限制,如降落指定地点外的其他地点时,必须向当地政府的有关单位申请,经过同意后才能降落。因此包机的活动范围比较狭窄。目前,这种部分包机方式在西欧和中国香港之间开办得较多。

2. 包机的优点

（1）解决班机舱位不足的矛盾。

（2）货物全部由包机运出,节省时间和多次发货的手续。

（3）弥补没有直达航班的不足,且不用中转。

（4）减少货损、货差或丢失的现象。

(5) 在空运旺季缓解航班紧张状况。
(6) 解决海鲜、活动物的运输问题。

二、航空货物运输的特点

航空货运虽然起步较晚,但发展异常迅速,特别受到现代化企业管理者的青睐,原因之一就在于它具有许多其他运输方式所不能比拟的优越性。概括起来,航空货物运输的主要特征如下。

(一) 运送速度快

到目前为止,飞机仍然是最快捷的交通工具,常见的喷气式飞机的经济巡航速度大都在每小时 850～900 千米。快捷的交通工具大大缩短了货物的在途时间,对于那些易腐烂、变质的鲜活商品,时效性、季节性强的报刊、节令性商品,抢险、救急品的运输,这一特点显得尤为突出。可以这样说,快速加上全球密集的航空运输网络,才有可能使我们从前可望而不可即的鲜活商品开辟远距离市场,使消费者享有更多的利益。运送速度快,在途时间短,也使货物在途风险降低,因此许多贵重物品、精密仪器也往往采用航空运输的形式。

(二) 不受地理条件的限制

对于地面条件恶劣、交通不便的内陆地区非常合适,有利于当地资源的出口,促进当地经济的发展。航空运输使本地与世界相连,对外的辐射面广,而且航空运输与公路运输与铁路运输相比,占用土地少,对寸土寸金、地域狭小的地区发展对外交通无疑是十分适合的。

(三) 安全性较高

1997 年,世界各航空公司共执行航班 1800 万架次,仅发生严重事故 11 起,风险率约为三百万分之一。航空公司的运输管理制度也比较完善,货物的破损率较低,如果采用空运集装箱的方式运送货物,则更为安全。

(四) 节约包装、保险、利息等费用

由于采用航空运输方式,货物在途时间短,周转速度快,企业存货可以相应减少。这一方面有利于资金的回收,减少利息支出,另一方面企业仓储费用也可以降低。又由于航空货物运输安全、准确,货损、货差少,保险费用较低。与其他运输方式相比,航空运输的包装简单,包装成本减少。这些都构成企业隐性成本的下降,收益的增加。

当然,航空运输也有自己的局限性,主要表现在航空货运的运输费用较其他运输方式的更高,不适合低价值货物;航空运载工具——飞机的舱容有限,对大件货物或大批量货物的运输有一定的限制;飞机飞行安全容易受恶劣气候的影响等。但总的来讲,随着新兴技术得到更为广泛的应用,产品更趋向薄、轻、短、小、高价值,管理者更重视运输的及时性、可靠性,相信航空货运将会有更大的发展前景。

第二节 航空货物运输合同

航空货物运输合同,是指航空承运人与托运人签订的、由航空承运人通过空运的方式将货物运至托运人指定的航空港,交付给托运人指定的收货人,由托运人支付运费的合同。

一、航空货物运输合同的订立

实践中,航空货物运输合同订立的过程,即要约和承诺的过程,主要表现为托运人托运和承运人承运的过程。

(一) 托运

托运人托运货物应先填写货物托运书,托运书是指托运人办理货物托运时填写的书面文件,是据以填开航空货运单的凭据。托运人应当对托运书内容的真实性、准确性负责,并在托运书上签字或者盖章。托运人在托运货物时,承运人有权要求托运人填写航空货运单,同样的,托运人也有权要求承运人接受该航空货运单。

航空货运单是指托运人或者托运人委托承运人填制的,是托运人和承运人之间为在承运人的航线上承运货物所订立合同的证据。托运人应当正确填写航空货运单,并对航空货运单上关于货物的说明和声明的正确性负责。托运人未能出示航空货运单、航空货运单不符合规定或者航空货运单遗失,不影响运输合同的存在或者效力。因航空货运单填写的错误、不完全或不符合规定,而给承运人或承运人对之负责的其他人造成损失的,托运人要负赔偿责任。如果航空货运单是由承运人根据托运人的请求填写的,在没有相反证据的情况下,视为代托运人填写。航空货运单正本一式三份,连同货物一起交给承运人。

(二) 承运

航空承运人对托运人提供的航空货运单和货物,要进行认真的核查,认定货物与货运单的内容是否一致,并有权在必要时会同托运人开箱进行安全检查。如有不符合规定的,承运人可以要求托运人加以改善。如果托运人不改善或者改善后仍不符合规定,承运人有权拒绝承运。在检查中发现违禁物品或者危险品的,应当按照有关规定处理。经检查,货物与航空货运单一致的,承运人应予以确认,并签发航空货运单。航空承运人同意对货物进行承运后,航空货物运输合同即告成立。

二、合同的变更和解除

(一) 合同的变更

物流企业作为托运人,有变更运输的权利。在履行航空货物运输合同规定的义务的条件下,托运人有权在出发地机场或者目的地机场将货物提回,或者在途中经停时中止运输,或者在目的地或途中要求将货物交给非航空货运单上指定的收货人,或者要求将货物运回出发地机场;但是,托运人不得因行使此种权利而使承运人或者其他托运人遭受损失,并应当偿付由此产生的费用。

收货人的权利开始时,托运人的这项权利即告终止;但是,收货人拒绝接受航空货运单或者货物,或者承运人无法同收货人联系的,托运人将恢复其对货物的处置权。

(二) 合同的解除

托运人和承运人如果认为继续运输已经没有必要或者已经不可能,可以协商解除合同。要求解除的一方向对方提出解除合同的要求,经对方同意后即可以解除合同。承运人提出解除合同的,应当退还已经收取的运费;托运人提出解除合同的,应当付给承运人已经发生的费用。任何一方因不可抗力不能履行合同时,也可以解除合同,但应当及时通知对方。

三、包机合同

(一) 包机合同的概念

包机合同,是指航空公司按照合同约定的条件把整架飞机或飞机的部分舱位租给包机人,把货物由一个或几个航空港运到指定目的地,并由包机人支付约定费用的合同。包机分为整机包机和部分包机。整机包机是指航空公司把整架飞机租给一个包机人的航空运输方式。而部分包机是指由几家包机人联合包租一架飞机,或者由航空公司把一架飞机的舱位分别租给几家包机人的航空运输方式。物流企业可以根据货物的具体情况选择是否使用包机运输,作为包机人与航空公司签订包机合同。

(二) 包机合同的订立

包机合同的签订要经过要约和承诺的过程。通常由物流企业作为包机人向航空公司提出包机申请,视为要约。物流企业申请包机,要凭单位介绍信或个人有效身份证件与航空公司联系。双方在对包机运输条件进行协商、达成一致后,包机合同即告成立。

(三) 包机合同双方的义务

1. 包机人的义务

(1) 提供包机合同中约定的货物,并对货物进行妥善的包装。

(2) 按照约定支付费用。

2. 出租人的义务

(1) 按照合同约定提供适宜货物运输的飞机或舱位。

(2) 按照合同约定的期限将货物运到目的地。

(3) 保证货物运输的安全。

第三节　航空货物运输责任的划分

一、航空货物运输合同双方的义务

(一) 托运人的义务

(1) 应当按照航空货物运输合同的约定提供货物。

(2) 应对货物按照国家主管部门规定的包装标准进行包装；如果没有上述包装标准时，则应按照货物的性质和质量、载运环境以及承运人的要求，根据保证运输安全的原则，对货物进行包装。如果不符合上述包装要求，则承运人有权拒绝承运。必须在托运的货件上标明发站、到站，托运人、收货人的单位、姓名和地址，按照国家规定标明包装储运指示标志。

(3) 要及时支付运费，除非托运人与承运人有不同约定。

(4) 托运人应当认真填写货物托运书，对托运书内容的真实性、准确性负责，如实申报货物的品名、质量和数量，并在托运书上签字或者盖章。

(5) 要遵守国家有关货运安全的规定，妥善托运危险货物，并按国家关于危险货物的规定对其进行包装。不得以普通货物的名义托运危险货物，也不得在普通货物中夹带危险品。

(6) 应当提供必需的资料和文件，以便在货物交付收货人前完成法律、行政法规规定的有关手续。

(二) 承运人的义务

(1) 按照航空货运单上填明的地点，在约定的期限内将货物运抵目的地。

(2) 按照合理或经济的原则选择运输路线，避免货物的迂回运输。

(3) 对承运的货物应当精心组织装卸作业，轻拿轻放，严格按照货物包装上的储运指示标志作业，防止货物损坏。在运输过程中发现货物包装破损无法续运时，承运人应当做好运输记录，通知托运人或收货人，征求处理意见。

(4) 保证货物运输安全。

(5) 按货运单向收货人交付货物。交付时，如发现货物灭失、短少、变质、污染、损坏时,应会同收货人查明情况,并填写货运事故记录。

二、违约责任

(一) 托运人的责任

(1) 对因在托运货物内夹带、匿报危险物品,错报笨重货物质量,或违反包装标准和规定,而造成承运人或第三者的损失,应当承担赔偿责任。

(2) 对因没有提供必需的资料、文件,或者提供的资料、文件不充足或者不符合规定造成的损失,除由于承运人或者其受雇人、代理人的过错造成的外,应当对承运人承担责任。

(3) 未按时缴纳运输费用的,应当承担违约责任。

(4) 签订包机航空货物运输合同后,包机人因故要求解除合同时,应按规定交付退包费,并承担在此之前,承运人已经发生的调机等项费用。

(二) 承运人的责任

(1) 承运人的赔偿责任。因发生在航空运输期间的事件,造成货物毁灭、遗失或者损坏的,承运人应当承担责任。航空运输期间,是指在机场内、民用航空器上或者机场外降落的任何地点,托运行李、货物处于承运人掌管之下的全部期间,不包括机场外的任何陆路运输、海上运输、内河运输过程;但如果此种陆路运输、海上运输、内河运输是为了履行航空运输合同而装载、交付或者转运的,在没有相反证据的情况下,所发生的损失视为在航空运输期间发生的损失。

在货物运输中,经承运人证明,损失是由索赔人或者代行权利人的过错造成或者促成的,应根据造成或者促成此种损失的过错的程度,相应免除或者减轻承运人的责任。货物在航空运输中因延误造成的损失,承运人应当承担责任;但是,承运人证明本人或者其受雇人、代理人为了避免损失的发生,已经采取一切必要措施或者不可能采取这些相应措施的,不承担责任。如果托运人或收货人证明损失的发生确属承运人的故意行为,则承运人除按规定赔偿实际损失外,由合同管理机关惩处其造成损失部分10%到50%的罚款。

货物超过约定期限运达到货地点,每超过1日,承运人应偿付运费5%的违约金,但总额不能超过运费的50%。但因气象条件或不可抗力原因造成货物逾期运到的,可免除承运人的责任。

(2) 承运人的免责事项。承运人证明货物的毁灭、遗失或者损坏完全是由于下列原因之一造成的,不承担责任:① 货物本身的自然属性、质量或者缺陷;② 承运人或者其受雇人、代理人以外的人包装货物的,货物包装不良;③ 战争或者武装冲突;④ 政府有关部门实施的与货物入境、出境或者过境有关的行为。

(3) 承运人的责任限额。国内航空运输承运人的赔偿责任限额由国务院民用航空主管部门制定,报国务院批准后公布执行。《中国民用航空货物国内运输规则》规定:"货物没有办理声明价值的,承运人按照实际损失的价值进行赔偿,但赔偿最高限额为毛重每千克人民币20元。"托运人在交运货物时,特别声明在目的地交付时的利益,并在必要时支付附加费的,除承运人证明物流企业声明的金额高于货物在目的地交付时的实际利益外,承运人应当在声明金额范围内承担责任。

任何旨在免除承运人责任或者降低承运人赔偿责任限额的条款,均属无效;但是,此种条款的无效,不影响整个航空运输合同的效力。有关航空运输中发生的损失的诉讼,不论其根据如何,只能依照《民用航空法》规定的条件和赔偿责任限额提出。经证明,航空运输中的损失是由于承运人或者其受雇人、代理人的故意或者明知可能造成损失而轻率地作为或者不作为造成的,承运人无权援用有关赔偿责任限制的规定;证明承运人的受雇人、代理人有此种作为或者不作为的,还应当证明该受雇人、代理人是在受雇、代理范围内行事。

就航空运输中的损失向承运人的受雇人、代理人提起诉讼时,该受雇人、代理人证明他是在受雇、代理范围内行事的,有权援用有关赔偿责任限制的规定。在这种情形下,承运人及其受雇人、代理人的赔偿总额不得超过法定的赔偿责任限额。经证明,航空运输中的损失是由于承运人的受雇人、代理人的故意或者明知可能造成损失而轻率地作为或者不作为造成的,不适用上述规定。

第四节 航空货物运输费用

一、货物的航空运费

货物的航空运费是指将一票货物自始发地机场运输到目的地机场所应收取的航空运输费用。货物的航空运费主要由两个因素组成,即货物适用的运价与货物的计费质量。由于航空运输货物的种类繁多,货物运输的起讫地点所在航空区域不同,每种货物所适用的运价亦不同。换言之,运输的货物种类和运输起讫地点的IATA区域使航空货物运价乃至运费计算要分门别类进行。同时,由于飞机业务载运能力受飞机最大起飞全重和货舱本身体积的限制,因此,货物的计费质量需要同时考虑其体积质量和实际质量两个因素。又因为航空货物运价的"递远递减"的原则,产生了一系列质量等级运价,而质量等级运价的起码质量也影响着货物运费的计算。由此可见,货物航空运费的计算受多种因素的影响。

在从事航空运输经营活动过程中,每一个经营者(航空公司)既要维护企业自身的利益,又要保护消费者(货物托运人)的利益,这是企业的生存和发展之本。在这里航空运输市场营销就显得尤其重要。航空市场营销通过满足旅客或货主在运输和服务方面的需求,并使企业获得得以生存和发展的利润。它主要包括航线和航班制定、运价的制定和公布、机票分销系统设计与管理。在组织货物运输的全过程中,销售环节是一个重要环节,它直接关系到航空运输企业的销售收入,从而影响到企业运输收入的实现。尤其是在组织国际联运货物的销售阶段,正确计算航空货物运费是企业最终实现运输收入,提高经济效益的重要保证。

二、基本概念

(一) 运价

运价,又称费率,是指承运人对所运输的每一质量单位货物(千克或磅)所收取的自始发地机场至目的地机场的航空费用。

(1) 航空货物运价所使用的货币

航空货物运价所使用的货币是指用以公布航空货物运价的货币,称为运输始发地货币。货物的航空运价一般以运输始发地的本国货币公布,有的国家以美元代替其本国货币公布。以美元公布货物运价的国家视美元为当地货币。运输始发地销售的航空货运单的任何运价、运费均应为运输始发地货币,即当地货币。以美元公布货物运价的国家的当地货币为美元。

(2) 货物运价的有效期

由于货物运价可能会出现变动,销售航空货运单所使用的运价应为填制货运单之日的有效运价,即在航空货物运价有效期内适用的运价。

(二) 航空运费

货物的航空运费是指航空公司将一票货物自始发地机场运至目的地机场所应收取的航空运输费用。该费用根据每票货物所适用的运价和货物的计费质量计算而得。每票货物是指使用同一份航空货运单的货物。由于货物的运价是指货物运输起讫地点间的航空运价,航空运费就是指运输始发地机场至目的地机场间的运输货物的航空费用,不包括其他费用。

(三) 其他费用

其他费用是指由承运人、代理人或其他部门收取的与航空货物运输有关的费用。在组织一票货物自始发地至目的地运输的全过程中,除了航空运输外,还包括地面运输、仓储、制单、国际货物的清关等环节,提供这些服务的部门所收取的费用即为其他费用。

三、计费质量

计费质量是指用以计算货物航空运费的质量。货物的计费质量可以是货物的实际毛重,可以是货物的体积质量,也可以是较高质量分界点的质量。

（一）实际毛重

包括货物包装在内的货物质量,称为货物的实际毛重。由于飞机最大起飞全重及货舱可用业载的限制,一般情况下,对于高密度货物,应考虑其体积毛重可能会成为计费质量。

（二）体积质量

（1）定义。

按照国际航协（即国际航空运输协会,IATA）规则,将货物的体积按一定的比例折合成的质量,称为体积质量。由于货舱空间体积的限制,一般对于低密度的货物,即轻泡货物,考虑其体积质量可能会成为计费质量。

（2）计算规则。

不论货物的形状是否为规则的长方体或正方体,计算货物体积时,均以最长、最宽、最高的三边的厘米长度计算。长、宽、高的小数部分按四舍五入取整。体积质量的折算,换算标准为每6000立方厘米折合1千克。

（三）计费质量

一般地,采用货物的实际毛重与货物的体积质量两者比较取高者;但当货物按较高质量分界点的较低运价计算的航空运费较低时,则以此较高质量分界点的货物质量作为货物的计费质量。国际航协规定,国际货物的计费质量以0.5千克为最小单位,质量尾数不足0.5千克的,按0.5千克计算;0.5千克以上不足1千克的,按1千克计算。

当使用同一份运单,收运两件或两件以上可以采用同样种类运价计算运费的货物时,其计费质量为货物总的实际毛重与总的体积质量两者较高者。同上所述,较高质量分界点质量也可能成为货物的计费质量。

四、最低运费

最低运费是指一票货物自始发地机场至目的地机场航空运费的最低限额。货物按其适用的航空运价与其计费质量计算所得的航空运费,应与货物最低运费相比,取高者。

第五节　国际航空货物运输

在国际航空货物运输方面,我国加入了《统一国际航空运输某些规则的公约》（又称《华沙公约》）及《海牙议定书》。《民用航空法》中对国际航空货物运输的部分事项也做了特别规定。中国民航总局还于 2000 年发布并实施了《中国民用航空货物国际运输规则》,专门对国际航空货物运输中的相关问题做出了特殊规定。物流企业在办理国际航空货物运输时要注意遵守这些特别规定。

一、货物的托运和承运

国际航空货物运输的托运和承运的过程与国内航空运输的基本一致,只是在航空货运单的填写方面,国际航空运输明确要求航空货运单应当由托运人来填写,同时明确了承运人根据托运人的请求填写货运单的,在没有相反证据的情况下,应当视为代托运人填写,并进一步明确了承运人和托运人之间填制货运单的责任。

二、合同双方的义务

在托运人和承运人的义务方面,国际航空货物运输并没有做特别规定的,应与国内航空货物运输一致。

三、承运人的责任

就国际航空货物运输来说,在承运人的责任方面,与国内航空货物运输的相关规定有所不同,主要表现在承运人的免责事项和责任限额方面。

(一) 承运人的免责事项

《民用航空法》虽然没有对承运人的免责事项做特别规定,但《华沙公约》和《海牙议定书》规定,在下列情况下,承运人可以免除或减轻其责任:

(1) 如果承运人证明自己和他的代理人为了避免损失的发生,已经采取了一切必要的措施,或者不可能采取这些相应措施时,即可免责;

(2) 如果承运人能证明损失是由于受损方的过失所引起或促成的,可免除或减轻责任。

(二) 承运人的责任限额

与国内航空货物运输的责任限额不同,《民用航空法》规定,国际航空货物运输承运人的赔偿责任限额为每千克 17 特别提款权。托运人在交运货物时,特别声明在目的地交付时的利益,并在必要时支付附加费,除承运人证明托运人声明的金额高于货物在目的地交付时的实际利益外,承运人应当在声明金额范围内承担责任。货物的一部分或者货物中的任何物件毁灭、遗失、损坏或者延误的,用以确定承运人赔偿责任限额的质量,仅为该一包件或者数包件的总质量;但是,因货物的一部分或者货物中的任何物件的毁灭、遗失、损坏或者延误,影响同一份航空货运单所列其他包件的价值的,确定承运人的赔偿责任限额时,此种包件的总质量也应当考虑在内。

《民用航空法》还规定,在国际航空运输中,承运人同意未经填具航空货运单而载运货物的,或者航空货运单上未依照所适用的国际航空运输公约的规定而在首要条款中做出此项运输适用该公约的声明的,承运人无权援用《民用航空法》第一百二十九条有关赔偿责任限制的规定。

至于《华沙公约》,则规定货物的灭失、损坏或迟延交付,承运人的最高赔偿限额为每千克250(金)法郎,但托运人在向承运人交货时,特别声明货物运到后的价值,并已缴付必要的附加费,则不在此限。在这种情况下,承运人赔偿的数额应以声明的金额为限,除非承运人证明该金额高于货物运到的实际价值。同时,《海牙议定书》还规定,如经证明造成损失系出于承运人、其受雇人或代理人故意造成损失或明知可能造成损失而漠不关心的行为或不作为,并证明其是在执行其受雇职务范围内的行为的,则不适用公约的责任限额。

四、有关国际航空货物运输的国际公约

目前,有关国际航空货物运输的国际公约主要有1929年颁布的《华沙公约》,修改《华沙公约》的1955年颁布的《海牙议定书》,1961年颁布的《统一非缔约承运人所办国际航空运输某些规则以补充华沙公约的公约》(以下简称《瓜达拉哈拉公约》)。我国是前两个公约的参加国。《华沙公约》于1933年12月生效,是目前国际上有关航空运输最主要的也是最基本的公约,已有一百多个国家和地区加入了该公约。我国在1958年加入了该公约。由于国际航空运输的不断发展,《华沙公约》的某些内容已不能适用时代的需要了,于是各国代表于1955年在海牙召开的会议上对《华沙公约》进行了修改。我国已于1975年加入了修改《华沙公约》的《海牙议定书》。《瓜达拉哈拉公约》规定了"缔约承运人"和"实际承运人"的概念和责任,是对《华沙公约》的补充。《瓜达拉哈拉公约》的适用是以适用《华沙公约》和《海牙议定书》为前提的。在这三个公约中,《华沙公约》是基础,《海牙议定书》和《瓜达拉哈拉公约》是对《华沙公约》的修改和补充,但均未改变《华沙公约》的基本原则。现以《华沙公约》为主线,介绍三个公约的基本内容。

(一) 航空货运单

依《华沙公约》的规定,航空货运单是订立合同、接受货物和运输条件的初步证据。航空货运单的缺少、不合规定或灭失,不影响运输合同的存在和效力。货物承运人有权要求托运人填写航空货运单,托运人有权要求承运人接受这项凭证。《海牙议定书》对《华沙公约》在航空货运单上的修改主要有两点:其一,将航空货运单改为空运单;其二,对《华沙公约》规定的航空货运单应记载的事项进行了删减。

(二) 承运人的责任

依《华沙公约》的规定,承运人应对货物在航空运输期间发生的因毁灭、遗失或

损坏而产生的损失负责。航空运输期间包括货物在承运人保管下的整个期间,不论在航空站内、在航空器上或在航空站外降停的任何地点。航空运输期间不包括在航空站以外的任何陆运、海运或河运,但如果该项运输是为了履行航空运输合同而进行的装载、交货或转运,空运货物的运输,如发生损失,也应视为是在航空运输期间发生的,除非有相反的证据,承运人也应对该损失负责。承运人还应对在航空运输中因延误而造成的货物的损失负责。

(三) 承运人责任的免除与减轻

依《华沙公约》的规定,承运人在下列情况下可以免除或减轻其责任。

(1) 如承运人能证明他和他的代理人或受雇人为了避免损失,已经采取了一切必要的措施,或不可能采取这种措施时,承运人对货物的损失可不负责任。

(2) 如承运人证明损失的发生是由于驾驶中、航空器的操作中或航行中的过失引起的,并证明他和他的代理人已经在其他一切方面已经采取了必要的措施以避免损失时,承运人对货物的损失可不负责任。

(3) 如承运人证明受害人自己的过失是造成损失的原因或原因之一,可依法免除或减轻承运人的责任。

(四) 承运人的责任限额

《华沙公约》规定的承运人对货物灭失、损害或延迟交货的责任,以每千克250(金)法郎为限,但托运人特别声明货物价值并已缴付必要的附加费的不在此限。同时又规定如货物损失的发生是由于承运人或其代理人的故意的不当行为或过失引起的,则承运人无权免除或限制其责任。《海牙议定书》将"故意的不当行为"改为"故意造成或明知可能造成而漠不关心的行为或不作为"。

(五) 索赔期限和诉讼时效

依《华沙公约》的规定,在货物损坏、灭失的情况下,收货人应在收到货物后7日内提出异议,在延迟交付的情况下,应在货物由收货人支配起14日内提出异议。《海牙议定书》延长了索赔期限,将前者延长为14天,后者延长为21天。《华沙公约》规定诉讼时效是自航空器到达目的地或应该到达之日起2年内。

案 例 分 析

一、国际航空货物运输运费纠纷案

(一) 案情

青岛某货主将一批价值10000美元、计10箱的丝织品通过A航空公司办理空运,经北京出口至法国巴黎。货物交付后,由B航空公司的代理人A航空公司于2003年1月1日出具了航空货运单一份。该货运单注明:第一承运人为B航空公司,第二承运人是C航空公司,货物共10箱,重250千克。货物未声明价值。B航空公司将货物由青岛运抵北京,但1月3日准备按约将货物转交C航空公司时,发现货物灭失。为此,B航空公司于当日即通过A航空公司向货主通知了货物已灭失。为此,货主向A航空公司提出书面索偿要求,要求A航空公司全额赔偿。

法院经审理后,判决实际赔偿数额不应超过法定限额,根据当时汇率,250(金)法郎折合20美元计算,即应赔偿的数额为$250 \times 20 = 5000$(美元)。

(二) 评析

本案中,A航空公司是B航空公司的代理人;B航空公司既是缔约承运人,也是第一区段的实际承运人;C航空公司是第二区段的实际承运人。B航空公司应当承担责任,因为货物灭失发生在B航空公司转交C航空公司之前,责任在B航空公司。此案始发站是青岛,中转站为北京,目的站为巴黎。根据《华沙公约》的规定,由几个连续的航空承运人所办理的运输,如经合同当事人认为是一个单一的运输业务,则无论他以一个合同或一系列合同的形式约定,在本公约的意义上,应视为一个不可分割的运输,并不因其中一个合同或一系列的合同完全在同一国家的领土内履行而丧失其国际性质。因此,即便青岛至北京段是中国境内,也是国际航空货物运输合同。

三、国际航空货物运输运费纠纷案

(一) 案情

1991年12月6日,原告某保险公司接受某公司(托运人)对其准备空运至米兰的20箱丝绸服装的投保,保险金额为73849美元。同日,由被告A航空公司的代理B航空公司出具了航空货运单一份。该航空货运单注明:第一承运人为A航空公司,第二承运人为C航空公司,货物共20箱,重750千克,该货物的"声明价值(运输)"未填写。A航空公司于1991年12月20日将货物由杭州运抵北京,12月28日,A航空公司在准备按约将货物转交C航空公司运输时,发现货物灭失。1992年,原告对投保人(托运人)进行了全额赔偿并取得权益转让书后,于1992年5月28日向B航空公司提出索赔请求。B航空公司将原告索赔请求材料转交A航空公司。A航空公司表示愿意以每千克20美元限额赔偿原告损失,原告要求被告进行全额赔偿,不接受被告的赔偿意见,遂向法院起诉。

法院经审理后,判决如下:

(1) A航空公司赔偿原告15000美元;

(2) A航空公司给付原告自1993年2月1日至判决生效日15000美元的活期存款利息;

(3) 诉讼费用由原告承担。

(二) 评析

航空货运单是航空运输合同存在及合同条件的初步证据。该合同的"声明"及合同条件是合同的组成部分,并不违反1955年《海牙议定书》的规定,且为国际航空运输协会规则所确认,故应属有效,对承运人和托运人具有相同的约束力。托运人在将货物交付运输时向原告进行了保险,该批货物在A航空公司承运期间发生灭失,A航空公司应负赔偿责任。原告在赔偿后取得代位求偿权。由于托运人在交托货物时,未对托运货物提出声明价值并交付必要的附加费,所以A航空公司在责任范围内承担赔偿责任是合理的。被告B航空公司作为签发人,应对合同项下的货物运输负有责任,但鉴于被告A航空公司承诺赔偿,B航空公司可不再承担责任。该案是原告拒绝被告A航空公司承诺按责任限额赔偿而引起的,故责任在原告。

思考题

1. 航空货物运输的运营方式有哪些?
2. 包机合同的概念是怎样的?
3. 托运人的责任有哪些?
4. 计费质量是什么意思?
5. 国际航空货物运输的国际公约有哪些?

第十五章 多式联运法律法规

第一节 多式联运运输法概述

一、货物多式联运

多式联运是指联运经营人以一张联运单据,通过两种以上的运输方式将货物从起运地运至目的地的运输形式。这种运输是在集装箱运输的基础上产生并发展起来的新型运输方式,它以集装箱为媒介,将海上运输、铁路运输、公路运输、航空运输和内河运输等传统的运输方式结合在一起,形成了一体化的"门到门"运输。这种运输方式速度快、运费低、货物不易受损。对物流企业来说,选择多式联运的方式来运送货物可以缩短运输时间,保证货运质量,节省运输费用,实现真正的运输合理化。《海商法》和《合同法》对多式联运的相关事项做了规定。1997年交通运输部颁布了《国际集装箱多式联运管理规则》,专门对集装箱多式联运的有关问题做了规定。多式联运经营人是全程运输的组织者,在多式联运中,其业务程序主要有以下几个环节。

(一) 接受托运申请,订立多式联运合同

多式联运经营人根据货主提出的托运申请和自己的运输路线等情况,判断是否接受该托运申请。如果能够接受,则双方议定有关事项后,在交给发货人或其代理人的场站收据副本上签章,证明接受托运申请,多式联运合同已经订立并开始执行。发货人或其代理人根据双方就货物交接方式、时间、地点、付费方式等达成协议,填写场站收据,并把其送至多式联运经营人处编号,多式联运经营人编号后留下货物托运联,将其他联交还给发货人或其代理人。

(二) 集装箱的发放、提取及运送

多式联运中使用的集装箱一般应由多式联运经营人提供。这些集装箱来源可能有三个:一是经营人自己购置使用的集装箱;二是由公司租用的集装箱,这类箱一般在货物的起运地附近提箱而在交付货物地点附近还箱;三是由全程运输中的某一区段承运人提供,这类箱一般需要在多式联运经营人为完成合同运输与该分运人订立分运合同后获得使用权。如果双方协议由发货人自行装箱,则多式联运经营人应签发提箱单或者将租箱公司或区段承运人签发的提箱单交给发货人或其代理人,由他们在规定日期到指定的堆场提箱并自行将空箱托运到货物装箱地点准备装货。如发货人亦可委托由经营人办理从堆场装箱地点托运空箱。如是拼箱货或整箱货,但发货人无装箱条件不能自装时,则由多式联运经营人将所用空箱调运至接收货物集装箱货运站,做好装箱准备。

(三) 出口报关

若联运从港口开始,则在港口报关;若从内陆地区开始,应在附近的海关办理报关。出口报关事宜一般由发货人或其代理人办理,也可委托多式联运经营人代为办理。报关时应提供场站收据、装箱单、出口许可证等有关单据和文件。

(四) 货物装箱及接收货物

若是发货人自行装箱,发货人或其代理人提取空箱后在自己的工厂和仓库组织装箱,装箱工作一般要在报关后进行,并请海关派员到装箱地点监装和办理加封事宜。如需理货,还应请理货人员现场理货并与之共同制作装箱单。若是发货人不具备装箱条件,可委托多式联运经营人或货运站装箱,发货人应将货物以原来形态运至指定的货运站由其代为装箱。如是拼箱货物,发货人应负责将货物运至指定的集装箱货运站,由货运站按多式联运经营人的指示装箱。无论装箱工作由谁负责,装箱人均需制作装箱单,并办理海关监装与加封事宜。对于由货主自装箱的整箱货物,发货人应负责将货物运至双方协议规定的地点,多式联运经营人或其代理人在指定地点接收货物。如是拼箱货物,经营人在指定的货运站接收货物。验收货物后,代表联运经营人接收货物的人应在场站收据正本上签章并将其交给发货人或其代理人。

(五) 订舱及安排货物运送

经营人在合同订立之后,即应制定货物的运输计划,该计划包括货物的运输路线和区段的划分,各区段实际承运人的选择确定及各区段衔接地点的到达、起运时间等内容。这里所说的订舱泛指多式联运经营人要按照运输计划安排洽定各区段的运输工具,与选定的各实际承运人订立各区段的分运合同。这些合同的订立由经营人本人或委托的代理人办理,也可请前一区段的实际承运人作为代表向后一区段的实际承运人订舱。

(六) 办理保险

在发货人方面,应投保货物运输险。该保险由发货人自行办理,或由发货人承担费用,由多式联运经营人代为办理。货物运输保险可以是全程投保,也可分段投保。在多式联运经营人方面,应投保货物责任险和集装箱保险,由经营人或其代理人向保险公司或以其他形式办理。

(七) 签发多式联运提单，组织完成货物的全程运输

多式联运经营人的代表收取货物后，经营人应向发货人签发多式联运提单。在把提单交给发货人前，应注意按双方议定的付费方式及内容、数量向发货人收取全部应付费用。多式联运经营人有完成或组织完成全程运输的责任和义务。在接收货物后，要组织各区段实际承运人、各派出机构及代表人共同协调工作，完成全程中各区段的运输以及各区段之间的衔接工作，做好运输过程中所涉及的各种服务性工作和运输单据、文件及有关信息等组织和协调工作。

(八) 运输过程中的海关业务

按惯例国际多式联运的全程运输均应视为国际货物运输。因此，该环节工作主要包括货物及集装箱进口国的通关手续，进口国内陆段保税运输手续及结关等内容。如果陆上运输要通过其他国家海关和内陆运输线路时，还应包括这些海关的通关及保税运输手续。这些涉及海关的手续一般由多式联运经营人的派出的分支机构或代理人办理，也可由各区段的实际承运人作为多式联运经营人的代表办理，由此产生的全部费用应由发货人或收货人负担。如果货物在目的港交付，则结关应在港口所在地海关进行。如在内陆地交货，则应在口岸办理保税运输手续，海关加封后方可运往内陆目的地，然后在内陆海关办理结关手续。

(九) 货物交付

在货物运至目的地后，由目的地代理通知收货人提货。收货人需凭多式联运提单提货，经营人或其代理人需按合同规定，收取收货人应付的全部费用。收回提单后签发提货单，提货人凭提货单到指定堆场或集装箱货运站提取货物。如果整箱提货，则收货人要负责至掏箱地点的运输，并在货物掏出后将集装箱运回指定的堆场，运输合同才终止。

(十) 货运事故处理

如果全程运输中发生了货物灭失、损害和运输延误，无论是否能确定发生的区段，发(收)货人均可向多式联运经营人提出索赔。多式联运经营人根据提单条款及双方协议确定责任并做出赔偿。如果已对货物及责任投保，则存在要求保险公司赔偿和向保险公司进一步追索的问题。如果受损人和责任人之间不能达成一致，则需在诉讼时效内通过提起诉讼和仲裁来解决。

二、多式联运的分类

根据不同的原则，对多式联运可以有多种分类形式。但就其组织方式和体制来说，基本上可分为协作式多式联运和衔接式多式联运两大类。

(一) 协作式多式联运

协作式多式联运是指两种或两种以上运输方式的运输企业，按照统一的规章

或商定的协议,共同将货物从接管货物的地点运到指定交付货物的地点的运输。协作式多式联运是目前国内货物联运的基本形式。在协作式多式联运下,参与联运的承运人均可受理托运人的托运申请,接收货物,签署全程运输单据,并负责自己区段的运输生产;后续承运人除负责自己区段的运输生产外,还需要承担运输衔接工作;而最后承运人则需要承担货物交付以及受理收货人的货损货差的索赔。在这种体制下,参与联运的每个承运人均具有双重身份。对外而言,他们是共同承运人,其中一个承运人(或代表所有承运人的联运机构)与发货人订立的运输合同,对其他承运人均有约束力,即视为每个承运人均与货方存在运输合同关系;对内而言,每个承运人不但有义务完成自己区段的实际运输和有关的货运组织工作,还应根据规章或约定协议,承担风险,分配利益。

目前,根据开展联运依据的不同,协作式多式联运可进一步细分为法定(多式)联运和协议(多式)联运两种。

1. 法定(多式)联运

它是指不同运输方式的运输企业之间根据国家运输主管部门颁布的规章开展的多式联运。目前,铁路、水路运输企业之间根据交通运输部颁布的《铁路水路货物联运规则》开展的水陆联运即属此种联运。在这种联运形式下,有关运输票据、联运范围、联运受理的条件与程序、运输衔接、货物交付、货物索赔程序以及承运人之间的费用清算等,均应符合国家颁布的有关规章的规定,并实行计划运输。这种联运形式无疑有利于保护货方的权利和保证联运生产的顺利进行,但缺点是灵活性较差,适用范围较窄,它不仅在联运方式上仅适用铁路与水路两种运输方式之间的联运,而且对联运路线、货物种类、数量及受理地、换装地也做出了限制。此外,由于货方托运前需要报批运输计划,给货方带来了一定的不便。法定(多式)联运通常适用于保证指令性计划物资、重点物资和国防、抢险、救灾等急需物资的调拨。

2. 协议(多式)联运

它是指运输企业之间根据商定的协议开展的多式联运。比如,不同运输方式的干线运输企业与支线运输或短途运输企业,根据所签署的联运协议开展的多式联运即属此种联运。与法定(多式)联运不同,在这种联运形式下,联运采用的运输方式、运输票据、联运范围、联运受理的条件与程序、运输衔接、货物交付、货物索赔程序以及承运人之间的利益分配与风险承担等,均按联运协议的规定办理。与法定(多式)联运相比,该联运形式的最大缺点是,联运执行缺乏权威性,而且联运协议的条款也可能会损害货方或弱小承运人的利益。

(二)衔接式多式联运

衔接式多式联运是指由一个多式联运企业(以下称多式联运经营人)综合组织两种或两种以上运输方式的运输企业,将货物从接管货物的地点运到指定交付货物的地点的运输。在实践中,多式联运经营人既可能由不拥有任何运输工具的国际货运代理、场站经营人、仓储经营人担任,也可能由从事某一区段的实际承运人担任。

但无论如何,他都必须持有国家有关主管部门核准的许可证书,能独立承担责任。在衔接式多式联运下,运输组织工作与实际运输生产实现了分离,多式联运经营人负责全程运输组织工作,各区段的实际承运人负责实际运输生产。在这种体制下,多式联运经营人也具有双重身份。对于货方而言,他是全程承运人,与货方订立全程运输合同,向货方收取全程运费及其他费用,并承担承运人的义务;对于各区段实际承运人而言,他是托运人,他与各区段实际承运人订立分运合同,向实际承运人支付运费及其他必要的费用。很明显,这种运输组织与运输生产相互分离的形式,符合分工专业化的原则,由多式联运经营人"一手托两家",不但方便了货主和实际承运人,也有利于运输的衔接工作,因此,它是联运的主要形式。在国内联运中,衔接式多式联运通常称为联合运输,多式联运经营人则称为联运公司。我国在《合同法》颁布之前,仅对包括海上运输方式在内的国际多式联运经营人的权利与义务,在《海商法》和《国际集装箱多式联运规则》中做了相应的规定,对于其他形式下国际多式联运经营人和国内多式联运经营人的法律地位与责任,并未做出明确的法律规定。《合同法》颁布后,无论是国内多式联运还是国际多式联运,均应符合该多式联运合同中的规定,这无疑有利于我国多式联运业的发展壮大。

第二节 多式联运合同

多式联运合同是指多式联运经营人与托运人签订的,由多式联运经营人以两种或者两种以上不同的运输方式将货物由接管地运至交付地,其中有一种是海上运输方式,并收取全程运费的合同。物流企业在选择与多式联运经营人签订多式联运合同时,则为托运人。

一、多式联运合同的订立

订立多式联运合同的程序与其他订立单一运输方式的运输合同的程序一样,要经过要约和承诺两个阶段。所不同的是,与托运人直接订立合同的是多式联运经营人,其他区段承运人并不直接参与合同的订立。托运人可以与某一多式联运经营人进行谈判协商,双方意思达成一致,即可订立合同。但在实践中,很多多式联运经营人有专门的业务机构或代理机构为其办理揽货事务,并对其联运路线、运价、联运单据等情况加以宣传。托运人在向其业务机构或代理机构托运货物时,可以以托运单或订舱单的形式提出运输申请,多式联运经营人根据运输申请的内容决定是否承运,如果他决定承运,多式联运合同即告成立。

如果安排的是长期稳定的货物运输,托运人还可以与多式联运经营人签订长期的多式联运协议,在货物发运时,以装运通知或托运单的形式通知多式联运经营人或指定的代理人,以便安排运输。

二、多式联运单据

多式联运中通常采用的运输单证是多式联运单据,当多式联运的运输方式之一是海运时,多式联运单据多表现为多式联运提单。多式联运经营人收到托运人交付的货物时,应当签发多式联运单据。按照托运人的要求,多式联运单据可以是可转让单据,也可以是不可转让单据。

多式联运单据应当载明下列事项:
(1) 货物的名称、种类、件数、质量、尺寸、外表状况;
(2) 多式联运经营人的名称和主营业所;
(3) 托运人的名称;
(4) 收货人的名称;
(5) 接受货物的日期、地点;
(6) 交付货物的地点和约定的日期;
(7) 多式联运经营人或其授权人的签字及单据的签发日期、地点;
(8) 运费的交付;
(9) 预期运输经由路线、运输方式以及换装地点等。

三、多式联运合同双方的义务

(一) 托运人的义务
(1) 按照合同约定的货物品类、数量、时间、地点提供货物,并交付多式联运经营人;
(2) 认真填写多式联运单据的基本内容,并对其正确性负责;
(3) 按照货物运输的要求妥善地包装货物;
(4) 按照约定支付各种运输费用。

(二) 多式联运经营人的义务
(1) 及时提供适合装载货物的运输工具;
(2) 按照规定的运到期间,及时将货物运至目的地;
(3) 在货物运输的责任期间内保证货物的运输安全;
(4) 在托运人或收货人按约定缴付了各项费用后,向收货人交付货物。

第三节 多式联运运输责任的划分

一、责任期间

多式联运经营人的责任期间是指多式联运经营人对所运输保管的货物负责的

期间。托运人可以要求多式联运经营人对在其责任期间发生的货物灭失、损坏和迟延交付负赔偿责任。

《海商法》的第一百零三条规定:"多式联运经营人对多式联运货物的责任期间,自接收货物时起至交付货物时止。"《合同法》第三百一十八条亦规定:"多式联运经营人可以与参加多式联运的各区段承运人就多式联运合同的各区段运输约定相互之间的责任,但该约定不影响多式联运经营人对全程运输承担的义务。"《国际集装箱多式联运管理规则》对多式联运经营人的责任期间也做了与《海商法》和《合同法》相一致的规定。

二、多式联运的责任制类型

多式联运经营人的责任形式决定了托运人可以要求多式联运经营人对哪些损失负责以及负什么样的责任,因而,托运人对多式联运经营人的责任形式要有充分的了解。目前,多式联运的责任制类型有以下四种。

(一) 责任分担制

在这种责任制下,多式联运经营人和各区段承运人在合同中事先划分运输区段。多式联运经营人和各区段承运人都仅对自己完成的运输区段负责,并按各区段所应适用的法律来确定各区段承运人责任。这种责任制实际上是单一运输方式损害赔偿责任制度的简单叠加,并没有真正发挥多式联运的优越性,不能适应多式联运的要求,故目前很少被采用。

(二) 统一责任制

在统一责任制下,多式联运经营人对全程运输负责,各区段承运人对且仅对自己完成的运输区段负责。不论损害发生在哪一区段,均按照同一责任进行赔偿,是多式联运经营人和各区段承运人均承担相同的赔偿责任的一种制度。这种责任制有利于货方,但对多式联运经营人来说责任负担则较重,目前世界上对这种责任制的应用并不广泛。

(三) 网状责任制

在网状责任制下,由多式联运经营人就全程运输向货主负责,各区段承运人对且仅对自己完成的运输区段负责的制度。无论货物损害发生在哪个运输区段,托运人或收货人既可以向多式联运经营人索赔,也可以向该区段的区段承运人索赔。但各区段适用的责任原则和赔偿方法仍根据调整该区段的法律予以确定。多式联运经营人赔偿后有权就各区段承运人的过失所造成的损失向区段承运人进行追偿。网状责任制是介于统一责任制和责任分担制之间的一种制度,故又称为混合责任制。目前,国际上大多采用的是网状责任制。

(四) 修正后的统一责任制

有些学者也称之为"可变性的统一责任制",是由《联合国国际货物多式联运公约》所确立的以统一责任制为基础,以责任限额为例外的一种责任制度。根据这一制度,不管是否能够确定货运事故发生的实际运输区段,都适用公约的规定。但是,若货运事故发生的区段适用的国际公约或强制性国家法律规定的赔偿责任限额高于公约规定的赔偿责任限额,则应该按照该国际公约或国内法的规定限额进行赔偿。很明显,这种责任制度有利于货主而不利于多式联运经营人,因《联合国国际货物多式联运公约》尚未生效,所以实践中适用该责任制的情况也较少。

三、我国所采用的责任形式

我国的法律法规在多式联运经营人的责任形式方面一致采用了网状责任制。《海商法》规定,多式联运经营人负责履行或者组织履行多式联运合同,并对全程运输负责。多式联运经营人与参加多式联运的各区段承运人,可以就多式联运合同的各区段运输,另以合同约定相互之间的责任。但此项合同不得影响多式联运经营人对全程运输所承担的责任。货物的灭失或者损坏发生于多式联运的某一运输区段的,多式联运经营人的赔偿责任和责任限额,适用调整该区段运输方式的有关法律法规。货物的灭失或者损坏发生的运输区段不能确定的,多式联运经营人应当依照《海商法》第四章关于承运人赔偿责任和责任限额的规定负赔偿责任。

《国际集装箱多式联运管理规则》则规定,货物的灭失、损坏或迟延交付发生于多式联运的某一区段的,多式联运经营人的赔偿责任和责任限额,适用该运输区段的有关法律、法规。不能确定所发生的区段时,多式联运经营人承担赔偿责任的赔偿责任限制为:多式联运全程中包括海运的适用于《海商法》的规定,多式联运全程中不包括海运的适用于其他相关法律、法规的规定。

第四节 国际货物多式联运法律制度

物流企业在自己组织国际货物多式联运时,要注意遵守前面所提的各种运输方式在国际货物运输中的特别规定,而在作为托运人与多式联运经营人签订国际货物多式联运合同时,则应对合同中有可能选择适用的几个国际公约的特殊规定有所了解。

在国际货物多式联运领域内,较有影响的国际公约主要有三个:1980年的《联合国国际货物多式联运公约》、1973年的《联合运输单证统一规则》以及1991年的《1991年联合国贸易和发展会议/国际商会多式联运单证规则》(简称《多式联运单证规则》)。但第一个公约至今尚未生效,而后两个则是民间规则,而非强制性的公约,仅供当事人选择适用。这三个公约与我国的规定相比较,主要的不同点在于联运经营人的责任制度不同。

一、多式联运经营人的责任基础

我国采用网状责任制,而三个公约则分别采取不同的责任制度。

(一)《联合国国际货物多式联运公约》的规定

该公约实行修正后的统一责任制。多式联运经营人对全程运输负责。不管是否能够确定货运事故发生的实际运输区段,都适用公约的规定。但是,若货运事故发生的区段适用的国际公约或强制性国家法律规定的赔偿责任限额高于公约规定的赔偿责任限额,则应该按照该国际公约或国内法的规定限额进行赔偿。

该公约实行推定过失责任制,即如果造成货物灭失、损坏或迟延交付的事故发生在联运责任期间,联运经营人就应负赔偿责任,除非联运经营人能证明其本人、雇用人或代理人等为避免事故的发生及后果已采取了一切所能合理要求的措施。

(二)《联合运输单证统一规则》的规定

该规则实行网状责任制。如果能够确定灭失、损坏发生的运输区段,多式联运经营人的责任应按适用于该运输区段的强制性国内法或国际公约的规定办理。如不能确定灭失、损坏发生的区段,则按本规则的规定办理。

该规则对多式联运经营人实行推定过失责任制,具体规定类似于《汉堡规则》的承运人推定过失责任制。

(三)《多式联运单证规则》

该规则实行一种介于网状责任制和统一责任制之间的责任形式。总体上采用推定过失责任制,但是对于水上运输的区段,实际上仍采用了《维斯比规则》的不完全过失责任制。该规则规定,多式联运经营人对海上或内河运输中由于下列原因造成的货物灭失或损坏以及迟延交付,不负赔偿责任:船长、船员、引航员或受雇人在驾驶或管理船舶中的行为、疏忽或过失,火灾(除非由于承运人的实际过失或私谋而造成)。

二、多式联运经营人的赔偿责任限额

各公约在责任限额方面的规定也都不尽相同。

(一)《联合国国际货物多式联运公约》的规定

该公约规定,多式联运包括水运者,每包或其他货运单位的最高赔偿数额不得超过920特别提款权,或者按毛重每千克不得超过2.75特别提款权计算,以其中较高者为准;如联运中不包括水运,则多式联运经营人的赔偿责任按灭失或损坏货物毛重每千克不超过8.33特别提款权计算单位的数额为限。关于迟延交付的限额为所迟延交付的货物应付运费的总额。如经证明,货物的灭失、损坏或迟延交付系多式联运经营人的故意或者明知可能造成的后果而轻率地作为或不作为所引起的,多式联运经营人便丧失了上述责任限制的权利。

(二)《联合运输单证统一规则》的规定

该规则规定,如果能够知道货物损失发生的运输区段,多式联运经营人的责任限额依据该区段适用的国际公约或强制性国内法的规定确定。如果不能确定损失发生的区段,则责任限额为货物毛重每千克30(金)法郎,除非经联运经营人同意,发货人已就货物申报较高的价值,则不在此限。但是,在任何情况下,赔偿金额都不应超过有权提出索赔的人的实际损失。

(三)《多式联运单证规则》

该规则规定,如果能够确定货物损失发生的运输区段,则应适用该区段适用的国际公约或强制性国内法确定的责任限额。如不能确定损失发生的区段,如果运输方式中包含水运,其责任限额为每件或每货运单位666.67特别提款权或者毛重每千克2特别提款权,以其中较高的为准;如果不包含水运,责任限额则为每千克8.33特别提款权。如果发货人已对货物价值做出声明的,则应以声明价值为限。

案 例 分 析

一、多式联运货物滞留纠纷

1990年2月4日,湖北某造纸厂(甲方)要托运一批纸张从宜昌出发,经水运到达重庆,经铁路到达目的地成都,由收货人大邑县某商店联系短途汽车运输运送至大邑。

甲方于当日向某港(乙方)提供"水陆联运货物运单"一份,乙方接受承运,于1990年2月7日根据"水陆联运货物运单"填写"水陆联运货票",共四联。甲联报起运地航运局财务部门;乙联随货物到换装地点,报接运铁路局财务部门,作为铁路和水路之间的费用清算联;丁联随同货物递交到达地点,由到站报主管局财务部门或由到达港存查;丙联由起运港存查。在"货票"中的"到达港或到站"栏内,甲方填写的是"成都站","收货人"栏内填写的是"大邑县某文化用品商店",但未将承担短途运输的大邑县汽车运输公司填入"收货人"栏。2月13日,甲方将托运货物交由乙方装运上船,途经铁路部门换装接运后,到达终点站成都站。由于大邑县汽车运输公司迟迟未收到通知安排短途运输,致使货物在成都滞留10天,遂产生纠纷。

法院经审理,认定了上述事实。法院认为,在甲方填写运单时,由于自己的过错,未将承担短途运输的汽车公司填入"收货人"栏内,造成承运人无法及时通知收货人以及汽车公司无法获得通知并运输货物,对于因此而造成的货物损失,应由甲方自行承担。

二、多式联运货物发生货损

(一)案情

1988年10月,中国土畜产进出口公司××畜产分公司委托××对外贸易运输公司(简称外运公司)办理333只纸箱的男士羽绒滑雪衫出口手续,外运公司将货装上××远洋运输公司的货轮并向土畜产进出口公司签发了××对外贸易运输总公司的清洁联运提单,提单载明货物数量共为333箱,分装3只集装箱。同年6月29日,货轮抵达目的港日本神户,7月6日,日方收货人在港口由装卸公司开箱,发现其中一个集装箱A的11只纸箱中,有5箱严重湿损,6箱轻微湿损。7月7日,运至东京日方收货人仓库,同日由新日本商检协会检验,10月11日出具的商检报告指出货损的原因是集装箱有裂痕,雨水进入造成箱内衣服损坏,实际货损约合1868338日元。在东京进行货损检验时,商检协会曾邀请××远洋运输公司派人共同勘察,但该公司以"出港后检验无意义"为由拒绝。日方收货人从AIU保险公司取得赔偿后,AIU保险公司取得代位求偿权,于1989年9月25日向上海海事法院提起诉讼,要求被告货运代理人和实际承运人赔偿日方损失,并承担律师费和诉讼费。两被告答辩相互指出应由另一被告承担全部责任。

上海海事法院在受理此案过程中,积极调解,最终于1990年3月28日,原、被告三方达成协议,两被告根据损害事实及提单条款规定,赔付原告人民币8000元(其中300元为原告预知的诉讼费),赔款先由货运代理人先行给付,再由他与实际承运人自行协商解决,案件受理费由原告负担。

(二) 评析

根据"拆箱报告"和商检报告,本案中货损的原因是集装箱有裂痕,雨水进入箱内,由于承运人签发的是清洁联运提单,所以发生货损应当归于承运人的责任。根据中远提单条款的规定以及××远洋运输公司与××对外贸易运输公司的协议约定,两被告均应对货损承担责任。

本案中日方收货人对货损也应承担一定的责任。依据商检管理,日方收货人在发现货物有湿损时,应及时在卸货港当地申请商检,并采取适当救济措施以避免湿损扩大。但日方在未采取措施情况下将货物运至东京再商检,显然应对货物损失承担部分责任。对于因日方过错导致货物扩大损失的部分,应由日方自身负责,无权向承运人追偿。

本案处理结果基本上符合各方当事人的责任状况,至于两被告哪一方应对货损承担责任,根据他们之间的协议,应在共同对外承担责任后,查明事实后合理分担。

思考题

1. 试述多式联运的分类。
2. 多式联运合同怎么订立?
3. 多式联运经营人的赔偿责任限额是如何规定的?

第四篇　货物运输保险法律制度

第十六章　保险和保险合同概述

第一节　保　　险

一、保险的概念

自然灾害和意外事故是人类生活中有可能发生、也有可能不发生的或然风险。在交通运输行业,运输的风险无处不在,运输企业随时需要和风险打交道。而保险就是转移风险、补偿损失的最佳手段。

《中华人民共和国保险法》(以下简称《保险法》)第二条明确了保险的定义:"本法所称保险,是指投保人根据合同约定,向保险人支付保险费,保险人对于合同约定的可能发生的事故因其发生所造成的财产损失承担赔偿保险金责任,或者当被保险人死亡、伤残、疾病或者达到合同约定的年龄、期限等条件时承担给付保险金责任的商业保险行为。"

保险的基本职能是转移风险、补偿损失,即投保人通过交纳少量保险费,将风险转由保险人承担;一旦发生风险,则进行损失分摊,由众多的企业和个人共同分摊少数遭受灾害事故的企业和个人的损失。

二、保险的本质和意义

保险从本质上讲,保险体现的是一种经济关系,具体表现如下。
(1)保险人与被保险人的商品交换关系;
(2)保险人与被保险人之间的收入再分配关系。

从法律意义上说,保险是一种合同行为,即通过签订保险合同,明确双方当事人的权利与义务,被保险人以缴纳保费获取保险合同规定范围内的赔偿,保险人则有收受保费的权利和提供赔偿的义务。由此可见,保险乃是经济关系与法律关系的统一。

保险是一种经济制度,同时也是一种法律关系。保险源于海上借贷。到中世纪,意大利出现了冒险借贷,冒险借贷的利息类似于今天的保险费,但因其高额利息被教会禁止而衰落。

三、保险的分类

根据保险标的的不同,保险可分为财产保险和人身保险。

(一) 财产保险

财产保险是指保险人承保被保险人的以物质财富为内容的损害风险。财产保险又可分为财产损失保险、责任保险、保证保险等。

1. 财产损失保险

财产损失保险又称"产物保险",是指对物或其他财产利益损害的保险。凡是为被保险人所有或替他人保管,或与他人所共有,而由被保险人负责的财产,都可投保财产损失保险。

财产损失保险保的是各种各样的财产损失,它以各种不同的物质财富和与之有关的利益作为保险标的。财产损失保险还可按财产种类的不同分为企业财产保险、无形财产保险、船舶保险、飞机保险、机动车辆保险、货物保险、货物运输保险、家庭财产保险、房屋保险、农业保险等,依危险来源的不同可分为火灾保险、水灾保险、风灾保险等。

2. 责任保险

责任保险是指以被保险人对第三者依法应负的赔偿责任为保险标的的保险。保险人在被保险人对于第三人应负赔偿责任而受赔偿的请求时,负赔偿责任的一种无形财产保险。这就是说,被保险人因工作中的过失责任,造成他人损失而要赔偿时,由保险人负赔偿责任。比如,工程师、医生、会计师或机关、企业等都可投保责任保险。责任保险的目的,即是事先为个人或企业承保此种法律上的责任,于受害人发生损失时为被保险人负赔偿的责任。责任保险的保险标的,既不是特定财产,也不是人身,而是被保险人对于第三人应负的赔偿责任。

3. 保证保险

这种保险实际上是保险人向权利人所提供的一种担保,在被保险人不履行契约义务、失去信用或有犯罪行为使权利人受到损失时,由保险人负赔偿责任。保证保险主要有忠实保证保险,如保险公司承保雇主因所雇职工偷窃、侵占、挪用等所受损失;契约保证保险,即承保被保险人违约而造成的损失;信用保险,即承保因被保险人失掉信用而造成的损失。

(二) 人身保险

人身保险是以人身作为保险标的的一种保险,即保险人在被保险方人身伤亡、疾病、养老或保险期满时向被保险方或其受益人给付保险金的保险。

四、保险的要件

保险作为构成补偿或给付的经济制度应具备如下 4 个要件。

(一) 保险必须有危险存在

建立保险制度的目的是对付特定危险事故的发生,无危险则无保险。

(二) 保险必须对危险事故造成的损失给以经济补偿

所谓经济补偿是指这种补偿不是恢复已毁灭的原物,也不是赔偿实物,而是进行货币补偿。因此,意外事故所造成的损失必须是在经济上能计算价值的。在人身保险中,人身本身是无法计算价值的,但人的劳动可以创造价值,人的死亡和伤残,会导致劳动力的丧失,从而使个人或者其家庭的收入减少而开支增加,所以人身保险是用经济补偿或给付的办法来弥补这种经济上增加的负担,并非保证人们恢复已失去的劳动力或生命。

(三) 保险必须有互助共济关系

保险制度是采取将损失分散到众多单位分担的办法,减少遭灾单位的损失。通过保险,投保人共同交纳保险费,建立保险补偿基金,共同取得保障。

(四) 保险的分担金必须合理

保险的补偿基金是由参加保险的人分担的,为使各人负担公平合理,就必须科学地计算分担金。

五、保险的特征

(一) 保险是集合多数单位或个人的行为

保险是具有社会经济互助性质的活动,体现"人人为我,我为人人"的精神,有相同危险的千家万户的投保人缴纳保险费,集中起来,分担某一户的经济损失。

(二) 保险对约定的灾害事故和约定的事件负责

保险是承担各种自然灾害和意外事故所致的损失,但保险所保的不是世界上的一切危险,而是有一定的范围,即保险公司中所列明的保险责任,或者合同双方当事人特别约定的危险或者约定的事件。约定的危险范围广泛,包括自然灾害、意外事故和人身的意外事件;约定的事件,主要是对人身保险而言,是指人的生、老、病、死、残等事件。

(三) 使用科学的计算方法

通过大数法则就可以比较精确地预测危险,制定出合理的费率。保险费率的高低与危险发生频率、损毁程度相适应。这样就做到公平合理,符合商品经济经营保险业务的基本要求。

(四) 建立专用基金

聚集被保险人缴纳的保险费(或储金)构成的专用基金即保险基金,是保险人得以履行赔偿和给付(或返还)义务的基础。

(五) 保险组织经济补偿或给付

保险的目的是减少不确定性,保障经济生活的安定,保险人是经济补偿和保险金给付的承担者和组织者。

(六) 保险是一种经济形式

保险是国民经济中不可缺少的组成部分,体现国民收入分配中一种特殊的分配再分配关系,通过货币(保险基金)的运行来实现其经济补偿和给付的职能。

六、保险的作用

(一) 转移风险

买保险就是把自己的风险转移出去,而接受风险的机构就是保险公司。保险公司接受风险转移是因为可保风险还是有规律可循的。通过研究风险的偶然性去寻找其必然性,掌握风险发生、发展的规律,为众多有危险顾虑的人提供保险保障。

(二) 均摊损失

转移风险并非灾害事故真正离开了投保人,而是保险人借助众人的财力,给遭灾受损的投保人补偿经济损失,为其排忧解难。保险人以收取保险费用和支付赔款的形式,将少数人的巨额损失分散给众多的被保险人,从而使个人难以承受的损失,变成多数人可以承担的损失,这实际上是把损失均摊给有相同风险的投保人。所以,保险只有均摊损失的功能,而没有减少损失的功能。

(三) 实施补偿

分摊损失是实施补偿的前提和手段,实施补偿是分摊损失的目的。其补偿的范围主要有以下几个方面。

(1) 投保人因灾害事故所遭受的财产损失。
(2) 投保人因灾害事故使自己身体遭受的伤亡或保险期满应结付的保险金。
(3) 投保人因灾害事故依法对他人应付的经济赔偿。
(4) 投保人因另一方当事人不履行合同所蒙受的经济损失。
(5) 灾害事故发生后,投保人因施救保险标的所发生的一切费用。

第二节 保险合同

一、保险合同的概念

保险合同是投保人与保险人约定保险权利义务关系的协议。投保人是指与保险人订立保险合同,并按照保险合同负有支付保险费义务的人。保险人是指与投保人订立保险合同,并承担赔偿或者给付保险金责任的保险公司。

二、保险合同的主体

保险合同的主体分为保险合同当事人、保险合同关系人和保险合同辅助人三类。

(一) 保险合同当事人

1. 保险人

保险人也称承保人,是指经营保险业务,与投保人订立保险合同,收取保费,组织保险基金,并在保险事故发生或者保险合同届满后,对被保险人赔偿损失或给付保险金的保险公司。保险人具有以下特征:

(1) 保险人仅指从事保险业务的保险公司,其资格只能在符合法律的严格规定情况下取得;

(2) 保险人有权收取保险费;

(3) 保险人有履行承担保险的责任或给付保险金的义务。

2. 投保人

投保人也称"要保人",是指与保险人订立保险合同,并按照合同约定负有支付保险费义务的人。在人身保险合同中,投保人对被保险人必须具有保险利益;在财产保险合同中,投保人对保险标的要具有保险利益。投保人须具备以下条件:

(1) 具备民事权利能力和民事行为能力;

(2) 承担支付保险费的义务。

(二) 保险合同关系人

1. 被保险人

被保险人俗称"保户",是指受保险合同保障并享有保险金请求权的人。被保险人具有以下特征:

(1) 被保险人是保险事故发生时遭受损失的人;

(2) 被保险人是享有保险金请求权的人;

(3)被保险人的资格一般不受限制,被保险人可以是投保人自己,也可以是投保人以外的第三人;被保险人也可以是无民事行为能力人,但是在人身保险中,只有父母才可以为无民事行为能力人投保以被保险人死亡为给付保险金条件的保险。

2. 受益人

受益人是指在人身保险合同中由被保险人或者投保人指定的享有保险金请求权的人,投保人、被保险人或者第三人都可以成为受益人。受益人具有以下特征:

(1)受益人享有保险金请求权;

(2)受益人由被保险人或者投保人指定;

(3)受益人一般没有资格限制,受益人无须受民事行为能力或保险利益的限制;但是若投保者为与其有劳动关系的人投保人身保险时,不得指定被保险人及其近亲属以外的人为受益人。

三、保险合同的客体

保险合同的客体是指保险法律关系的客体,即保险合同当事人权利义务所指向的对象。由于保险合同保障的对象不是保险标的本身,而是被保险人对其财产或者生命、健康所享有的利益,即保险利益,所以保险利益是保险合同当事人的权利义务所指向的对象,是保险合同的客体。保险标的是保险合同所要保障的对象。

四、保险合同的形式

保险合同采用保险单和保险凭证的形式签订,其中保险单或者其他保险凭证应当载明当事人双方约定的合同内容。当事人也可以约定采用其他书面形式载明合同内容。合同订明的附件,以及当事人协商同意的有关修改合同的文书、电报和图表,也是合同的组成部分。保险合同是要式合同,但保险单仅为保险合同的书面证明,并非保险合同的成立要件。通常,保险合同由投保单、保险单(或暂保单、保险凭证)及其他有关文件和附件共同组成。

保险凭证是保险合同的一种证明,实际上是简化了的保险单,所以又称为小保单。保险凭证与保险单具有同等的法律效力。凡保险凭证中没有列明的事项,则以同种类的正式保险单所载内容为准,如果正式保险单与保险凭证的内容有抵触或保险凭证另有特定条款时,则以保险凭证为准。目前,中国在国内货物运输保险中普遍使用保险凭证,此外,汽车保险也可以使用保险凭证。

五、保险合同的义务

(一)被保险人的义务

1. **严格遵守最大诚信**

即应当将其知道的或者在通常业务中应当知道的有关影响保险人据以确定保

险费率或者确定是否同意承保的重要情况,如实告知保险人,被保险人还应履行保险条款的义务,在违反合同约定的保险条款时,应当立即书面通知保险人。

2. 支付保险费

除合同另有约定外,保险费应当在合同订立后立即支付给保险人。

3. 减损义务

减损义务是指一旦发生保险事故,被保险人应当立即通知保险人,并采取必要的合理措施,以防止或减少损失;或者,在其收到保险人要求采取防止或减少损失的合理措施的特别通知后,应当按照通知的要求处理。

4. 协助保险人行使代位求偿权

即被保险人应当在取得了保险赔偿后,向保险人提供必要的文件和其所需要知道的情况,使保险人得以向有责任的第三人实际行使追偿权。

(二) 保险人的义务

(1) 在订立保险合同时,保险人应当履行如实告知义务。对保险合同中免除保险人责任的条款,保险人在订立合同时应当在投保单、保险单或者其他保险凭证上做出足以引起投保人注意的提示,并对该条款的内容以书面或者口头形式向投保人做出明确说明;未做提示或者明确说明的,该条款不产生效力。

(2) 在发生保险事故造成损失后,保险人应当及时向被保险人支付保险赔偿,这是保险赔偿原则最重要的体现。

(3) 在对于被保险人的任何信息和涉及保险条款相关协定内容等的保密义务。

第三节 货物运输保险概述

一、货物运输保险的概念

普通财产保险是以存放在固定地点的各种财产作为保险对象,例如:企业财产保险的保险标的是机器、设备,家庭财产保险的保险标的是家具、家用电器等。普通财产保险的保险标的通常处于相对静止的状态,而货物运输保险的保险标的是从一地运到另一地的货物,经常处于运动状态之中,具有较大的流动性。国内货物运输保险是以在国内运输过程中的货物为保险标的,在标的物遭遇自然灾害或意外事故所造成的损失时给予经济补偿。按照运输方式可分为:直运货物运输保险、联运货物运输保险、集装箱运输保险。按照运输工具可分为:水上货物运输保险、陆上货物运输保险、航空货物运输保险。从保障范围来看,国内货物运输保险要比普通财产保险广泛得多。在发生保险责任范围内的灾害事故时,普通财产保险仅负责被保险财产的直接损失以及为避免损失扩大采取施救、保护等措施而产生的合理费用。

国际货物运输保险,是指被保险人(进口商或者出口商)对进行国际运输的货物按照一定的金额向保险人(公司)投保一定的险别,并缴纳保险费,保险人在承保收费后,对所承保的货物在运输过程中发生保险责任范围内的自然灾害或者意外事故所致的损失,按照保险单的约定给予补偿。

在国际贸易中,一笔交易的货物,从卖方转移到买方,一般都要经过长途运输,在这一过程中,可能遇到各种风险,从而使货物遭受损失。为了保障货物受损后能获得经济上的补偿,货主一般都要投保货物运输险。货物运输保险期限,以一次航程为准,并按"仓至仓"条款规定办理货运险。水路、公路、铁路运输保险分为基本险和综合险责任两种,其他运输保险责任按特约确定,并受条款约束。

国际上没有统一的货物运输保险法。实践中保险人与被保险人的权利义务由各国国内法和当事人双方订立的保险合同确定,取决于国际贸易货物运输的方式。在我国,进出口货物运输最常用的保险条款是C.I.C.中国保险条款,该条款是由中国人民保险公司制订,中国人民银行及中国保险监督委员会审批颁布的。C.I.C.中国保险条款按运输方式来分,有海洋、陆上、航空和邮包运输保险条款四大类;对某些特殊商品,还配备有海运冷藏货物、陆运冷藏货物、海运散装桐油及活牲畜、家禽的海陆空运输保险条款,以上八种条款,投保人可按需选择投保。

从保障范围来看,货物运输保险要比普通财产保险广泛得多。在发生保险责任范围内的灾害事故时,普通财产保险仅负责被保险财产的直接损失以及为避免损失扩大采取施救、保护等措施而产生的合理费用。国内货物运输保险除了负责上述损失和费用外,还要承担货物在运输过程中因破碎、渗漏、包装破裂、遭受盗窃以及整件货物提货不着而引起的损失,以及按照一般惯例应分摊的共同海损和救助费用。

二、货物运输保险的分类

(一) 海上运输保险

海上运输保险承保通过海上船舶运输的货物,是一种为货物在海上航行时,货主避免因可能遭遇到的各种风险,适应国际贸易和海上运输需要而设立的险种。海上运输保险又可分为海上运输货物险、海上运输货物战争和罢工险、海上运输冷藏货物险以及海上运输散装桐油险等专门险种。

(二) 陆上运输保险

陆上运输保险以使用火车或者汽车载运的货物为保险标的,承保这些货物在运输过程中因自然灾害或意外事故而导致的损失,但保险人一般不承保牲口驮运的货物。陆上运输保险可分为陆上运输货物险、陆上运输货物战争险、陆上运输冷藏货物险等险种。而根据载运工具的不同，又可分为道路运输保险与铁路运输保险。

（三）航空运输保险

航空运输保险以通过飞机运输的货物为保险标的，承保货物在运输过程中因自然灾害或者意外事故所致的损失，其具体险种如航空运输货物险和航空运输战争险等。

（四）邮包运输保险

邮包运输保险承保通过邮局递运的货物，保险人对邮包在运送过程中因受自然灾害事故所致的损失负责，其险种如邮包运输险和邮包战争险。

在上述几大类险种中，最为重要的是海上运输货物保险，原因是目前国际货物贸易主要是通过海上运输进行的，而且海上运输货物保险的历史最悠久，其他险种是在其基础上发展起来的。

三、保险利益的适用时限

各国保险法一般都规定在投保时要求投保人或者被保险人对保险标的必须具有保险利益，但海上运输保险则仅仅要求在保险标的发生损失时必须具有保险利益即可。这样规定是为了适应国际贸易的习惯做法，在实务中常常是货物的买方或卖方在订立销售合同以后，或者订了舱位之后，就向保险公司办理运输保险，但这时货物的所有权会因为并没有装船等原因而转移到投保人或被保险人手里。因而在此时并没有获得对保险标的的保险利益，但这并不影响保险合同的效力。

此外，国际贸易中船舶的流动性大，且只需转让提单就可以转让商品的所有权，因而在订立保险合同时必须具有保险利益是不现实的。只要在保险事故发生之时，被保险人具有保险利益，就可以得到补偿，否则保险合同无效，从而得不到补偿。按照英国《1906年海上保险法》的规定，若保险标的发生损失时，被保险人尚未取得保险利益，其后无论采用什么方法或者手段，都无法再获得保险利益。

四、保险的索赔与理赔

（一）保险索赔

货物在运输途中发生损失，应由具有保险利益的被保险人向保险人或其代理人提出保险索赔。一般索赔程序如下。

1. 损失通知

被保险人可能在货物运输途中就获悉货物因运输工具发生意外事故而受损，也可能在货物到达目的地后提货时或者货物运至仓库储存时才发生货损。无论属于哪种情况,一旦得知保险标的受损,被保险人就应立即向保险人或其指定代理人发出损失通知。

2. 申请检验

货物到达目的地时,如果发生短缺,一般只要有短缺证明即可作为损失对待,不需经过检验。货物如果出现残损,被保险人在向保险人或其指定代理人发出损失通知的同时,应申请检验,以确定损失的原因以及损失程度等。在出口保险中,应由保险单上注明的保险公司在国外的检验代理人进行检验并出具检验报告。在进口保险中,则由保险人或其代理人和货主以及船方或其代理人进行联合检验或申请商检,并出具检验报告。

3. 提交索赔的必要文件

被保险人在提出索赔时,应向保险人或其有理赔权的代理人提交索赔的必要单证,通常包括以下几项。

(1) 保险单。这是向保险人索赔的基本依据,其中规定了保险人的责任范围和保险金额等内容。

(2) 提单。提单上的某些内容,例如货物的数量、交货时的状况等记载对确定货物损失是否发生在保险期间有很大的作用。

(3) 发票。它是计算保险赔款金额的依据。

(4) 装箱单、质量单。这是运输货物在装运时数量和质量的证明。

(5) 货损、货差证明。包括在卸下的货物有残损或短少时,由港口当局出具的理货单,如残损单、溢短单,这类单据应该由承运人或有关责任方签字认可;还包括责任方出具的货运记录,它既是被保险人向保险人索赔的证据,又是被保险人及保险人向责任方追偿的重要证据。

(6) 检验报告。它是保险人核定保险责任以及确定赔款金额的重要依据。

(7) 索赔清单。这是由被保险人制作的要求保险人赔偿的清单,其中包括货物的名称、金额以及损失情况的介绍。

(二) 保险理赔

保险理赔是保险人的履约行为,它以保险人拥有保险核赔权为法律基础,同时不排除被保险人的举证责任和权利。保险理赔与索赔是两个既相区别又相联系的法律行为。索赔是理赔的基础,理赔是最终实现索赔请求的必要程序。保险理赔是保险经营管理的重要组成部分,它是保险人为具体体现保险的经济补偿职能,在保险合同有效期内发生保险事故后进行的处理赔付的专业性工作。保险理赔是一件相当复杂的工作,但总体上讲,在保险人收到损失通知后,理赔的程序一般为:查勘检验—调查取证—核赔—追偿。

1. 查勘检验

查勘检验的目的如下。

(1) 查清损失原因、范围和程度；
(2) 制订施救和救助方案,避免损失进一步扩大；
(3) 追查第三者的责任,以利追偿工作。

2. 调查取证

运输保险的一些案件非常复杂,一般的查勘检验工作并不能完全查清损失原因、程度和范围,不能够分清责任,必须进一步调查取证。保险人根据案件的具体情况可以直接向有关方面进行调查取证,也可以委托代理人、海损理算人、律师或专家进行调查取证工作。

3. 核赔

这是保险人在得到被保险人正式提交的索赔清单和证明损失的材料之后,根据保险合同和被保险人提供的证据材料,结合自己所取得的证据材料核定损失是否属于保险责任以及责任大小的工作,一般包括核定保险责任和赔款计算等。

4. 追偿

保险人依据保险合同赔偿被保险人损失后,被保险人应将有关向第三方索赔的权利转移给保险人。通常,由被保险人签署权益转让书之后,保险人凭权益转让书以及其他文件向第三人进行追偿。

五、保险的代位与委付

(一) 代位

代位是指当货物的损失是由于第三者的故意或者过失引起时,保险公司自向被保险人支付了保险赔偿金之日起,有权取代被保险人向第三者进行索赔。这种权利就是代位(求偿)权。代位(求偿)是从保险的损失补偿原则中派生出来的,目的在于防止被保险人既从保险人处获得赔偿,又从第三者那里获得赔偿,这有利于被保险人迅速获得保险赔偿,同时维护保险人自身的合法权益,也可使有关责任人不因保险的存在而逃脱事故赔偿责任。无论是在全部损失还是部分损失的情况下,只要保险人已经支付了保险赔款,保险人都有权取得代位(求偿)权。保险人行使该权利的条件为：保险标的所遭受的风险必须属于保险责任范围；保险事故的发生应由第三者承担责任；保险人必须事先向被保险人履行赔偿责任；保险人只能在赔偿金额的限度内行使代位(求偿)权；被保险人要求第三者赔偿。在赔付部分损失的情况下,若赔偿所得小于或等于赔付给被保险人的金额,则全部归于保险人；若大于赔付给被保险人的金额,则多出部分应返还给被保险人。在赔付全部损失的情况下,保险人除取得代位(求偿)权外,还有权取得残存保险标的的所有权,即使残存标的的价值大于所付出的保险赔款,其超出部分仍归保险人所有。

(二) 委付

委付是指在保险标的发生推定全损时,由被保险人把保险标的的所有权转让给保险人,而向保险人请求赔付全部保险金额。

委付成立的条件:委付必须是保险标的推定全损;必须就保险标的的全部损失提出要求;必须经保险人承诺方为有效;被保险人必须在法定时间内向保险人提出书面的委付申请;被保险人必须将保险标的的一切权利转让给保险人,并且不得附加条件。

委付是被保险人的单方行为,保险人没有必须接受委付的义务。但委付一经接受则不能撤回。接受委付后,保险人取得残损标的的所有权,当损失由第三者过失引起时,同时取得向有过错的第三者代位求偿的权利。即使追偿额大于保险人的赔付额,也不必将超出部分退还被保险人。

案 例 分 析

一、保险利益纠纷案之一

(一) 案情

巴莱进出口公司(以下简称原告)作为卖方,根据美国客户的订单于2002年8月委托船公司作为承运人向美国发运一批货物。贸易合同规定的价格条款为CIF美国波士顿,付款条件是 T/T。2002年8月8日,原告向中国某保险股份有限公司(以下简称被告)投保海上货物运输保险,承保的险别是一切险。同年8月10日,上述货物被装到集装箱运送到青岛港。装船时,集装箱底脱落,货物从集装箱内落下掉到甲板上,发生全损。美国买方在知道货物发生全损后,以货物不能满足合同的要求、不能实现合同的要求为理由,拒绝支付货款。原告向被告索赔保险金,而被告认为,根据最新的《国际贸易术语解释通则》A5 关于风险转移的规定,在 CIF 价格条件下,美国买方承担货物越过船舷后的风险,卖方已无任何风险且保险单已经背书转让,原告已经不享有保险利益,也就不享有本案诉权。

法院最终判决,原、被告之间存在合法有效的海上货物运输保险合同关系。因货物的保险利益发生回转,作为卖方的原告取得该票货的保险利益而享有诉权。因此,被告应当承担原告货物灭失的赔偿责任。

(二) 评析

从本质上讲,本案涉及的是海上货物运输保险中的一个重要的基本原则——保险利益原则。如何理解保险利益与货物风险转移及所有权转移之间的关系是决定本案原告是否具有诉权的关键因素。一般情况下,只有买方可以向保险人进行索赔,而卖方因没有保险利益而无权向保险人进行索赔。但有一种例外情况,即买方退单、拒收货物、拒付货款时,买方的此种行为将产生保险利益的法律后果。关于保险利益回转,我国的《保险法》、《海商法》都没有明确的条文规定。但我国《合同法》第一百四十八条规定了货物风险转移的情况,具体为"因标的物的质量不符合质量要求,致使不能实现合同目的的,买受人可以拒绝接受标的物或者解除合同。买受人拒绝接受标的物或者解除合同的,标的物毁损、灭失的风险由出卖人承担。"通过以上分析得出如下结论:因为收货人/买方拒绝收货,货物的风险由买方又转移到卖方。故作为卖方的原告取得该票货的保险利益而享有诉权,且被告应当承担赔偿责任。

二、保险利益纠纷案之二

（一）案情

2006年10月,天龙贸易公司委托一家钢材公司向腾盛五金制品公司(以下简称腾盛公司)出售10000吨钢材,在交易中卖方使用钢材公司的名义。合同约定货物于2006年11月在西洋港口装运,卸货港为中国连云港,货物由买方投保。根据该合同,腾盛公司向保险公司为合同项下的这批货物投保了海运货物平安险,并支付了保险费。保险人签发了保险单。2006年12月30日,买卖合同项下的货物在俄罗斯一港口装货完毕,承运人签发了两套提单。2007年1月8日,承运上述货物的船舶在开往连云港的途中因货舱进水而沉没,货物也因此全损。腾盛公司向保险人索赔遭到拒绝,因此于2007年7月向某海事法院提起诉讼,要求判令保险人赔偿保险金及利息。被告在诉讼中辩称,腾盛公司并非核定的经营钢材进口的公司,也没有申请领取进口许可证,其进口钢材的行为不合法。因此原告没有保险利益,保险合同应自一开始便无效,原告无权请求保险赔偿。

法院在审理中查明,腾盛公司不是核定经营进出口钢材的企业;天龙贸易公司、腾盛公司没有向法院出示案件所涉钢材进口许可证,因此认定原告没有保险利益,并驳回原告诉讼请求。原告于是提起上诉。二审法院终审判决认定:本案所涉保险标的进口钢材属于核定公司或者申请领取进口许可证后方可进口经营的产品。腾盛公司并非核定的经营钢材进口的公司,也没有申请领取进口许可证,因此其进口钢材的行为不合法。腾盛公司对其非法进口的钢材不能享有法律上承认的利益,因此无保险利益可言。腾盛公司以其非法进口的钢材为保险标的与保险人签订的保险合同依法应当被确认为无效。被保险人无权依据该无效保险合同向保险人索赔。法院终审判决驳回被保险人的诉讼请求。

（二）评析

保险利益又称可保利益,是指投保人或者被保险人在保险标的上因具有某种利害关系而享有的为法律所承认的、可以投保的经济利益。保险利益是保险合同的效力要件。按照我国《保险法》的规定:"投保人对保险标的应当具有保险利益。投保人对保险标的不具有保险利益的,保险合同无效。"保险利益原则是《保险法》基本原则之一,保险利益的成立必须具备"合法利益"这个要件,因为保险合同本身就是民事法律行为的一种,应该满足法律、行政法规的强制性规定。因此,投保人或者被保险人对于保险标的所具有的利益,必须是合法的、可以主张的利益,而不能是违反法律规定、通过不正当手段获得的利益。例如,对走私货物不具有保险利益,对盗窃来的货物不具有保险利益。该案件所涉及的钢材,因为投保人没有进口许可证,因此也不具有保险利益。不具有保险利益的合同,根据我国《保险法》的规定,当然无效,被保险人也就无法获得赔偿。

思考题

1. 财产保险可分为几大类?它们之间有什么区别和联系?
2. 保险合同中保险人与被保险人双方的义务分别是什么?
3. 各国保险法中保险利益的适用时限的规定通常是什么?为什么会这样规定?

第十七章 道路货物运输保险法律

第一节 道路货物运输保险法概述

所谓道路货物运输保险是指托运人或货主(被保险人)将托运的货物向保险公司(保险人)投保并支付保险费用,由保险公司按约赔偿因运输中发生保险责任范围内事故造成的货物损失的一种保险。根据《汽车货物运输规则》有关规定,汽车货物运输保险采取自愿投保的原则,由托运人自行确定。托运人可以办理运输保险,也可以不办理。包括承运人、保险公司在内的任何其他人不得以任何形式强迫托运人办理运输保险,但从货主利益出发,特别是在因不可抗力造成的货物损失、不应由承运人赔偿的情况下,托运人托运价值较高或大批货物时应积极投保货物运输险。

第二节 道路货物运输保险合同

所谓道路货物运输保险合同,是指保险公司按照约定对被保险人遭受保险责任范围内的事故,造成货物的损失负责赔偿,而由被保险人支付保险费的合同。

办理道路货物运输保险时,托运人或货主作为被保险人应当在托运货物时事先与作为保险人的保险公司签订道路货物保险合同。合同的成立应以保险公司签发的保险单证或保险凭证为依据。在实践中,货主可直接与保险公司签订保险合同,也可委托他人代办。对投保运输保险的货物,在托运、承运时,应当按规定在货物运单上予以相应注明。

以下结合《公路货物运输保险条款》对道路运输保险合同做出具体的解读。

一、保险标的范围

凡在国内经公路运输的货物均可为本保险之标的。

下列货物非经投保人与保险人特别约定,并在保险单(凭证)上载明,不在保险标的范围以内:金银、珠宝、钻石、玉器、首饰、古币、古玩、古书、古画、邮票、艺术品、稀有金属等珍贵财物。

下列货物不在保险标的范围以内:蔬菜、水果、活牲畜、禽鱼类和其他动物。

二、保险责任

由于下列保险事故造成保险货物的损失和费用,保险人依照本条款的约定负责赔偿:

(1) 火灾、爆炸、雷电、冰雹、暴风、暴雨、洪水、海啸、地陷、崖崩、突发性滑坡、泥石流;

(2) 由于运输工具发生碰撞、倾覆或隧道、码头坍塌,或在驳运过程中因驳运工具遭受搁浅、触礁、碰撞、沉没;

(3) 在装货、卸货或转载时因意外事故造成的损失;

(4) 因碰撞、挤压而造成货物破碎、弯曲、凹瘪、折断、开裂的损失;

(5) 因包装破裂致使货物散失的损失;

(6) 液体货物因受碰撞或挤压致使所用容器(包括封口)损坏而渗漏的损失,或用液体保藏的货物因液体渗漏而造成该货物腐烂变质的损失;

(7) 符合安全运输规定而遭受雨淋所致的损失;

(8) 在发生上述灾害事故时,因纷乱造成货物的散失以及因施救或保护货物所支付的直接合理的费用。

三、责任免除

由于下列原因造成保险货物的损失,保险人不负赔偿责任:

(1) 战争、敌对行为、军事行动、扣押、罢工、暴动、哄抢;

(2) 地震造成的损失;

(3) 盗窃或整件提货不着的损失;

(4) 在保险责任开始前,保险货物已存在的品质不良或数量短差所造成的损失;

(5) 保险货物的自然损耗、本质缺陷、特性所引起的损失或费用;

(6) 市价跌落、运输延迟所引起的损失;

(7) 属于发货人责任引起的损失;

(8) 投保人、被保险人的故意行为或违法犯罪行为。

四、责任起讫

保险责任自签发保险凭证后,保险货物运离起运地的发货人的最后一个仓库或储存处所时起,至运到该保险凭证上注明的目的地的收货人在当地的第一个仓库或储存处所时终止。但保险货物运抵目的地后,如果收货人未及时提货,则保险责任的终止期最多延长至保险货物卸离运输工具后的十五天为限。

五、保险价值和保险金额

保险价值为货物的实际价值,按货物的实际价值或货物的实际价值加运杂费确定。保险金额由投保人参照保险价值自行确定,并在保险合同中载明。保险金额不得超过保险价值。超过保险价值的,超过部分无效,保险人应当退还相应的保险费。

六、投保人、被保险人的义务

投保人应当履行如实告知义务,如实回答保险人就保险标的或者被保险人的有关情况提出的询问。

投保人故意或因重大过失未履行前款规定的如实告知义务,足以影响保险人决定是否同意承保或者提高保险费率的,保险人有权解除保险合同。

投保人故意不履行如实告知义务的,保险人对于保险合同解除前发生的保险事故,不承担赔偿责任,也不退还保险费。

投保人因重大过失未履行如实告知义务,对保险事故的发生有严重影响的,保险人对于保险合同解除前发生的保险事故,不承担赔偿责任,但应当退还保险费。

投保人在保险人或其代理人签发保险单(凭证)的同时,应一次交清应付的保险费。若投保人未按照约定交付保险费,保险费交付前发生的保险事故,保险人不承担赔偿责任。

投保人和被保险人应当严格遵守国家及交通运输部门关于安全运输的各项规定,维护保险标的的安全。货物运输包装必须符合国家和主管部门规定的标准。

保险人可以对保险标的的安全状况进行检查,向投保人、被保险人提出消除不安全因素和隐患的书面建议,被保险人应该认真付诸实施。

对于因被保险人未遵守上述约定而导致保险事故的,保险人不负赔偿责任;对于因被保险人未遵守上述约定而导致损失扩大的,保险人对扩大的损失不负赔偿责任。

在合同有效期内,保险标的危险程度显著增加的,被保险人按照合同约定应当及时通知保险人,保险人有权要求增加保险费或者解除合同。

被保险人未履行前款规定的通知义务的,因保险标的的危险程度显著增加而发生的保险事故,保险人不承担赔偿责任。

保险货物如果发生保险责任范围内的损失时,投保人或被保险人获悉后,应迅速采取合理的施救和保护措施,并立即通知保险人所在的当地机构(最迟不超过10天)。

故意或因重大过失未及时通知,致使保险事故的性质、原因、损失程度等难以确定的,保险人对无法确定的部分,不承担赔偿责任,但保险人通过其他途径已经及时知道或应当及时知道保险事故发生的除外。

七、赔偿处理

被保险人向保险人申请索赔时,必须提供下列有关单证:
(1)保险单(凭证)、运单(货票)、提货单、发票(货价证明);
(2)承运部门签发的事故签证、交接验收记录、鉴定书;
(3)收货单位的入库记录、检验报告、损失清单及救护保险货物所支付的直接合理的费用单据;
(4)被保险人所能提供的其他与确认保险事故的性质、原因、损失程度等有关的证明和资料。

保险人收到被保险人的赔偿请求后,应当及时就是否属于保险责任做出核定,并将核定结果通知被保险人。情形复杂的,保险人在收到被保险人的赔偿请求并提供理赔所需资料后三十日内未能核定保险责任的,保险人与被保险人根据实际情形商议合理期间,保险人在所商定的期间内应做出核定结果并通知被保险人。对属于保险责任的,在与被保险人达成有关赔偿金额的协议后十日内,履行赔偿义务。

保险货物发生保险责任范围内的损失时,保险金额等于或高于保险价值时,保险人应根据实际损失计算赔偿,但最高赔偿金额以保险价值为限;保险金额低于保险价值的,保险人对其损失金额及支付的施救保护费用按保险金额与保险价值的比例计算赔偿。保险人对货物损失的赔偿金额,以及因施救或保护货物所支付的直接合理的费用,应分别计算,并各以不超过保险金额为限。

保险货物发生保险责任范围内的损失,如果根据法律规定或有关约定,应当由承运人或其他第三者负责赔偿部分或全部的,被保险人应首先向承运人或其他第三者提出书面索赔,直至诉讼。保险事故发生后,保险人未赔偿保险金之前,被保险人放弃对有关责任方请求赔偿的权利的,保险人不承担赔偿责任;如被保险人要求保险人先予赔偿,被保险人应签发权益转让书和将向承运人或第三者提出索赔的诉讼书及有关材料移交给保险人,并协助保险人向责任方追偿。

由于被保险人的故意或重大过失致使保险人不能行使代位请求赔偿权利的,保险人可以相应扣减保险赔偿金。

经双方协商同意,保险人可将其享有的保险财产残余部分的权益作价折归被保险人,并可在保险赔偿金中直接扣除。

当被保险人与保险人发生争议时,在协商解决的过程中,双方不能达成协议时,可以提交仲裁机关或法院处理。

案 例 分 析

一、水陆联运保险纠纷案

（一）案情

无锡市某道路机械有限公司（以下简称机械公司）专业生产各种型号的道路机械。2004年10月21日，某工程机械有限公司（以下简称工程公司）向机械公司定购单钢轮压路机1台。双方约定的付款条件为AAA，同时约定由卖方代办运输和保险。机械公司于2004年10月27日就该批货物向某保险公司投保了国内水路、陆路货物运输保险，被保险人为工程公司。10月28日，该批货物交给承运人某运输有限公司（以下简称运输公司）。承运人遂安排驾驶员王某驾驶车辆执行此次运输任务。2004年11月2日深夜24:00前后，当该车行驶至陕西省某县境内时，由于山路陡、弯道急，压路机撞上山体，导致捆绑压路机的绳索崩断使得压路机摔落地面，造成一定程度的损坏。事发后，机械公司将一台新的同型号的压路机重新送交被保险人。被保险人据此向保险公司提出索赔。经法院积极调解，事后双方达成和解，保险公司赔偿被保险人（即工程公司）80456元。

（二）评析

货物运输途中的风险由买方承担。《买卖合同》第十条第一款规定，在标的物的价款未全部付清之前，合同项下相应的标的物的所有权属于卖方。而本次交易所约定的是货物交给承运人时买方付全部货款的25%，其余货款在货物到达买方后3个月内付清。本次交易中，在买方付清全部价款之前货物的所有权是属于卖方的，即使其已经完成了交付行为。那么，能否以买方对于货物没有所有权就认为买方对于该批货物没有保险利益呢？当然不能。这是因为货物运输途中的风险由买方承担。

我国《合同法》第一百四十二条规定："标的物毁损、灭失的风险，在标的物交付之前由出卖人承担，交付之后由买受人承担，但法律另有规定或者当事人另有约定的除外。"双方买卖合同中第四条关于风险转移的约定为：标的物风险自交付时发生转移。机械公司有自己的格式销售合同，而工程公司是机械公司的一个分销商。由于双方之间是一个长期的合同关系，所以双方之间以机械公司的格式销售合同为依据确定双方之间买卖合同的其他主要内容，如交货方式、交货地点、质量标准与验收、风险转移、运输及保险、标的物所有权及所有权移交、违约责任、争议处理方式、买卖双方的义务等。每次需要的商品规格型号以及付款条件，由买方以不可撤销订单的方式提出，经卖方确认后，作为合同的组成部分。所以要确定买卖双方的具体权利义务，应当以卖方格式销售合同和买方订单中的内容为依据。而双方买卖合同中第四条关于风险转移的约定为：标的物风险自交付时发生转移。

保险利益是投保人或被保险人对保险标的具有利害关系而享有的合法经济利

益。由于运输途中的风险由买方承担,所以如果运输途中不发生意外,则货物可以安全到达,基于货物的安全到达,作为销售商,将因为货物的销售而取得收益;如果货物受损,则买方要承担毁损灭失的责任,也就是其经济上要受到一定的损失。可见,货物的完好或者毁损,与买方的利益是密切相关的,即买方对于货物具有利害关系,所以买方对于标的物具有保险利益。

二、松下公司托运货物损毁案

(一)案情

2003年1月21日,松下公司委托货运配载站将17台"松下爱妻号"洗衣机运至外地某市。货运配载站当日签出货物托运凭证,该凭证右下方有货运配载站事先印好的货物托运合同。该合同第二条、第三条分别载明:"托运人必须委托承运人投保,如发生丢失和损坏,按保险条例赔偿……","如托运人未委托承运人投保,如发生丢失和损坏,按运费的三倍赔偿"。货运配载站接受委托后用汽车运输,途中发生交通事故,造成托运的洗衣机中有16台损坏。经交警认定货运配载站应负事故全部责任。之后,松下公司多次找货运配载站协商赔偿事宜,但无法达成协议。为此,松下公司依法起诉,要求法院判令货运配载站按受损洗衣机的进货价赔偿原告货物损失30188.19元,并赔偿可得利润损失3018元,合计33206.19元。货运配载站辩称,双方已在货物托运合同中约定:"托运人必须委托承运人投保,如发生丢失和损坏,按保险条例赔偿……","如托运人未委托承运人投保,如发生丢失和损坏,按运费的三倍赔偿"。双方签订合同后,松下公司未委托货运配载站办理货物保险手续,因此松下公司的洗衣机在运输途中受损,货运配载站只需按运费的三倍进行赔偿即可。松下公司要求货运配载站赔偿全部损失没有依据,货运配载站无法接受。

法院经审理,判决货运配载站应按受损洗衣机的进货价赔偿松下公司货物损失30188.19元,其余诉讼请求予以驳回。

(二)评析

本案产生纠纷的原因是承运人过错造成托运货物损毁,托运人没有办理保险,发生纠纷。

责任方是货运配载站。责任原因为货物托运凭证是承运人自行拟定、印制的,并在对外业务中反复使用,应认定为格式合同,应按不利于提供格式条款一方的原则进行解释,如合同条款不符合法定情形的,应依据法律判定,可认定该条款无效;该合同符合运输合同的法律特征,依《合同法》的有关规定,除承运人证明货物的毁损是因不可抗力、货物本身的自然性质或者合理损耗以及托运人、收货人的过错造成的外,应对货物毁损承担赔偿责任。

承、托运人签订的托运凭证是双方当事人的真实意思表示,不违反法律规定的,依法成立并生效。虽然该托运凭证明确约定托运人必须委托承运人对所托运的货物进行投保,如托运人未委托承运人投保,发生丢失和损坏,按运费的三倍赔偿,但本案的货物运输合同属格式条款合同,其中第三条规定:"如托运人未委托承运人投保,如发生丢失和损坏按运费的三倍赔偿",该条款中所指的"损坏",应当不包括运输过程中因交通事故所造成的损坏,且该合同第二条、第三条属免除承运人的法定义务,加重托运人责任,排除托运人主要权利的条款,承运人在签订合同时未按法律规定采取合理的方式提请托运人注意该条款,因此应确认为无效。根据《合同法》的有关规定,对于货物损失的赔偿额双方约定不明确的,应当按照交付时或应交付时的货物到达地的市场价格计算,托运人主张以其进货价计算货损,因进货价一般低于市场价格,货运配载站应按受损洗衣机的进货价赔偿松下公司货物损失费30188.19元。

思考题

1. 道路运输保险的投保原则是什么?什么情况下当事人应该选择投保?
2. 道路运输保险责任的免除情形有哪几种?

第十八章　铁路货物运输保险法律

第一节　铁路货物运输保险法概述

铁路货物运输保险是指为铁路运输货物在运输过程中,因遭受保险责任范围内的自然灾害或意外事故所造成的损失能够得到经济补偿而设立的一种保险。铁路货物运输保险依据地域范围划分,可分为国内铁路货物运输保险和国际铁路货物运输保险。

按照保险业的习惯,在铁路运输货物保险业务中,只要是因发生承保责任范围内的风险所导致的损失,保险人一般都予赔偿,因此铁路货物保险不再区分全部损失和部分损失。这就决定了铁路运输货物保险的基本险别与海上运输货物的险别有所区别。

第二节　铁路货物运输保险合同

一、铁路货物运输保险的保险责任

(一) 基本险的保险责任

由于下列保险事故造成保险货物的损失和费用,保险人依照本条款的约定负责赔偿:火灾、爆炸、雷电、冰雹、暴风、暴雨、洪水、海啸、地陷、崖崩、突发性滑坡、泥石流;由于运输工具发生碰撞、出轨或桥梁、隧道、码头坍塌;在装货、卸货或转载时因意外事故造成的损失;在发生上述灾害、事故时,因施救或保护货物而造成货物的损失及所支付的直接合理的费用。

(二) 综合险的保险责任

本保险除包括基本险责任外,保险人还负责赔偿:因受震动、碰撞、挤压而造成货物破碎、弯曲、凹瘪、折断、开裂的损失;因包装破裂致使货物散失的损失;液体货物因受震动、碰撞或挤压致使所用容器(包括封口)损坏而渗漏的损失,或用液体保藏的货物因液体渗漏而造成保藏的货物因腐烂变质的损失;遭受盗窃的损失;因外来原因致使提货不着的损失;符合安全运输规定而遭受雨淋所致的损失。

(三)责任免除

由于下列原因造成保险货物的损失,保险人不负赔偿责任:战争、军事行动、扣押、罢工、哄抢和暴动;地震造成的损失;核反应、核辐射和放射性污染;保险货物自然损耗,本质缺陷、特性所引起的污染、变质、损坏以及货物包装不善;在保险责任开始前,保险货物已存在的品质不良或数量短差所造成的损失;市价跌落、运输延迟所引起的损失;属于发货人责任引起的损失;被保险人和投保人的故意行为或违法犯罪行为;由于行政行为或执法行为所致的损失;其他不属于保险责任范围内的损失。

二、铁路货物运输保险的保险期限

铁路运输保险责任起讫期限,是自签发保险单(凭证)后,保险货物运离起运地的发货人的最后一个仓库或储存处所时起,至运到该保险单(凭证)上的目的地的收货人在当地的第一个仓库或储存处所时终止。但保险货物运抵目的地后,如果收货人未及时提货,则保险责任的终止期最多延长至以收货人接到《到货通知书》后的十五天为限(以邮戳日期为准)。

三、铁路货物运输保险的索赔处理

保险货物发生保险责任范围内的损失时,按保险价值确定保险金额的,保险人应根据实际损失计算赔偿,但最高赔偿金额以保险金额为限;保险金额低于保险价值的,保险人对其损失金额及支付的施救保护费用按保险金额与保险价值的比例计算赔偿。保险人对货物损失的赔偿金额,以及因施救或保护货物所支付的直接合理的费用,应分别计算,并各以不超过保险金额为限。保险货物遭受损失后的残值,应充分利用,经双方协商,可作价折归被保险人,并在赔款中扣除。

被保险人向保险人申请索赔时,应当提供下列有关单证:

(1)保险单(凭证)、运单(货票)、提货单、发票(货价证明);

(2)承运部门签发的货运记录、普通记录、交接验收记录、鉴定书;

(3)收货单位的入库记录、检验报告、损失清单及救护货物所支付的直接费用的单据;

(4)其他有利于保险理赔的单证。

保险人在接到上述索赔单证后,应当根据保险责任范围,迅速核定应否赔偿。赔偿金额一经保险人与被保险人达成协议后,应在十天内赔付。

被保险人从获悉遭受损失的次日起,如果经过两年不向保险人申请赔偿,不提供必要的单证,或者不领取应得的赔款,则视为自愿放弃权益。

第三节 铁路货物运输保险条款

一、保险标的范围

凡在国内经铁路运输的货物均可为本保险之标的。

下列货物非经投保人与保险人特别约定,并在保险单(凭证)上载明,不在保险标的范围以内:金银、珠宝、钻石、玉器、首饰、古币、古玩、古书、古画、邮票、艺术品、稀有金属等珍贵财物。

下列货物不在保险标的范围以内:蔬菜、水果、活牲畜、禽鱼类和其他动物。

二、保险责任

本保险分为基本险和综合险,保险人按保险单注明的承保险别分别承担保险责任。

(一) 基本险

由于下列保险事故造成保险货物的损失和费用,保险人依照本条款的约定负责赔偿:

(1) 火灾、爆炸、雷电、冰雹、暴风、暴雨、洪水、海啸、地陷、崖崩、突发性滑坡、泥石流;

(2) 由于运输工具发生碰撞、出轨或桥梁、隧道、码头坍塌;

(3) 在装货、卸货或转载时,因意外事故造成的损失;

(4) 在发生上述灾害、事故时,因施救或保护货物而造成货物的损失及所支付的直接合理的费用。

(二) 综合险

本保险除包括基本险责任外,保险人还负责赔偿:

(1) 因受震动、碰撞、挤压而造成货物破碎、弯曲、凹瘪、折断、开裂的损失;

(2) 因包装破裂致使货物散失的损失;

(3) 液体货物因受震动、碰撞或挤压致使所用容器(包括封口)损坏而渗漏的损失,或用液体保藏的货物因液体渗漏而造成保藏货物腐烂变质的损失;

(4) 遭受盗窃的损失;

(5) 因外来原因致使提货不着的损失;

(6) 符合安全运输规定而遭受雨淋所致的损失。

三、责任免除

由于下列原因造成保险货物的损失,保险人不负责赔偿:

(1) 战争、军事行动、扣押、罢工、哄抢和暴动;
(2) 地震造成的损失;
(3) 核反应、核辐射和放射性污染;
(4) 保险货物的自然损耗,本质缺陷、特性所引起的污染、变质、损坏,以及货物包装不良;
(5) 在保险责任开始前,保险货物已存在的品质不良或数量短差所造成的损失;
(6) 市价跌落、运输延迟所引起的损失;
(7) 属于发货人责任引起的损失;
(8) 投保人或被保险人的故意行为或违法犯罪行为;
(9) 由于行政行为或执法行为所致的损失,保险人不负责赔偿;
(10) 其他不属于保险责任范围内的损失,保险人不负责赔偿。

四、责任起讫

保险责任自签发保险单(凭证)后,保险货物运离起运地的发货人的最后一个仓库或储存处所时起,至运达该保险单(凭证)上的目的地的收货人在当地的第一个仓库或储存处所时终止。但保险货物运抵目的地后,如果收货人未及时提货,则保险责任的终止期最多延长至以收货人接到《到货通知单》后的十五天为限(以邮戳日期为准)。

五、保险价值和保险金额

保险价值为货物的实际价值,按货物的实际价值或货物的实际价值加运杂费确定。保险金额由投保人参照保险价值自行确定,并在保险合同中载明。保险金额不得超过保险价值。超过保险价值的,超过部分无效,保险人应当退还相应的保险费。

六、投保人、被保险人的义务

投保人应履行如实告知义务,如实回答保险人就保险标的或者被保险人的有关情况提出的询问。

投保人故意或者因重大过失未履行前款规定的如实告知义务,足以影响保险人决定是否同意承保或者提高保险费率的,保险人有权解除合同。保险合同自保险人的解约通知书到达投保人或被保险人时解除。

投保人故意不履行如实告知义务的,保险人对于保险合同解除前发生的保险事故,不承担赔偿或者给付保险金的责任,并不退还保险费。

投保人因重大过失未履行如实告知义务,对保险事故的发生有严重影响的,保险人对于保险合同解除前发生的保险事故,不承担赔偿责任,但应当退还保险费。

投保人在保险人或其代理人签发保险单(凭证)的同时,应一次交清应付的保险费。若投保人未按照约定交付保险费,保险费交付前发生的保险事故,保险人不承担赔偿责任。

投保人和被保险人应当严格遵守国家及交通运输部门关于安全运输的各项规定,维护保险标的的安全。货物运输包装必须符合国家和主管部门规定的标准。

保险人可以对保险标的的安全状况进行检查,向投保人、被保险人提出消除不安全因素和隐患的书面建议,被保险人应该认真付诸实施。

对于因被保险人未遵守上述约定而导致保险事故的,保险人不负赔偿责任;对于因被保险人未遵守上述约定而导致损失扩大的,保险人对扩大的损失不负赔偿责任。

在合同有效期内,保险标的危险程度显著增加的,被保险人按照合同约定应当及时通知保险人,保险人有权要求增加保险费或者解除合同。

被保险人未履行前款规定的通知义务的,因保险标的危险程度显著增加而发生的保险事故,保险人不承担赔偿责任。

保险货物如果发生保险责任范围内的损失时,投保人或被保险人获悉后,应迅速采取施救和保护措施,并立即通知保险人所在的当地机构(最迟不超过10天)。

故意或因重大过失未及时通知,致使保险事故的性质、原因、损失程度等难以确定的,保险人对无法确定的部分,不承担赔偿责任,但保险人通过其他途径已经及时知道或应当及时知道保险事故发生的除外。

七、赔偿处理

被保险人向保险人申请索赔时,应当提供下列有关单证:

(1) 保险单(凭证)、运单(货票)、提货单、发票(货价证明);

(2) 承运部门签发的货运记录、普通记录、交接验收记录、鉴定书;

(3) 收货单位的入库记录、检验报告、损失清单及救护货物所支付的直接费用的单据;

(4) 被保险人所能提供的其他与确认保险事故的性质、原因、损失程度等有关的证明和资料。

保险人收到被保险人的赔偿请求后,应当及时就是否属于保险责任做出核定,并将核定结果通知被保险人。情形复杂的,保险人在收到被保险人的赔偿请求并提供理赔所需资料后三十日内未能核定保险责任的,保险人与被保险人根据实际情形商议合理期间,保险人应在商定的期间内做出核定结果并通知被保险人。对属于保险责任的,在与被保险人达成有关赔偿金额的协议后十日内,履行赔偿义务。

保险货物发生保险责任范围内的损失时,保险金额等于或高于保险价值的,保险人应根据实际损失计算赔偿,但最高赔偿金额以保险价值为限;保险金额低于保险价值的,保险人对其损失金额及支付的施救保护费用按保险金额与保险价值的比例计算赔偿。保险人对货物损失的赔偿金额,以及因施救或保护货物所支付的直接合理的费用,应分别计算,并各以不超过保险金额为限。

保险货物发生保险责任范围内的损失,如果根据法律规定或有关约定,应当由承运人或其他第三者负责赔偿部分或全部的,被保险人应首先向承运人或其他第三者提出书面索赔,直至诉讼。保险事故发生后,保险人未赔偿保险金之前,被保险人放弃对有关责任方请求赔偿的权利的,保险人不承担赔偿责任;如被保险人要求保险人先予赔偿,被保险人应签发权益转让书和将向承运人或第三者提出索赔的诉讼书及有关材料移交给保险人,并协助保险人向责任方追偿。

由于被保险人的故意或重大过失致使保险人不能行使代位请求赔偿权利的,保险人可以相应扣减保险赔偿金。经双方协商同意,保险人可将其享有的保险财产残余部分的权益作价折归被保险人,并可在保险赔偿金中直接扣除。

八、其他事项

凡经铁路与其他运输方式联合运输的保险货物,按相应的运输方式分别适用本条款及《公路货物运输保险条款》、《水路货物运输保险条款》、《国内航空货物运输保险条款》。凡涉及本保险的约定均采用书面形式。

第四节 国际铁路货物运输保险

一、责任范围

本保险负责如下赔偿。

(1) 被保险货物在运输途中遭受暴风、雷电、洪水、地震等自然灾害或由于运输工具遭受碰撞、倾覆、出轨或在驳运过程中因驳运工具遭受搁浅、触礁、沉没、碰撞;或由于遭受隧道坍塌、崖崩或失火、爆炸意外事故所造成的全部或部分损失。

(2) 被保险人对遭受承保责任内危险的货物采取抢救,防止或减少货损的措施而支付的合理费用,但以不超过该批被救货物的保险金额为限。

二、一切险

除包括上列铁路运输保险的责任外,本保险还负责被保险货物在运输途中由于外来原因所致的全部或部分损失。

三、铁路运输冷藏货物险和战争险

(一) 铁路运输冷藏货物险

铁路运输冷藏货物险是铁路运输货物险中的一种专门保险。其主要责任范围除负责陆运险所列举的自然灾害和意外事故所造成的全部或部分损失外,还负责赔偿由于冷藏机器或隔温设备在运输途中损坏所造成的被保险货物解冻融化以致腐败的损失。但对于因战争、罢工或运输延迟而造成的被保险冷藏货物的腐败或损失,以及被保险冷藏货物在保险责任开始时未能保持良好状况,包括整理、包扎不妥,或冷冻上的不合规定及骨头变质所造成的损失则除外。一般的除外责任条款也适用本险别。

(二) 陆上运输货物战争险

陆上运输货物战争险是陆上运输货物保险的一种特殊附加险,只有在投保了陆运险或陆运一切险的基础上方可加保。加保陆上运输货物战争险后,保险公司负责赔偿在火车运输途中出于战争、类似战争行为和敌对行为、武装冲突所致的损失,以及各种常规武器包括地雷、炸弹所致的损失。但是,由于敌对行为使用原子弹等热核武器所致的损失和费用,以及根据执政者、当权者或其他武装集团的扣押、拘留引起的承保运程的丧失和挫折而造成的损失除外。

四、除外责任

本保险对下列损失不负赔偿责任:

(1) 被保险人的故意行为或过失所造成的损失。

(2) 属于发货人责任所引起的损失。

(3) 在保险责任开始前,被保险货物已存在的品质不良或数量短差所造成的损失。

(4) 被保险货物的自然损耗、本质缺陷、特性以及市场跌落、运输延迟所引起的损失或费用。

(5) 本公司陆上运输货物战争险条款和货物运输罢工险条款规定的责任范围和除外责任。

陆运险与陆运一切险的除外责任与海洋运输货物险的除外责任基本相同。

五、责任起讫

本保险负"仓至仓"责任,自被保险货物运离保险单所载明的起运地仓库或储存处所开始运输时生效,包括正常运输过程中的陆上和与其有关的水上驳运在内,直至该项货物运达保险单所载目的地收款人的第一仓库或储存处所或被保险人用作分配、分派的其他储存处所为止,如未运抵上述仓库或储存处所,则以被保险货物运抵最后卸载的车站满60天为止。

六、被保险人的义务

被保险人应按照以下规定的应尽义务办理有关事项,如因未履行规定的义务而影响本公司的利益时,本公司对有关损失有权拒绝赔偿。

当被保险货物运抵保险单所载目的地以后,被保险人应及时提货,当发现被保险货物遭受任何损失,应立即向保险单上所载明的检验、理赔代理申请检验。如发现被保险货物整件短少或有明显残损痕迹,应立即向承运人、受托人或有关当局索取货损货差证明,如果货损货差是由于承运人、受托人或其他有关方面的责任所造成的,则应以书面方式向他们提出索赔,必要时还需取得延长时效的认证。

对遭受承保责任内危险的货物,应迅速采取合理的抢救措施,防止或减少货物损失。

在向保险人索赔时,必须提供下列单证:保险单正本、提单、发票、装箱单、磅码单、货损货差证明、检验报告及索赔清单。如涉及第三者责任还须提供向责任方追偿的有关函电及其他必要单证或文件。

七、索赔期限

本保险索赔时效,从被保险货物在最后目的地车站全部卸离车辆后开始计算,最多不超过两年。

案 例 分 析

一、红橘变质保险赔偿案

(一)案情

1996年12月26日和1997年1月6日,个体工商户朱杰两次在四川蓬安县收购红橘3600件,共120吨,起运时,他委托业务代理人在中保财险营山县支公司投保了铁路运输综合险,交保费800元,运到期限均为9天。两批红橘先后从三汇火车站起运,于1997年1月4日和1月15日运抵河北廊坊火车站。朱杰到站提货时发现红橘腐烂。廊坊火车站货运记录载明,第一批红橘腐烂80%~90%;第二批红橘腐烂85%。朱杰将货损情况报告中保财险营山县支公司后,该公司及时委托中保财险廊坊分公司代查。廊坊分公司做出代查勘报告确认:两批货物实际价值7.776万元,损失总额6.1668万元,并提出由营山县支公司核赔的处理意见。这是中保财险营山县支公司承办的首件铁路货运险理赔案,为核准损失,及时赔付,公司派人前往廊坊核赔,并与货主达成协议,于1997年5月21日交付朱杰赔偿金4.48万元。

朱杰获赔后不久,以中保财险营山县支公司只赔偿了部分损失为由向蓬安县人民法院提起诉讼,请求除赔偿直接经济损失4.48万元外,还要赔偿杂项开支及资金利息1.5万元。中保财险营山县支公司在应诉中发现,《国内水路、陆路货物运输保险条款》规定,红橘腐烂系除外责任,即提请反诉,未获支持。蓬安县人民法院判决营山县支公司全额赔偿保险金6.1668万元,扣除已赔的4.48万元,还应赔偿朱杰1.6868万元,并于1997年5月21日起到赔偿之日,按每日万分之五支付违约金。

中保财险营山县支公司不服上述判决,向南充市中级人民法院提起上诉,理由是:承保红橘执行的条款是中国人民银行1995年颁发的《国内水路、陆路货物运输保险条款》,该条款规定在运输过程中(保险期限内)鲜货腐烂、变质的损失不属于保险责任,而属于除外责任;且两批红橘均在约定的运到期限9天内到达,比托运人容许的运到期限15天提前了6天。因此,上诉人认定,原赔偿朱杰的4.48万元保险金确属错赔,请求撤销原判,并判令朱杰退还错赔的保险金。

1998年8月17日,南充市中级人民法院终审判决撤销蓬安县人民法院的民事判决,驳回朱杰补赔的诉讼请求,案件受理费等由当事人双方分摊。

(二)评析

本案中,中保财险营山县支公司在签订保险合同时未向朱杰明确说明责任的免除条款,单方扣减免赔率20%,引起纠纷,应承担主要责任。此外,中保财险营山县支公司与货主朱杰双方自愿协商后,向朱杰赔偿4.48万元,朱已接受,到此,双方当事人保险法律关系终结。

二、果品公司鲜果冻坏保险赔偿案

(一)案情

2003年12月,宏兴甘鲜果品有限责任公司与哈尔滨隆兴有限责任公司签订了一份购销合同。哈尔滨隆兴有限责任公司购买宏兴甘鲜果品有限责任公司一批柑橘,共计5000篓,价值90000元。铁路运输,共2车皮。宏兴甘鲜果品有限责任公司通过铁路承运部门投保了货物运输综合险,保费3500元。2003年12月25日,保险公司出具了保险单。

2004年1月,到达目的地以后,收货人发现:一节车厢门被撬开,保温棉被被掀开2米,货物丢失120篓,冻坏变质240篓,直接损失6480元,当时气温为零下

20℃。宏兴甘鲜果品有限责任公司向保险公司索赔。保险公司同意赔偿丢失的货物120篓,拒绝赔偿被冻坏的240篓。认为造成该240篓损失的原因是天气寒冷,不在货物运输综合险的保险责任范围内。

法院认为:冻坏的原因是盗窃,不是天气寒冷。判保险公司全额赔偿,并负担诉讼费。

(二)评析

本案涉及几个问题:(1)本案造成货物损害的原因有几种?(2)如何处理多种原因?

造成本案货物损害的原因有3种:盗窃、保温棉被损坏、天气寒冷。在世界多数保险法中,都把近因原则看作保险法的重要原则。近因原则,也就是保险事故与保险标的损失之间具有直接的因果关系时,保险人才承担赔偿责任的原则。他们认为,非直接原因只是一种条件,不是法律上的原因。如何准确界定直接结果与非直接结果的界限?只要保险事故与保险标的损失之间存在着中介的行为或事件,保险人便可以"非直接结果"为理由免除责任,我国也是如此。

思考题

1. 铁路货运风险与海上货运风险的损失界定有什么区别?
2. 铁路货物运输保险中的责任免除有哪几种情况?
3. 铁路货物运输保险中的投保人、被保险人的义务分别是什么?

第十九章 水路货物运输保险法律

第一节 水路货物运输保险法概述

本章所称的水路货物运输保险仅仅包括国内的水上货物运输。由于国内水上货物运输保险与国际海上货物运输保险有很大区别,故单独列出一章来阐述与国内水上货物运输保险有关的保险法律制度。

第二节 水路货物运输保险合同

一、保险标的范围

凡在国内江、河、湖泊和沿海经水路运输的货物均可为本保险之标的。

下列货物非经投保人与保险人特别约定,并在保险单(凭证)上载明,不在保险标的范围以内:金银、珠宝、钻石、玉器、首饰、古币、古玩、古书、古画、邮票、艺术品、稀有金属等珍贵财物。下列货物不在保险标的范围以内:蔬菜、水果、活牲畜、禽鱼类和其他动物。

本保险分为基本险和综合险,保险人按保险单注明的承保险别分别承担保险责任。

二、保险责任

(一) 基本险

由于下列保险事故造成保险货物的损失和费用,保险人依照本条款的约定负责赔偿:

(1) 因火灾、爆炸、雷电、冰雹、暴风、暴雨、洪水、海啸、崖崩、突发性滑坡、泥石流;

(2) 船舶发生碰撞、搁浅、触礁,桥梁码头坍塌;

(3) 因以上两款所致船舶沉没、失踪；
(4) 在装货、卸货或转载时因意外事故造成的损失；
(5) 按国家规定或一般惯例应承担的共同海损的牺牲、分摊和救助费用；
(6) 在发生上述灾害事故时，因纷乱造成货物的散失以及因施救或保护货物所支付的直接合理的费用。

(二) 综合险

本保险除包括基本险责任外，保险人还负责如下赔偿：
(1) 因受震动、碰撞、挤压而造成货物破碎、弯曲、凹瘪、折断、开裂的损失；
(2) 因包装破裂致使货物散失的损失；
(3) 液体货物因受震动、碰撞或挤压致使所用容器（包括封口）损坏而渗漏的损失，或用液体保藏的货物因液体渗漏而造成该货物腐烂变质的损失；
(4) 遭受盗窃的损失；
(5) 符合安全运输规定而遭受雨淋所致的损失。

三、责任免除

由于下列原因造成保险货物的损失，保险人不负赔偿责任：
(1) 战争、军事行动、扣押、罢工、哄抢和暴动；
(2) 船舶本身的损失；
(3) 在保险责任开始前，保险货物已存在的品质不良或数量短差所造成的损失；
(4) 保险货物的自然损耗、本质缺陷、特性所引起的污染、变质、损坏；
(5) 市价跌落、运输延迟所引起的损失；
(6) 属于发货人责任引起的损失；
(7) 投保人、被保险人的故意行为或违法犯罪行为。

四、责任起讫

保险责任的起讫期，是自签发保险单（凭证）后，保险货物运离起运地的发货人的最后一个仓库或储存处所时起，至该保险凭证上注明的目的地的收货人在当地的第一个仓库或储存处所时终止。但保险货物运抵目的地后，若收货人未及时提货，则保险责任的终止期最多延长至保险货物卸离运输工具后的十五天。

五、保险价值和保险金额

保险价值按货价或货价加运杂费确定。保险金额按保险价值确定，也可以由保险双方协商确定。

六、投保人、被保险人的义务

投保人、被保险人应依法履行如实告知义务,如实回答保险人就保险标的或者投保人、被保险人的有关情况提出的询问。投保人故意或者因重大过失未履行前款规定的如实告知义务,足以影响保险人决定是否同意承保或者提高保险费率的,保险人有权解除合同。保险合同自保险人的解约通知书到达投保人或被保险人时解除。

投保人故意不履行如实告知义务的,保险人对于保险合同解除前发生的保险事故,不承担赔偿或者给付保险金的责任,并不退还保险费。投保人因重大过失未履行如实告知义务,对保险事故的发生有严重影响的,保险人对于保险合同解除前发生的保险事故,不承担赔偿责任,但应当退还保险费。

投保人在保险人或其代理人签发保险单(凭证)的同时,应一次缴清应付的保险费。若投保人未按照约定交付保险费,保险费交付前发生的保险事故,保险人不承担赔偿责任。

投保人、被保险人应当谨慎选择承运人,并督促其严格遵守国家及交通运输部门关于安全运输的各项规定,还应当接受并协助保险人对保险货物进行的查验防损工作,货物运输包装必须符合国家和主管部门规定的标准。对于因被保险人未遵守上述约定而导致保险事故的,保险人不负赔偿责任;对于因被保险人未遵守上述约定而导致损失扩大的,保险人对扩大的损失不负赔偿责任。

保险货物运抵保险凭证所载明的目的地的收货人在当地的第一个仓库或储存处所时起,被保险人应在十天内向当地保险机构申请并会同检验受损的货物。

被保险人获悉或应当获悉保险货物发生保险责任范围内的损失时,应立即通知保险人或保险人在当地的保险机构,并迅速采取合理的施救和保护措施,减少货物损失。被保险人故意或者因重大过失未及时通知,致使保险事故的性质、原因、损失程度等难以确定的,保险人对无法确定的部分,不承担赔偿责任,但保险人通过其他途径已经及时知道或者应当及时知道保险事故发生的除外。

七、赔偿处理

被保险人向保险人申请索赔时,应当提供下列有关单证:
(1)保险单(凭证)、运单(货票)、提货单、发票(货价证明);
(2)承运部门签发的货运记录、普通记录、交接验收记录、鉴定书;
(3)收货单位的入库记录、检验报告、损失清单及救护货物所支付的直接费用的单据;
(4)其他有利于保险理赔的单证。

保险人在接到上述索赔单证后,应当根据保险责任范围,迅速核定应否赔偿。

赔偿金额一经保险人与被保险人达成协议后,应在十天内赔付。

保险货物发生保险责任范围内的损失时,按保险价值确定保险金额的,保险人应根据实际损失计算赔偿,但最高赔偿金额以保险金额为限;保险金额低于保险价值的,保险人对其损失金额及支付的施救保护费用按保险金额与保险价值的比例计算赔偿。

保险人对货物损失的赔偿金额,以及因施救或保护货物所支付的直接合理的费用,应分别计算,并各以不超过保险金额为限。

保险货物发生保险责任范围内的损失时,如果根据法律规定或有关约定,应当由承运人或其他第三者负责赔偿部分或全部的,被保险人应首先向承运人或其他第三者提出书面索赔,直至诉讼。被保险人若放弃对第三者的索赔,保险人不承担赔偿责任;如被保险人要求保险人先予赔偿,被保险人应签发权益转让书和应将向承运人或第三者提出索赔的诉讼书及有关材料移交给保险人,并协助保险人向责任方追偿。由于被保险人的过错致使保险人不能行使代位请求赔偿权利的,保险人可以相应扣减保险赔偿金。

保险货物遭受损失后的残值,应充分利用,经双方协商,可作价折归被保险人,并在赔款中扣除。

被保险人从获悉或应当获悉保险货物遭受损失的次日起,如果经过两年不向保险人申请赔偿,不提供必要的单证,或者不领取应得的赔款,则视为自愿放弃权益。

被保险人与保险人发生争议时,应当实事求是,协商解决,双方不能达成协议时,可以提交仲裁机关或法院处理。

案 例 分 析

一、水路运输货物保险合同纠纷

(一)案情

原告诉称:投保人广西钦州农垦农资公司(下称农垦公司)于1999年7月10日与被告签订了以原告为被保险人的保险合同,保险单号码为钦货承99/019,保险单对货物的名称、数量、运输方式等做了规定。之后,农垦公司将被保险货物交由福建省宁德市飞鸾海运公司所属的"鸾江"轮承运。7月13日,当该轮航至广东海安海域时,船体遇强力震动,造成货仓进水,并湿损货物。根据保险条款,该损失属被告保险责任范围,原告即提交出险通知书及有关单证向被告索赔,未果。故请求法院判令被告赔偿保险货物损失401321元,并承担本案诉讼费用。

被告辩称:第一,原告未按时交纳保费,应承担违约责任,被告因此有权终止保险责任或拒绝赔偿损失;第二,原告向被告索赔时仅提供了货物损失数量方面的证明,未提供有关货损的性质、原因方面的证据,原告应承担举证不足的法律后果;第三,原告未经被告同意放弃对承运人的索赔权并错过对承运人的索赔时效,被告已不能代位向承运人追偿,被告依法有权拒赔或相应扣减保险赔偿。为此,请求法院驳回原告的诉讼请求。

北海海事法院经审理查明:1999年7月10日,原告光通公司委托农垦公司就装载于福建省宁德市飞鸾海运公司所属的"鸾江"轮上的700吨白糖向被告投保水路运输货物保险,据其投保单投保要求,被告向农垦公司签发了钦货承99/019号保险单。保单载明:投保人为农垦公司,被保险人为原告,保险标的为白糖,质量为700吨,运输工具为"鸾江"轮,运单号码为0001077,起运日期为1999年7月10日,起运港为(广西)北海港,目的港为(福建)肖厝港,保险金额为1729000元,承保险别为综合险,保险费为3112.20元。保单背面条款第二条载明:综合险包括基本险责任,而"基本险的保险责任为由于运输工具发生碰撞、搁浅、触礁、倾覆、沉没、出轨或隧道、码头坍塌所造成的损失"。第十四条载明:"货物发生保险责任范围内的损失,如果根据法律规定或者有关约定,应当由承运人或其他第三者负责赔偿一部分或全部的损失的,被保险人应首先向承运人或其他第三者索赔。"16日8:00许,投保人向被告交付保费3112.20元,被告为此开具了0103754号保险费专用发票。

7月12日9:00,装载原告700吨白糖(14000袋,每袋50千克)的"鸾江"轮从北海港起航开往目的港。7月13日,当该轮航行至广东海安海域时,船体发生强力震动,船长立即减速并令船员检查船体各部位及货仓,但未发现明显损坏情况;该轮继续航行至下午15:00,船上舵机发生故障无法航行,在海上漂泊2天。7月15日6:30,发现船艏偏重,船舱进水,部分货物被水浸湿,船体已明显往下沉,船长即发出呼救信号,并令船员排水抛货,实抛白糖29袋;至11:30,北海海运公司所属的"北机九号"轮前来救助并将遇险船舶拖至广东茂名市水东港码头。7月16日,该轮在茂名石化港口公司卸下全部白糖。7月19日,该公司向原告出具卸货证明书。其间,茂名港监多次责令该轮提交海事报告及有关证件,但该轮仅提交了由船长林连金所写的海事报告后便离开了该港。7月30日,该轮进入福建省龙海市紫泥造兴船厂(下称造兴船厂)进行修理,经船厂、船东和保险公司即被告有关人员勘察,船舶损坏情况为:左舷侧船底离前货舱横壁约5米附近有破洞二处,右舷侧船底离后货舱横壁约10米附近有破洞一处。造兴船厂已将破洞位置及大小等详细内容开具证明送交被告。7月22日,原告将"鸾江"轮在茂名市水东港卸下的白糖转装到福建省石狮市铭龄海运有限公司所属"铭龄一号"轮承运,该轮于7月31日运抵福建泉州市肖厝港。泉州市肖厝港港务公司负责卸货并为此编制货运记录:实卸13966袋,短少5袋。其中干包实卸9162袋,湿包实卸4804袋。另:湿包在船内已严重溶化,每袋质量不足,吨数以过磅为准。后来,经泉州市计量所肖厝称重公证计量站检验:"铭龄一号"轮运载的湿白糖过磅15车,质量为205.29吨(4804袋)。8月10日,原告将其湿白糖以每吨1050元的价格全部处理给了当地个体工商户韦秋顺,获215554元。至此,原告被保险货物的损失为:(1)湿损白糖205.29吨(原进货价2470元/吨,处理价1050元/吨),损失金额291511.80元;(2)全损白糖36.36吨,损失89809.20元;(3)茂名市水东港装卸费损失19000元。以上三项合计损失400321元。

货物出险后即7月16日10:30,投保人农垦公司向被告提交了出险通知书。同日,被告遂派员前往茂名市水东港查看货物出险情况;之后,被告再次派员去水东港了解出险原因,并前往造兴船厂与船厂、船东共同勘察船舶受损情况。10月19日,原告向被告提出索赔,被告以出险事故不明、证据不足为由拒赔,原告遂诉送至法院。

以上事实有下列证据证实:

(1)原告提供的保险单副本、保费发票、货物发票、交运单、港监证明、计量证明、被告致原告函、湿糖处理收据、船厂证明。

(2)被告提供的投保单、保险单、货运记录、出险通知书、"鸾江"轮船长林连金出具的出险说明、原告出具的报案说明及货损说明。

(3)原、被告共同提供的茂名石化港口公司证明书。

(4)法院调查笔录、庭审笔录。

北海海事法院根据《民法通则》第一百零六条、《合同法》第八条、《保险法》第十二条、第一百四十七条以及《海商法》第二百三十七条和第二百五十三条的规定,判决如下:

被告保险公司赔付原告光通公司保险金200160(400321×50%)元。

案件受理费9280元,由原、被告各负担4640元。

光通公司与保险公司均不服一审判决,遂向广西壮族自治区高级人民法院提起上诉。

上诉人光通公司诉称:第一,关于索赔的选择权,由于保险公司向我司提供的是格式合同,我司有选择向承运人索赔或向保险公司索赔的权利。第二,关于诉讼时效,货物抵港时间为1999年7月31日,我司于10月19日已向保险公司索赔,于1999年12月向法院起诉,且我司也未放弃向承运人索赔,请二审法院纠正一审错误,判决保险公司赔偿我司全部经济损失。

上诉人保险公司诉称:第一,光通公司没有完成法律规定的举证义务,一审法院推定事故原因,并据此认定我司的责任是错误的。第二,光通公司应承担违反最大诚信原则和合同约定的法律责任。第三,光通公司应承担我司不能对承运人有效行使代位求偿权的全部法律责任。

广西壮族自治区高级人民法院确认了一审法院认定的事实与证据。本案保险合同的主体合格,投保人提出保险要求,经保险人同意承保,并就合同条款达成协议,保险合同成立,合同内容合法,依照《保险法》第十二条的规定,应为有效合同。合同成立后,投保人按照约定交纳保费;保险人按照约定时间开始承担保险义务。在履行合同的过程中,被保险货物出险是双方不争的事实。在事故发生后,被保险人及保险人均及时到达现场查看出险情况,保险人还再次派人到水东港了解出险原因,由于承运人的原因,致使港监部门未出具海损事故原因报告书,亦是双方明知的事实。但从船长出具的海事报告及修船厂出具的证明看,均不存在保险合同背面条款所规定的保险人不负赔偿责任的情况。由于本案格式合同是保险公司提供的,因此,在货物出险时,被保险人索赔须提供什么证据,保险公司应在合同中约定或书面告知被保险人。现光通公司已按保险合同及保险公司的书面要求,提供其所能提供的与确认保险事故的性质、原因、损失程度等有关的文件资料,保险公司对此没有再次通知被保险人补充提供有关证明和资料,应认定光通公司已尽了举证义务。保险公司上诉称光通公司没有尽到法律规定的举证义务,以此拒绝赔偿,没有事实和法律依据。根据《保险法》第二十二条、第二十三条的规定,保险公司应在合同规定的范围内,根据双方核定的损失进行赔偿。由于保险公司已在《保险法》规定的60天内明确拒赔,光通公司亦已提起诉讼,在法院未确定双方责任前,为保住光通公司对承运人的追索权及保险公司行使代位求偿权的诉讼时效,光通公司应根据保险合同第十四条的规定,首先向承运人提出索赔要求。而光通公司称其已发信向承运人索赔,保险公司向承运人索赔的诉讼时效因此而中断的理由不能成立。由于光通公司去信向承运人索赔并未得到承运人的认可,所以该行为不能造成诉讼时效的中止或中断。由于光通公司的过错,致使保险公司丧失了在本案审结后对责任方承运人的求偿权,故一审法院依照《海商法》第二百五十三条的规定,酌情扣减保险公司50%的赔偿额并无不当。一审判决认定事实清楚,适用法律正确,应予维持。

广西壮族自治区高级人民法院依照《民事诉讼法》第一百五十三条的规定,判决如下:

驳回上诉,维持原判。

二审诉讼费9280元,由上诉人各负担4640元。

(二) 评析

本案原告将其水路运输货物向被告投保,被告承保并签发保单,表明双方保险合同业已成立。该保险合同是原、被告双方在平等自愿基础上的真实意思表示,且内容不违背国家法律,因而合法有效,对双方当事人具有拘束力。原告向被告交付保费,系原告履行合同自身的义务,即对合同的履行,而非合同成立或生效的要件。被告收取保费并向原告开具保费发票的行为,表明被告对原告未在保单签发之时交付保费行为的认可,故被告辩称原告未按时交纳保费应承担违约责任,并有权终止保险责任或拒绝承担赔偿损失的理由不能成立。

被保险货物出险,这是原、被告双方不争的客观事实。根据船长的海事报告和造兴船厂的证明证实,该轮发生海事是为船舶触礁或触碰海底障碍物所致。根据原告投保险别及保单背面条款,触礁或碰撞造成货损正是被告承保即该条款规定的综合险及基本险保险责任赔偿范围。根据《海商法》第二百一十九条第二款第(2)项"货物的保险价值,是保险责任开始时货物在起运地的发票价格……以及运费和保险费的总和"的规定,原告提出要求被告赔偿损失的诉讼主张符合法律的规定,应予支持。然而,原告在向被告索赔及主张权利期间,却忘记了保单背面条款所载明的货物出险后应首先向责任方承运人索赔以保住诉讼时效的义务,致使被告在本案结束后丧失了向第三人及责任方追偿的权利。根据《海商法》第二百五十三条的有关规定,被告辩称对此有权相应扣减保险赔偿的理由成立。对其扣减数额,根据法律和本案实际情况,这里扣减原告所主张保险赔偿金额的50%应为合法、公允。

本案虽诉讼标的不大,但它涉及保费的交付时间与迟延交付的法律后果、时过境迁后保险事故的认定以及保险人因被保险人的原因丧失代位求偿权时保险标的损失的责任分担等诸多法律问题,尤其是对保险人丧失代位求偿权时保险标的损失的责任分担,本案尚属司法裁决的先例,具有代表性和典型性。

二、海上保险代位求偿案

(一) 案情

2003年1月7日,被告船务公司所属船舶承运粮油仓库托运的一批玉米1466.7吨,装货港为营口,卸货港为厦门港。装货完毕当时气温约$-18℃$,港内水域大量结冰,无法开航。8日该船跟随外轮出港,航进冰区,冰区范围约45海里,进入冰区后,没有尽到谨慎驾驶的义务,导致船舶破孔,货物受损。13日该船抵厦门港卸货,14日发现舱内玉米严重结冰浸湿,经勘查发现船壳水线下右舷锚链孔后约5米处出现破孔,海水从破孔进入舱内。经检验确认受损玉米458.8吨。案涉货物由原告保险公司承保,根据原告签发的国内水路、陆路货物运输保险单,被保险人为粮油仓库,保险金额为150万元,承保险别为基本险。保险条款约定基本险的保险责任之一为"由于运输工具发生碰撞、搁浅、触礁、倾覆、沉没、出轨或隧道、码头坍塌所造成的损失"。2003年5月28日,保险公司向粮油仓库赔付440605.62元。为此,保险公司请求法院判令被告船务公司赔付货物损失440605.62元及相应利息。

被告辩称,船舶遭遇冰区发生船体破孔所致的货损不是国内水路、陆路货物运输保险条款基本险的保险范围,该条款所列的碰撞仅指船舶之间的碰撞,而不包括船体触碰冰凌,原告据以起诉的是超出保险责任范围的赔付,依法不享有代位求偿权。

海事法院经审理认为,案涉保险合同成立。粮油仓库将货物交由船务公司承运,在航行途中发生货损,根据《合同法》第三百一十一条、《国内水路货物运输规则》第四十八条的规定,其享有对船务公司的损害赔偿请求权。原告作为货物运输的保险人,依保险合同赔付440605.62元,根据《海商法》第二百五十二条、《保险法》第四十五条第一款的规定,可依法代位行使求偿权。根据合同的相对性原则,第三人不得以保险人依照保险合同的条款不承担保险金支付义务为由,对其行使代位求偿权进行抗辩。即使船务公司有权援引保险合同条款为自己抗辩,其亦需证明损失属于除外责任,但现有证据不足以支持船务公司的主张。海事法院根据我国《民事诉讼法》第六十四条、《海事诉讼特别程序法》第九十三条、《海商法》第二百五十二条第一款、《保险法》第四十五条第一款的规定,判决被告船务公司赔付原告保险公司440605.62元及相应利息。宣判后被告不服上诉,就代位求偿权的上诉理由如其答辩意见,认为原告不享有代位求偿权。在审理过程中,经高级法院调解,双方当事人自愿达成调解协议,由被告赔付原告33万元。

(二) 评析

本案是一起海上保险代位求偿纠纷案,从被告的抗辩分析,涉及的主要法律问题是保险公司对非保险事故的赔付能否取得对第三方的代位求偿权。保险代位是指在财产保险中,保险人按照约定赔付了被保险人的全部损失或部分损失之后,取代被保险人的地位,行使被保险人所拥有的对损失的一切权利和救济。保险人因保险代位法律行为取得的权利即为保险代位权。本案不涉及物上代位,而仅涉及对第三人的赔偿请求权。对此,《保险法》第四十五条第一款规定,因第三者对保险标的的损害而造成保险事故的,保险人自向被保险人赔偿保险金之日起,在赔偿金额范围内代位行使被保险人对第三者请求赔偿的权利。《海商法》第二百五十二条规定,保险标的发生保险责任范围内的损失是由第三人造成的,被保险人向第三人要求赔偿的权利,自保险人支付赔偿之日起,相应转移给保险人。保险合同成立时,保险人依法取得的保险代位权,唯有在符合法律规定的条件时,才可以行使。

我国立法并未专门对保险代位权行使的条件做出规定,但从上述规定可知,保险人行使对第三人的赔偿请求权的条件之一是其针对第三人造成的保险事故做出赔付,也就是说若保险人未对第三人造成的非保险事故做出赔付,则不能行使代位求偿权。有观点认为,保险人行使代位权,仅以其事实上给付保险赔偿金为必要,至于保险人的保险给付,依照保险合同是否源于保险人的保险给付义务,并不必要;保险人在其保险给付的范围内,可以行使保险代位权。根据我国现行法,这种观点是错误的。保险人保险责任范围外的给付并不能取得保险代位权,但从权利转让的角度分析,在保险人为自愿给付后,被保险人一般会出具权益转让书,将对第三人索赔权转让给保险人,参照《合同法》第八十条的规定,只要将此种转让通知第三人,保险人即可取得索赔权,这种索赔权与保险代位权虽有诸多相似之处,但这两种权利取得及行使的法律根据显然是不同的。

因此，法院在审理代位求偿案件时，首先应审查保险人行使代位求偿权的条件是否成立及代位求偿权的范围。具体到本案，针对被告的抗辩对原告的代位求偿权进行审查，这里可从这两个层面驳回被告对原告行使代位求偿权的抗辩，具体分述如下：

一是根据合同相对性规则。合同相对性规则主要包含了三个方面的内容：主体的相对性，即合同关系只能发生在特定的主体之间，只有合同当事人一方能够向合同的另一方当事人基于合同提出请求或提起诉讼；内容的相对性，即除法律、合同另有规定外，只有合同当事人才能享有某个合同所规定的权利，并承担合同规定的义务，除合同当事人外的任何第三人都不能主张合同上的权利；责任的相对性。其实，从上述合同相对性规则分析，被告船务公司对原告行使代位求偿权的抗辩并不违背该规则。被告船务公司不是保险合同当事人，其引用保险合同条款提出本案货损不是保险事故，这似乎是在行使保险人在保险合同项下的权利，实际情况是，法律对保险人行使保险代位权设定了条件，被告正是根据该法律规定才援引保险合同条款，符合合同相对性之内容相对性的规则，属法律另有规定的情形。

二是从举证责任的角度。被告未能举证证明本航次事故不是保险事故。其实这就涉及货物保险条款中"碰撞"如何理解。在本案中，保险条款列明基本险的范围包括"运输工具发生碰撞"，而未特别说明仅指"船舶之间的碰撞"，因此，对"碰撞"可做广义理解，且保险公司向被保险人进行理赔的行为，说明了承保双方对条款中所约定的保险责任范围没有异议，即使承保双方对何谓碰撞产生歧义，也应做有利于被保险人的解释，故应认定本案保险条款中的碰撞包括船舶与冰凌发生撞击，本案货损的原因属保险责任范围内的事故，保险公司理应赔偿，赔偿之后即可行使代位求偿权。

思考题

1. 水路运输保险中被保险人向保险人申请索赔时，应当提供哪些相关单证？
2. 水路运输保险中保险价值和保险金额的确定原则是什么？

第二十章　海上货物运输保险法律

第一节　海上货物运输保险法概述

自有航海活动以来，人类就面临着严峻的航海环境的威胁，海上运输较之陆上运输更易遭受自然或人为的危险的侵害，具有更大的损失风险。运用海上保险合同的目的，在于分摊或移转因为航海过程中所发生的海上危险。因此，海上保险是海商法的一个重要的组成部分，几乎每一件海商海事争端，无论是货运纠纷、船舶碰撞、油污责任还是共同海损，都会涉及海上保险的问题，承运人、货主及各有关方都会将其风险转移给保险人，因此最终作为原告、请求人或被告、被请求人参加诉讼或仲裁的，往往都是保险人。

海上货物运输保险是国际贸易体系中不可或缺的环节，货物所有人通过此种保险，将货物在海上运输过程中遭遇的因自然灾害、意外事故、第三方责任等原因导致的风险转移给保险人。凡涉及海上运输者（包括海江之间、江海之间的运输以及与海上运输相联系的内河或陆上运输），都属海上货物运输保险的范畴。海上保险合同，是指保险人按照约定，对被保险人因为约定的任何海上事故造成保险标的的损失和产生的责任负责赔偿，而由被保险人支付保险费的合同。海上货物运输保险是海上保险的主要组成部分。

中国现行海上货物运输保险主要分海洋运输货物保险、海洋运输冷藏货物保险和海洋运输散装桐油保险三种。除承保的货物种类、责任大小不同和赔偿方法差异外，海洋货物运输保险的基本原则同样适用于其他险种。实践中，收货人对货损货差首先向保险人索赔，保险人赔付之后取得代位求偿权，再向有关责任方（如承运人、第三方侵权人）提出追偿。

第二节 海上货物运输风险

一、海上货物运输风险的种类

国际贸易货物在海上运输、装卸和储存过程中,可能会遭到各种不同风险,而海上货物运输保险人主要承保的风险有海上风险和外来风险。

(一) 海上风险

海上风险在保险界又称为海难,包括海上发生的自然灾害和意外事故。自然灾害是指由于自然界的变异引起破坏力量所造成的灾害。海上保险中,自然灾害仅指恶劣气候、雷电、海啸、地震、洪水、火山爆发等人力不可抗拒的灾害。意外事故是指由于意料不到的原因所造成的事故。海上保险中,意外事故仅指搁浅、触礁、沉没、碰撞、火灾、爆炸和失踪等。

(1) 搁浅。是指船舶与海底、浅滩、堤岸在事先无法预料到的意外情况下发生触礁,并搁置一段时间,使船舶无法继续行进以完成运输任务,但规律性的潮汐涨落所造成的搁浅则不属于保险搁浅的范畴。

(2) 触礁。是指载货船舶触及水中岩礁或其他阻碍物(包括沉船)。

(3) 沉没。是指船体全部或大部分已经没入水面以下,并已失去继续航行的能力。若船体部分入水,但仍具航行能力,则不视作沉没。

(4) 碰撞。是指船舶与船或其他固定的、流动的固定物猛力接触。如船舶与冰山、桥梁、码头、灯标等相撞。

(5) 火灾。是指船舶本身、船上设备以及载运的货物失火燃烧。

(6) 爆炸。是指船上锅炉或其他机器设备发生爆炸和船上货物因气候条件(如温度)影响产生化学反应引起的爆炸。

(7) 失踪。是指船舶在航行中失去联络、音讯全无,并且超过了一定期限后仍无下落和消息,即被认为是失踪。

(二) 外来风险

外来风险一般是指由于外来原因引起的风险。它可分为一般外来风险和特殊外来风险。

1. 一般外来风险

一般外来风险是指货物在运输途中由于偷窃、下雨、短量、渗漏、破碎、受潮、受热、霉变、串味、沾污、钩损、生锈、碰损等原因所导致的风险。

2.特殊外来风险

特殊外来风险是指由于战争、罢工、拒绝交付货物等政治、军事、国家禁令及管制措施所造成的风险与损失。如因政治或战争因素,运送货物的船只被敌对国家扣留而造成交货不到;某些国家颁布的新政策或新的管制措施以及国际组织的某些禁令,都可能造成货物无法出口或进口而造成损失。

二、海损

被保险货物因遭受海洋运输中的风险所导致的损失称为海损或海上损失。海损按损失程度的不同,可分为全部损失和部分损失。

(一) 全部损失

全部损失简称全损,是指被保险货物在海洋运输中遭受全部损失。从损失的性质看,全损又可分为实际全损和推定全损两种。

1.实际全损

实际全损又称绝对全损,是指保险标的物在运输途中全部灭失或等同于全部灭失。在保险业务上构成实际全损主要有以下几种。

(1) 保险标的物全部灭失。例如,载货船舶遭遇海难后沉入海底,保险标的物实体完全灭失。

(2) 保险标的物的物权完全丧失,已无法挽回。例如,载货船舶被海盗抢劫,或船货被敌对国扣押等。虽然标的物仍然存在,但被保险人已失去标的物的所有权。

(3) 保险标的物已丧失原有商业价值或用途。例如,水泥受海水浸泡后变硬;烟叶受潮发霉后已失去原有价值。

(4) 载货船舶失踪、无音讯已达相当一段时间。在国际贸易实务中,一般根据航程的远近和航行的区域来决定时间的长短。

2.推定全损

推定全损是指保险货物的实际全损已经不可避免,而进行施救、复原的费用已超过将货物运抵目的港的费用或已超出保险补偿的价值,这种损失即为推定全损。推定全损需经保险人核查后认定。构成被保险货物推定全损的情况有以下几种。

(1) 保险标的物受损后,其修理费用超过货物修复后的价值。

(2) 保险标的物受损后,其整理和继续运往目的港的费用,超过货物到达目的港的价值。

(3) 保险标的物的实际全损已经无法避免,为避免全损所需的施救费用,将超过获救后标的物的价值。

(4) 保险标的物遭受保险责任范围内的事故,使被保险人失去标的物的所有权,而收回标的物的所有权,其费用已超过收回标的物的价值。

（二）部分损失

部分损失是指被保险货物的损失没有达到全部损失的程度。部分损失按其性质，可分为共同海损和单独海损。

1. 共同海损

根据1974年国际海事委员会制定的《约克-安特卫普规则》的规定，载货船舶在海运上遇难时，船方为了共同安全，以使同一航程中的船货脱离危险，有意而合理地做出的牺牲或引起的特殊费用，这些损失和费用被称为共同海损。构成共同海损的条件如下。

（1）共同海损的危险必须是实际存在的，或者是不可避免的，而非主观臆测的。因为不是所有的海上灾难、事故都会引起共同海损。

（2）必须是自愿地和有意识地采取合理措施所造成的损失或发生的费用。

（3）必须是为船货共同安全采取的谨慎行为或措施时所做的牺牲或引起的特殊费用。

（4）必须是属于非常性质的牺牲或发生的费用，并且是以脱险为目的的。

共同海损行为所做出的牺牲或引起的特殊费用，都是为使船主、货主和承运方不遭受损失而支出的，因此，不管其大小如何，都应由船主、货主和运费方各方按获救的价值，以一定的比例分摊，然后再向各自的保险人索赔。这种分摊叫共同海损的分摊。在分摊共同海损费用时，不仅要包括未受损失的利害关系人，而且还需包括受到损失的利害关系人。

2. 单独海损

单独海损是指保险标的物在海上遭受承保范围内的风险所造成的部分灭失或损害，即指除共同海损以外的部分损失。这种损失只能由标的物的所有人单独负担。与共同海损相比较，单独海损的特点如下。

（1）它不是人为有意造成的部分损失；

（2）它是保险标的物本身的损失；

（3）单独海损由其损失的被保险人单独承担，但其可根据损失情况从保险人那里获得赔偿。根据英国海商法，货物发生单独海损时，保险人应赔金额的计算，等于受损价值与完好价值之比乘以保险金。

第三节 海上货物运输保险合同

一、海上货物运输保险合同概述

海上货物运输保险合同，是指保险人对于被保险人交运的海上运输货物承担保险给付责任的保险合同。海上货物运输保险是海上保险的主要组成部分。

为了适应国际贸易的需要,各国法律都允许海上货物运输保险单未经保险人的同意进行转让,条件是必须经被保险人背书。因此,国际贸易中货物所有权或占有的转移与该货物保险单的转让是不能等同的两个法律行为。卖方转让已经保险的货物,而相应的海上货物运输保险合同并不当然地随之转让,它只有由被保险人在保险单上背书表示转让的意思,才产生保险转让的法律效力。海上货物运输保险单的转让不需要征得保险人的同意,保险单转让后,保险利益转归于受让人,受让人即取得被保险人的地位,凭其受让的保险单向保险人行使权利,也要承担保险单规定的义务(如防灾减损义务和风险通知义务等),在发生保险事故时,受让人需作为被保险人,以自己的名义独立进行保险费请求活动,包括提起诉讼或仲裁。此外,海上货物运输保险单依法在保险标的灭失前后皆可转让。如在合同条件和跟单信用证支付条件下,货物因保险单承保的风险发生损失的,作为被保险人的提单持有人对已损失的货物仍然有保险利益,可以转让保险单,受让人亦有权依照保险单向保险人进行索赔。这是海上货物运输保险区别于其他保险的特点之一。

海上货物运输虽然是按航次投保,但是由于海上货物运输的不确定性,环节复杂,海上货物运输保险的保险期间却不同于船舶航次保险责任的保险期间,一般都采用"仓至仓"条款,即保险责任的起讫时间为:自被保险货物运离保险单所载明的起运地仓库或储存处所开始运输时生效,包括正常运输过程中的海上、陆上、内河和驳船运输在内,直至货物到达保险单载明的目的地的收货人的最后仓库或储存处所或被保险人用做分配、分派或非正常运输的其他储存处所时为止。

国际海上货物运输保险合同的成立与其他合同一样,须经过要约和承诺两个阶段。在海运保险业务中,通常由投保人表示要约的意图,向保险人提出投保要求,填写书面投保单。如果保险人同意投保人的申请,并就合同条款达成协议,构成承诺,海上货物运输保险合同即告成立。保险人和被保险人均受保险合同的约束。按照英美两国的习惯,保险人同被保险人并不进行直接的接触,而是通过委托保险经纪人代被保险人向保险人投保。一般的投保手续是:由被保险人提出投保申请,并在经纪人提供的表格上填明保险标的物、投保的险别以及其他有关的内容交给经纪人。保险人通常授权经纪人在一定的保险费率范围内投保,并把投保内容写在一张承保条上,交给保险人或保险公司。如果保险人愿意承保,即把他所愿承保的金额写在承保条上,并予签名;一项保险业务可以由几个保险人承保,各自认保他所愿意承保的部分金额,直至整个风险保足为止。一旦保险人在承保条上签字,保险合同即告成立。至于是否出具保单,并不影响保险合同的有效成立。

我国《海商法》规定,被保险人提出保险要求,经保险人同意承保,并就海上货物保险合同的条款达成协议后,合同成立,保险人应当及时向被保险人签发保险单或其他保险单证,并在保险单或其他保险单证中载明当事人双方约定的合同内容。目前我国在海运保险方面,保险代理人或者经纪人的业务还很少。海运保险合同应当在保险事故尚未发生的时候订立,如果保险事故已经发生,就不能投保。但由于国际贸易中,买卖双方分处两国,货主对货物在运输过程中发生的情况很难完全掌握,有时可能出现货物虽已遭受损失,但货主因不知情而仍向保险公司投保的情况。为了解决这个问题,保险单上通常都载有"不论灭失与否"条款,表示不论保险标的物在投保时是否已经灭失,保险人仍按合同承担赔偿责任。但这并不是说,被保险人明知标的物已经灭失之后,再去投保,仍然可以订立有效的保险合同。从英国法律的解释来看,当保险标的是以"不论灭失与否"条件投保时,如该标的物在保险合同订立以前已经发生损失,该项保险仍然有效。但如当时被保险人已经知道发生损失而保险人尚不知情,则不在此列,也就是说,此时保险合同无效。

二、海上货物运输保险条款

(一) 基本险与附加险

基本险有平安险、水渍险和一切险三种。

1. 平安险的责任范围

(1) 被保货物在运输过程中,由于自然灾害造成整批货物的全部损失或推定全损。被保货物用驳船运往或远离海轮的,每一驳船所装货物可视为一整批。

(2) 由于运输工具遭受意外事故造成货物全部或部分损失。

(3) 在运输工具已经发生意外事故的情况下,货物在此前后又在海上遭受自然灾害落海造成的全部或部分损失。

(4) 在装卸或转运时,由于一件或数件货物落海造成的全部或部分损失。

(5) 被保险人对遭受承保范围内意外事故的货物采取抢救、防止或减少货损的措施而支付的合理费用,但以不超过该批被救货物的保险金额为限。

(6) 运输工具遭难后,在避难港由于卸货所引起的损失以及在中途港、避难港由于卸货、存仓以及运送货物所产生的特别费用。

(7) 共同海损的牺牲、分摊和救助费用。

(8) 运输合同订有"船舶互撞责任条款",根据该条款规定应由货方偿还船方的损失。

2. 水渍险的责任范围

除平安险的各项责任外,还负责被保货物由于自然灾害造成的部分损失。

3. 一切险的责任范围

除平安险和水渍险的各项责任外,还负责被保货物在运输途中由于一般外来原因所造成的全部或部分损失。

附加险是基本险责任的扩大和补充,它不能单独投保,附加险有一般附加险和特别附加险。一般附加险有 11 种,它包括偷窃、提货不着险、淡水雨淋险、短量险、渗漏险、混杂、沾污险、碰损、破碎险、串味险、受潮受热险、钩损险、包装破裂险、锈损险。特殊附加险包括交货不到险、进口关税险、舱面险、拒收险、黄曲霉素险、卖方利益险、罢工险、海运战争险等。

(二) 保险的责任期限

按照国际保险业的习惯,基本险采用的是"仓至仓"条款,即保险责任自被保险货物运离保险单所载明的起运地的发货人的仓库或储存处所时开始生效,包括正常运输过程中的海上、陆上、内河和驳船运输在内,直至该项货物到达保险单所载明目的地的收货人的仓库为止,但最长不超过被保险货物卸离海轮后 60 天。一般附加险均已包括在一切险的责任范围内,凡已投保一切险的就无需加保任何一般附加险,但应当说明一切险并非一切风险造成的损失均予负责。特殊附加险的海运战争险的承保责任范围,包括由于战争、类似战争行为和敌对行为、武装冲突或海盗行为,以及由此引起的捕获、拘留、扣留、禁制、扣押所造成的损失;或者各种常规武器(包括水雷、鱼雷、炸弹)所造成的损失;以及由于上述原因引起的共同海损牺牲、分摊和救助费用。但对原子弹、氢弹等热核武器所造成的损失不负赔偿责任。战争险的保险责任期限以水面危险为限,即自货物在起运港装上海轮或驳船时开始,直到目的港卸下海轮或驳船时为止;如不卸离海轮或驳船,则应从海轮到达到目的港的当天午夜起算满 15 天,保险责任自行终止。保险条款还规定,在投保战争险的前提下,加保罢工险不另收费。

(三) 保险的除外责任

除外责任指保险不予负责的损失或费用,一般都有属于非意外的、非偶然性的或需特约承保的风险。为了明确保险人承保的责任范围,中国人民保险公司《海洋运输货物保险条款》中对海运基本险的除外责任有下列五项:

(1) 被保险人的故意行为或过失所造成的损失;

(2) 属于发货人责任所引起的损失;

(3) 在保险责任开始前,被保险货物已存在的品质不良或数量短差所造成的损失;

(4) 被保险货物的自然损耗、本质缺陷、特性以及市场跌落、运输延迟所引起的损失和费用;

(5) 战争险和罢工险条款规定的责任及其险外责任。空运、陆运、邮运保险的除外责任与海运基本险的险外责任基本相同。

战争险的除外责任有以下两条:

(1) 由于敌对行为使用原子弹等热核武器所致的损失和费用;

(2) 根据执政者、当权者或其他武装集团的扣押、拘留引起的承保航程的丧失和受阻而提出的任何索赔。

三、保险金额的确定和保险费的计算

(一) 保险金额

按照国际保险市场的习惯做法,出口货物的保险金额一般按 CIF 货值另加 10% 计算,这增加的 10% 是保险加成,也就是买方进行这笔交易所付的费用和预期利润。

保险金额计算的公式为

$$保险金额 = CIF 货值 \times (1 + 加成率)$$

(二) 保险费

投保人按约定方式缴纳保险费是保险合同生效的条件。保险费率是由保险公司根据一定时期、不同种类的货物的赔付率,按不同险别和目的地确定的。保险费则根据保险费率表按保险金额计算,其计算公式为

$$保险费 = 保险金额 \times 保险费率$$

在我国出口业务中,CFR 和 CIF 是两种常用的术语。鉴于保险费是按以 CIF 货值为基础的保险金额计算的,两种术语价格应按下述方式换算。

由 CIF 换算成 CFR 价为

$$CFR = CIF \times [1 - 保险费率 \times (1 + 加成率)]$$

由 CFR 换算成 CIF 价为

$$CIF = CFR / [1 - 保险费率 \times (1 + 加成率)]$$

在进口业务中,按双方签订的预约保险合同承担,保险金额按进口货物的 CIF 货值计算,不另加减;保险费率按"特约费率表"规定的平均保险费率计算;如果是 FOB 进口货物,则按平均运费率换算为 CFR 货值后再计算保险金额,其计算公式如下。

FOB 进口货物为

$$保险金额 = [FOB 价 \times (1 + 平均运费率)] / (1 - 平均保险费率)$$

CFR 进口货物为

$$保险金额 = CFR 价 / (1 - 平均保险费率)$$

第四节 国际海上货物运输保险公约

一、国际海上货物运输保险合同的形式

国际海上货物运输保险合同的形式,一般用保险单据来表示。

(一) 投保单

投保单又称要保单,是投保人向保险人申请订立海上保险合同的书面文件。投保人应在投保单中列明订立保险合同所必需的项目,供保险人考虑是否接受承保。在实务中,投保人对保险货物以及相关情况最为了解,保险人正是根据投保人所告知的内容确定是否承保以及确定保险费率的高低。因此,投保人在填写投保单时应力求做到告知的内容全面、真实。如果被保险人故意隐瞒重要事实,影响到保险人决定是否接受保险或确定保险费率时,保险人有权不负赔偿责任。当保险事故发生时,投保人或被保险人的要求有可能得不到法律的保障。

(二) 保险单

保险单是被保险人与保险人之间订立的正式保险合同的书面凭证,是使用最多的保险单据形式。保险单按照价值、期限分为以下几类。

按价值可分为定值保险单和不定值保险单。定值保险单是指载明保险标的约定价值的保险单。该保险单上载明的价值,如果不存在欺诈行为,就是保险标的物的最大保险价值。一般是按照发票价格加上运费、杂费和保险费,再加上10%或15%的利润来计算的。不论保险标的的实际价值是高于还是低于约定的保险价值,这个价值是固定不变的。

不定值保险单是指不载明保险标的物的价值,仅约定保险金额的限额,而将保险价值留待出险时再予确定的保险单。不定值保险单事先不约定所载明的货物的价值,而是以发票、付款单、估价单和其他证明文件来确定。买方的预期利润不能包括在保险价值之内。国际海上运输保险大多采用定值保险单的形式。

按期限可分为定期保险单和航程保险单。定期保险单是指保险人的责任期限以保险人与被保险人约定的期限为限的保险单。这个约定的时间可以是3个月、半年或者1年,多数是1年,由双方当事人在订立合同时商定,并在保险单上载明。定期保险多用于船舶保险和运费保险,货物运输保险中较少采用。航程保险单是指以一次或多次航程为期限的保险单。国际海上运输保险大多采用此种保险单。这种保险单一般都载明装运港和目的港以及明确的保险责任的起止时间。

(三) 保险凭证

保险凭证是一种正规的保险合同。保险凭证俗称小保单,是一种简化的保险单,仅载有正式保险单正面所具有的条款,通常包括被保险人的名称和被保险标的的名称、数量、标记、载货船名、承保险别、起讫地点以及保险金额等。而对保险人、被保险人的权利和义务等方面的详细条款则不予说明,通常按保险单所载条款办理。

二、国际海上货物运输保险合同的主要条款

(一) 当事人的名称、地址

当事人是订立海运保险合同的双方,包括投保人和保险人。投保人是指与保险人订立保险合同、按照保险合同负有支付保险费义务的人。投保人可以是自然人或法人。海运保险合同和一般合同一样,适用合同法规定,投保人作为订立合同的一方,必须具有完全的权利能力和行为能力;没有行为能力和限制行为能力的人订立的保险合同,在法律上是无效的。海运保险合同的投保人往往是货物的买方或卖方,也可能是他们的代理人。

保险人即为保险公司,当保险合同成立后,保险人有收取保险费的权利,当保险标的发生保险事故时,保险人有给付保险赔款的义务。

(二) 被保险人

被保险人是享有保险金请求权的人。当保险事故发生时,被保险人会遭受经济损失,因而有权按照保险合同的约定请求保险赔偿。由于海运保险合同可以由被保险人通过背书自由转让,无须经过保险人的同意,所以保险合同的被保险人会因保险单的转让而发生变化。在实务中,保险单持有人往往就是被保险人,贸易合同的买方、卖方以及提供资金融通的银行均有可能成为被保险人。

(三) 保险标的

保险标的是海运保险合同双方当事人的权利与义务所共同指向的对象。作为海运保险的保险标的,首先必须是合法的。如果以国家法律禁止的物品或以通过非法取得的商品作为保险标的来订立海运保险合同,此保险合同无效。例如被保险人为香烟投保海运保险,但若被保险的香烟是走私品,则该保险合同无效。其次,海运保险以损失补偿为目的,保障的是因发生保险事故而使得被保险人遭受的经济损失,如果某物品的价值无法用货币来衡量,一旦发生损失,无法及时赔付被保险人的经济损失,则不认为该物品具有可保性。例如,船员的个人信件、照片等私人纪念品,由于无法用货币表示其经济价值,故不能作为保险标的。

(四) 保险价值

保险价值又称保险价额,是指被保险人对保险标的所持有的、以货币表示的保险利益的价值金额,是衡量保险金额和确定损失赔偿额的基础。在订立海运保险合同时,投保人或被保险人应对保险标的申明保险价值和保险金额。

保险价值的确定是以保险标的的实际价值为依据的。货物的保险价值是订立保险合同时货物在启运地的发票价格加上运输费用和保险费的总和,或按到岸价格估算。若采用到岸价格,习惯上还可以包括预期利润。

(五) 保险金额

保险金额是保险双方约定的,并在保险单中规定的保险人负责赔偿的最高额度,也是计算保险费和双方享有权利承担义务的重要依据。

在海运保险中,被保险人在保险利益范围内,可以把保险标的的保险价值作为保险金额,也可以把保险价值的一部分作为保险金额。一般来说,除非另有约定,保险金额不是保险人认定的实际价值,也不是保险人在保险标的发生损失时应赔付的数额。

目前,在国际海运保险市场上,基本上都采用定值保险。根据保险金额和保险价值的关系,在定值保险中,保险金额等于保险价值。在不定值保险中,则存在着足额保险、不足额保险和超额保险三种情况。

足额保险是指保险金额等于保险价值的保险。在足额保险条件下,保险人对保险标的发生保险责任范围内的全部损失按保险金额赔偿,对发生部分损失则按实际损失赔偿。

不足额保险是指保险金额小于保险价值的保险。在不足额保险的条件下,若保险标的发生全部损失,则保险人的赔偿金额以保险金额为限,其保险金额与保险价值之间的差额由被保险人自己承担。若保险标的发生部分损失,则按保险金额与保险价值的比例计算赔款。

超额保险是指保险金额大于保险价值的保险。财产保险中保险人承担的是补偿实际损失的责任,对保险金额中超过财产价值的部分无赔偿义务。在被保险人出于善意,过高估计财产价值而导致超额保险时,可按保险标的实际价值相应比例减少保险金额和保险费,变更合同。在被保险人出于恶意诈欺,为在保险事故发生后多获赔偿,而故意多报财产价值进行超额保险时,保险人有权解除合同,并享有要求其赔偿因此造成的损失的权利。区分足额保险与超额保险的意义在于:在投保时,保险金额不得超过保险价值,超过的部分无效;在保险事故发生时,保险金额若超过保险价值,则保险人只按实际损失进行赔偿。其目的在于避免投保人或被保险人从保险赔偿中获得额外利益,从而避免道德风险的发生。

(六) 保险费及保险责任

保险费是被保险人因保险人给予承保某种损失风险而支付给保险人的对价或报酬。一般来讲,被保险人支付保险费与保险人承保风险是对价条件,保险人一旦出立保险单,就要收取保险费。但在实务中,有时是在保险单发出之后才支付保险费,而且保险费可能是由保险经纪人负责向保险人支付。

按照一般惯例,保险人的责任是从保险货物运离保险单所载明的启运地仓库开始运输时起,至该货物到达保险单所载目的地的收货人的最后仓库或储存处所,或被保险人用以分配、分派或正常运输的其他储存处所时为止。这就是通常所称的"仓至仓"条款。如果未能抵达上述仓库或者储存处所,则以货物在最后卸载地后满60天为止。在航空运输中,是在货物卸离飞机后满30天为止。如果在上述时间内货物被运至保单所载明的目的地以外的地点,则保险责任从货物开始转运时终止。

(七) 保险期限

保险期限是指海运保险人承担保险责任的起讫期间,又称保险期间。保险期限既是计算保险费的依据,又是保险人履行合同义务的根据,保险人仅对保险期限内发生的保险事故承担赔偿或给付义务。由于保险事故的发生是非确定性的,因此明确保险期限是十分重要的。海运保险基本上可以分为定期保险和航程保险两个大类。

定期保险是以时间为保险人承担保险责任起讫期限的保险,多用于船舶保险,可以不受航程的制约。航程保险是以所规定的航程为保险人承担保险责任的起讫期间的保险,又称航次保险。其保险期间以航程为基础,其起讫时间按保险条款的规定办理,多用于货物运输保险。

(八) 承保险别

承保险别规定保险人承保的险别以及采用的条款等。

案 例 分 析

一、布料海铁联运保险赔偿案

(一) 案情

某贸易公司与某保险公司于1998年8月3日签订了海上货物运输保险合同,约定被保险人为某贸易公司,保险标的物为布料,保险金额为48.1万美元,险别为一切险和战争险,航程为青岛至莫斯科。该批货物于1998年8月12日装船,承运人为贸易公司签发了青岛至莫斯科的全程提单。提单载明:托运人为贸易公司,收货人为与贸易公司签订贸易合同的买方达卡公司。货物由青岛发船运至俄罗斯东方港,再由东方港改由铁路运输,10月初运抵目的地。而后,买方持铁路运单要求提货。因买方是单证上的收货人,承运人便在未收回全程正本提单的情况下放货,买方办理完清关手续后将货物提走。贸易公司见买方迟迟没有支付货款,于是派人持正本提单至莫斯科提货,并在提不着货物后向保险公司索赔。保险公司则认为:本案货物已经运抵目的地并被收货人提走,去向是明确的,不存在"提货不着"的问题。因此,保险公司不负保险赔偿责任。

海事法院判决:被告保险公司向原告贸易公司赔偿损失39.2万美元及其利息。保险公司不服一审判决,提起上诉。

二审法院经过调查,做出判决:保险公司上诉理由成立,予以采纳。于是判决撤销一审判决,对贸易公司的诉讼请求不予支持。

(二)评析

本案的海上货物运输保险合同中约定承保"提货不着",但对承运人无单放货造成的提货不着,保险公司可不承担赔偿责任。一审判决从字义上对"提货不着"做出的解释,不符合保险合同只对外来原因造成的风险给予赔偿的本意,不适当地扩大了保险人的义务。保险公司上诉理由成立,予以采纳。

二、船舶保险区域纠纷

(一)案情

1999年9月28日,某海运公司向保险公司投保了船舶险,在其填写的投保单中,航行区域一栏填写为:亚太区域。该投保单为格式投保单,在其投保单题头下印刷标有"本投保单由投保人如实填写并签章后作为向本公司投保船舶险的依据,本投保单作为该船舶保险单的组成部分"小字体。保险公司按照公司有关只能承保近海船舶的规定,在出具的保险单上将航行区域规定为:东亚及东南亚,并规定保费分三次缴纳。海运公司对此未做异议表示,按保险单约定分三次交清了保费。2000年5月,投保船只因主机故障发生过一次保险事故,海运公司曾依据保单向保险公司提出过索赔。保险公司按照保单规定,在仔细勘察后依法做出赔付决定。

2000年9月,投保船只航行至大洋洲马绍尔群岛马朱罗港附近搁浅,后被拖船救出,海运公司向保险人要求赔偿全部损失共计135万元人民币。保险公司以海运公司超出保单规定的航行区域,没有及时告知保险人,导致保险标的危险程度增加为由做出拒赔决定。海运公司遂诉至法院。

法院在审理之后认为,海运公司填写投保单,保险公司接受投保并出具正式保单,此时保险合同就有效成立。由于投保单上已明确标明:"本投保单由投保人如实填写并签章后作为向本公司投保船舶保险的依据,本投保单作为该船舶保险单的组成部分。"据此,海运公司在投保单载明的合同条款,保险公司应当在保险单上如实记载,且非经海运公司同意不得任意更改。依据《保险法》第三十条的规定,对于保险合同的条款,保险人与投保人、被保险人或者受益人有争议时,人民法院或者仲裁机关应当做出有利被保险人和受益人的解释。法院据此做出了保险公司败诉的判决。

(二)评析

上述案例是关于投保单与保险单不一致时保险合同的内容如何确定,保险合同何时成立与生效的法律问题。投保单和保险单都是保险合同的订立凭证,是保险合同意思表示一致的书面表现形式。我国《保险法》第十二条规定:"投保人提出保险要求,经保险人同意承保,并就合同的条款达成协议,保险合同成立。保险人应当及时向投保人签发保险单或者其他保险凭证,并在保险单或者其他保险凭证中载明当事人双方约定的合同内容。"案例中,按照合同订立的一般原理,海运公司递交投保书属于要约行为,保险公司在收到海运公司的要约后,如果同意其意思表示,应当发出承诺,保险合同成立,海运公司应当及时签发保单等。但在本案中,由于海运公司要约中的航行区域超越了保险公司的承保范围,保险公司对要约的主要内容做了改变,这在理论上视为一个新要约,需要海运公司的承诺合同才能成立。同时保险公司已经派专人向海运公司通知了这一新要约,海运公司在接到新要约后并无异议,并按时缴纳了保费。其缴纳保费的行为表明其对新要约已经做出承诺,即同意保单上航行范围为东亚及东南亚,保险合同此时成立。海运公司超越保险合同承保航区范围,没有及时告知保险公司,导致保险标的危险程度增加所引起的保险事故,保险公司依法拒赔完全正确,上述法院的判决有待于商榷。

三、船东欺诈致货物损失的保险责任

(一) 案情

1995年1月9日,广西防城港市粮油贸易公司(以下简称粮油公司)与香港固达有限公司(以下简称固达公司)签订一份买卖合同,购买2000吨棕榈油,价格条件为CFR越南基港,每吨748美元,总价款1496000美元。3月7日,固达公司与香港高咸船务有限公司签订租船合同由"TRADEWIND"轮将上述货物运至越南鸿基港。4月6日,粮油公司就上述货物运输向中国平安保险股份有限公司南宁办事处(以下简称平安公司)投保,险别为平安险,保险金额为1200万元。平安公司签发的保单背面附有中国人民保险公司1981年海洋运输货物保险条款。

"TRADEWIND"轮没有在预期时间抵达卸货港,经国际海事局调查分析:"TRADEWIND"轮的船东提供了虚假的地址和不真实的船舶注册登记情况,以及船舶起航后种种令人不解的事情和虚假消息,都说明了"TRADEWIND"轮是一艘"鬼船"。可以确信,货物已被船东窃取。粮油公司在向平安公司索赔被拒后,向广州海事法院提起诉讼,请求法院判令平安公司赔偿其保险金额1200万元及利息。平安公司答辩认为,货物损失是由于海运欺诈造成的,海运欺诈不属于平安险的责任范围。

广州海事法院认为:本案货物损失的原因是"TRADEWIND"轮的船东利用虚假的公司地址和船舶登记资料,签虚假提单盗取货物,属海运欺诈。海运欺诈造成货物的灭失不属于中国人民保险公司1981年《海洋运输货物保险条款》平安险的承保范围,不属于本案保险合同约定的保险事故,平安公司无须赔偿。据此判决:驳回粮油公司的诉讼请求。

(二) 评析

本案货物损失的原因是"TRADEWIND"轮的船东利用虚假的公司地址和船舶登记资料,签发假提单盗取货物,属海运欺诈。海上保险合同是一种"限定性赔偿合同",保险人的赔偿责任范围,不是保险标的发生的全部损失、损害、费用和责

任,而是其承保范围内危险造成的某些损失、损害、费用和责任。因此,在海上保险理赔中,需判断损失在近因上是否是由于保险人承保范围内的风险造成的。本案货物被盗取属于海运欺诈,货物的损失并非由于平安险所承保范围内的风险所致,因此粮油公司的诉讼请求不能成立。

思考题

1. 共同海损和单独海损有什么区别和联系?
2. 海上运输保险的险别有哪几大类?各自的承保范围有什么不同?
3. 运输保险单可分为几大类?在海上运输保险中常用的是哪几种?为什么?

第二十一章　航空货物运输保险法律

第一节　航空货物运输保险法概述

航空货物运输保险是以通过飞机运输的货物为保险标的,承保货物在运输过程中因自然灾害或者意外事故所致的损失的一种保险,其具体险种有航空货物运输险和航空运输战争险等。

根据中国人民保险公司制订的货物保险条款,航空货物运输保险承保货物在空运过程中,因自然灾害、意外事故和各种外来风险而导致货物全部或部分损失,包括遭受雷电、火灾、爆炸,飞机遭受碰撞倾覆、坠落、失踪,受到战争破坏以及被保险货物由于飞机遇到恶劣气候或其他危难事故而被抛弃等;被保险人对遭受承保范围内危险的货物采取抢救、防止或减少货损的措施而支出的合理费用,但以不超过该批被救货物保险金额为限。

第二节　航空货物运输保险合同

货物在空运过程中,有可能因自然灾害、意外事故和各种外来风险而导致货物全部或部分损失。常见的风险有雷电、火灾、爆炸,飞机遭受碰撞倾覆、坠落、失踪,受到战争破坏以及被保险货物由于飞机遇到恶劣气候或其他危难事故而被抛弃等。为了转嫁上述风险,故空运货物一般都需要办理保险,以便当货物遭到承保范围内的风险损失时,可以从保险公司挽回损失。

一、责任范围

本保险分为航空运输险、航空运输一切险、航空货物运输战争险三种。被保险货物遭受损失时,本保险按保险单上订明承保险别的条款负赔偿责任。

(一) 航空运输险

本保险负责的赔偿如下。

(1) 被保险货物在运输途中遭受雷电、火灾、爆炸或由于飞机遭受恶劣气候或其他危难事故而被抛弃,或由于飞机遭受震动、碰撞、倾覆、坠落或失踪意外事故所造成的全部或部分损失。

(2) 被保险人对遭受承保责任内危险的货物采取抢救、防止或减少货损的措施而支付的合理费用,但以不超过该批被救货物的保险金额为限。

(3) 凡属液体、半流体或者需要用液体保藏的保险货物,在运输途中因受震动、碰撞或压力致使所装容器(包括封口)损坏发生渗漏而造成的损失,或用液体保藏的货物因液体渗漏而致保藏货物腐烂的损失。

(4) 在装货、卸货时和港内地面运输过程中,因遭受不可抗力的意外事故及雨淋所造成的损失。

(5) 因包装破裂致使货物散失的损失。

(二) 航空运输一切险

除包括上列航空运输险的责任外,本保险还负责被保险货物由于外来原因所致的全部或部分损失。

(三) 航空运输货物战争险

航空运输货物战争险是航空运输险的一种特殊附加险,只有在投保了航空运输险或航空运输一切险的基础上方可加保。加保航空运输货物战争险后,保险公司承担赔偿在航空运输途中由于战争、类似战争行为、敌对行为或武装冲突以及各种常规武器和炸弹所造成的货物的损失。

二、除外责任

本保险对下列损失不负赔偿责任。

(1) 被保险人的故意行为或过失所造成的损失。

(2) 属于发货人责任所引起的损失。

(3) 保险责任开始前,被保险货物已存在的品质不良或数量短差所造成的损失。

(4) 被保险货物的自然损耗、本质缺陷、特性以及市价跌落、运输延迟所引起的损失或费用。

(5) 市价跌落、运输延迟所引起的损失。

(6) 战争、军事行动、扣押、罢工、哄抢和暴动。

(7) 核反应、核子辐射和放射性污染。

(8) 由于行政行为或执法行为所致的损失,保险人不负责赔偿。

(9) 其他不属于保险责任范围内的损失,保险人不负责赔偿。

三、责任起讫

（1）本保险负"仓至仓"责任，自被保险货物运离保险单所载明的起运地仓库或储存处所开始运输时生效，包括正常运输过程中的运输工具在内，直至该项货物运达保险单所载明目的地的收货人的最后仓库或储存处所，或被保险人用作分配、分派或非正常运输的其他储存处所时为止。如未运抵上述仓库或储存处所，则以被保险货物在最后卸载地卸离飞机后满三十天为止。如在上述三十天内被保险的货物需转送到非保险单所载明的目的地时，则以该项货物开始转运时终止。

（2）由于被保险人无法控制的运输延迟、绕道、被迫卸货、重行装载、转载或承运人运用运输契约赋予的权限所做的任何航行上的变更或终止运输契约，致使被保险货物运到非保险单所载目的地时，在被保险人及时将获知的情况通知保险人，并在必要时加缴保险费的情况下，本保险仍继续有效，且保险责任按下述规定终止。

① 被保险货物如在非保险单所载目的地出售，保险责任至交货时为止。但不论任何情况，均以被保险的货物在卸载地卸离飞机后满三十天为止。

② 被保险货物在上述三十天期限内继续运往保险单所载原目的地或其他目的地的，保险责任仍按上述第①款的规定终止。

四、被保险人的义务

被保险人应按照以下规定的应尽义务办理有关事项，如因未履行规定的义务而影响本公司利益时，本公司对有关损失有权拒绝赔偿。

（1）当被保险货物运抵保险单所载目的地以后，被保险人应及时提货，当发现被保险货物遭受任何损失，应立即向保险单上所载明的检验、理赔代理人申请检验，如发现被保险货物整件短少或有明显残损痕迹，应立即向承运人、受托人或有关当局索取货损货差证明。如果货损货差是由于承运人、受托人或其他有关方面的责任所造成的，应以书面方式向他们提出索赔。必要时还需取得延长时效的认证。

（2）对遭受承保责任内危险的货物，应迅速采取合理的抢救措施，防止或减少货物损失。

（3）在向保险人索赔时，必须提供下列单证：保险单正本、提单、发票、装箱单、磅码单、货损货差证明、检验报告及索赔清单。如涉及第三者责任，还须提供向责任方追偿的有关电函及其他必要单证或文件。

五、索赔期限

本保险索赔时效，从被保险货物在最后卸载地卸离飞机后起计算，最多不超过两年。

第三节　国际航空货物运输保险

一、国际航空货物运输一切险

除航空货物运输险承保的责任范围外,还承保被保险货物由于被偷窃、短少等外来原因所造成的全部或部分损失。

以上两种基本险都可单独投保,在投保其中之一的基础上,经投保人与保险公司协商可以加保战争险等附加险。加保时须另付保险费。在加保战争险前提下,再加保罢工险,则不另收保险费。其中,航空运输货物战争险的责任期限,是自货物装上飞机时开始至卸离保险单所载明的目的地的飞机时为止。

航空运输险和航空运输一切险的责任起讫也采用"仓至仓"条款,自被保险货物运离保险单所载明起运地仓库或储存处所开始时生效,直至该货物到达保险单所载明目的地的收货人的最后仓库或储存处所,或被保险人用作分配、分派或非正常运输的其他储存处所时为止。

二、伦敦保险协会航空货物运输保险条款

为适应航空运输保险的特定需要,伦敦保险协会于1965年首次制定与航空运输有关的保险条款《协会航空运输货物一切险条款》,在1982年加以修订成为现行的《协会货物险条款(航空)》。

(一) 保险责任

一般采用一切险条件承保,但由于航空运输通常与陆上运输相联系,因而在航空货物运输保险中,对航空运输部分的货物保险,采用一切险承保,对于陆上运输保险部分,则采用特定危险条件承保。

(二) 除外责任

除因战争、罢工所致的灭失、毁损或费用均不负责外,其他部分与海运保险的除外责任基本相同。

(三) 保险期限

伦敦保险协会条款对保险期限规定如下:自保险标的物离开本保险单所载起运地的仓库或储存处所时开始生效,并在正常的运输过程中继续有效,直到运至下列情形之一时终止:① 至本保险单所载目的地或其他最终仓库或储存处所;② 至本保险单所载目的地,或中途的任何其他仓库或储存处所而为被保险人用于通常运输过程以外的储存、分配或分送;③ 至本保险标的物在最终卸载地,自飞机卸载

后满 30 天。

(四) 赔偿责任

航空货物运输保险的保险人的赔偿责任一般有两种形式，一是对每一飞机的最高责任额限额，二是对每一次空灾事故的总责任额限额。前者是以保障运输货物价值的损失为标准，后者是以保障终点站的集中损失为主，两者都以在损失时目的地货损的实际现金价值为限。同时，保险人必须负责赔偿航空货物运输保险中类似海上货物运输保险中共同海损的损失。

三、伦敦保险协会航空运输货物保险险别和条款

(一) 协会货物险条款(航空)(邮包除外)

(1) 承保责任范围

该条款的承保责任范围较广，对承保风险的规定与 ICC(A) 条款一样，采用一切风险减除外责任的方法。在本保险条款中被特别规定的除外责任是一般除外责任、战争除外责任和罢工除外责任。与 ICC(A) 条款不同之处是缺少不适航、不适货除外责任。

(2) 保险期限

协会货物险条款(航空)的保险期限亦采用"仓至仓"条款。与我国的航空运输险和航空运输一切险的规定相同，卸货后的保险期限是在最终卸货地，货物从飞机上卸下以后 30 天。

(二) 协会战争险条款(航空)(邮包除外)

投保协会战争险(航空)，保险公司承担赔偿在航空货物运输途中因战争、内乱、革命、叛乱、动乱及由此而发生的国内斗争或由交战国采取的或对交战国采取的一切敌对行为引起的捕获、扣留、禁制、拘留而造成的保险标的的损失，其中也包括废弃水雷、鱼雷、炸弹以及其他废弃武器造成的损失。可见，该条款不包括因使用原子弹等热核武器所造成的损失。

协会战争险(航空)的保险期限是自保险标的或其一部分因开始运输而被装上飞机时开始，直到在最终卸货地卸离飞机时为止。如保险标的不卸离飞机，则以飞机到达最终卸货地当天午夜 12 时起满 15 天为止。若保险标的在中途转运，在转运地的承保期限是 15 天，装上续运飞机，保险责任再恢复有效。

(三) 协会罢工险条款(航空)

投保协会罢工险(航空)，保险公司负责赔偿在航空货物运输途中因罢工、关厂、劳资纠纷、暴动、骚乱或出于恐怖主义与政治动机而采取的行动所引起的保险标的的损失。

案例分析

彩电航空运输保险案

（一）案情

1996年7月20日，A市五金公司与B航空公司办理了40台TCL王牌彩电的航空托运手续，货款总值共计人民币12万元，托运目的地为C市。双方有关托运的各种手续以及托运货物的包装均符合航空货物托运规章的要求。同日，五金公司又向A市保险公司投保了该批货物的运输保险，投保金额为人民币12万元，五金公司交付保险费后，保险公司为其出具了保险单。7月30日，在货物运输过程中，由于B航空公司飞机出现故障，致使降落时机身剧烈抖动，造成五金公司所托运的40台彩电全部损坏。7月31日，B航空公司电告五金公司。五金公司知悉该情况后立即通知了保险公司，一周后向保险公司提出了索赔要求。保险公司认真审查了五金公司提供的有关证明材料，确认后遂按保险金额赔付五金公司人民币12万元。赔付后，保险公司即向B航空公司提出追偿，遭到B航空公司的拒绝。B航空公司认为，40台TCL王牌彩电的所有权归A市五金公司，保险公司非托运货物所有人，故无权就该批货物的损失向其求偿。为此双方发生纠纷，保险公司遂以B航空公司为被告、A市五金公司为第三人诉至法院。

法院经审理，判决原告胜诉。宣判后双方均未提起上诉。

（二）评析

首先可以确定该合同是合法有效的。保险公司应予以赔偿。保险公司能向航空公司代位求偿。（航空公司对事故具有责任，五金公司可选择向航空公司或保险公司任一方行使请求权。）保险公司的诉讼请求符合我国《保险法》第四十四条的规定，本案的保险事故是由B航空公司造成的，保险公司在赔付被保险人五金公司保险金后，在赔偿范围内取得代位行使五金公司对B航空公司请求赔偿的权利，故判原告胜诉是合理的。

思考题

1. 航空货物运输保险的保险人的赔偿责任的两种形式分别是什么？
2. 航空和陆上货物运输保险的保险责任有什么区别？
3. 《伦敦保险协会航空货物运输保险条款》与ICC(A)条款不同之处是什么？

参 考 文 献

[1] 张晓永,孙林,张长青,等.交通运输法[M].北京:清华大学出版社,2008.
[2] 郑国华.交通运输法教程[M].北京:中国铁道出版社,1999.
[3] 张永杰.交通运输法规[M].北京:人民交通出版社,2004.
[4] 王惠臣.论运输管制[M].北京:高等教育出版社,1997.
[5] 丹尼尔·史普博.管制与市场[M].上海:上海人民出版社,1999.
[6] 谢秋朝,侯菁菁.公共财政学[M].北京:中国国际广播出版社,2002.
[7] 郑文范.公共经济学[M].沈阳:东北大学出版社,2002.
[8] 陈贻龙,邵振一.运输经济学[M].北京:人民交通出版社,2001.
[9] 全国人民代表大会常务委员会.中华人民共和国公路法(第二次修订)[Z].2004.
[10] 全国人民代表大会常务委员会.中华人民共和国铁路法[Z].1990.
[11] 拖拉机与火车碰出的赔偿问题[EB/OL].http://www.110.com/ziliao/article-57618.html.
[12] 全国人民代表大会常务委员会.中华人民共和国民用航空法[Z].1995-10-30.
[13] 东方航空取消航班被判补乘客差价[EB/OL].http://www.110.com/ziliao/article-52282.html.
[14] 全国人民代表大会常务委员会.中华人民共和国邮政法[Z].2009.
[15] 全国人民代表大会常务委员会.中华人民共和国港口法[Z].2003.
[16] 孟祥林,陈国荣.交通通识[M].南京:东南大学出版社,2007.
[17] 王苏男.旅客运输[M].北京:中国铁道出版社,1998.
[18] 交通运输部.关于修改《道路旅客运输及客运站管理规定》的决定(中华人民共和国交通运输部令2012年第2号)[Z].2012.
[19] 邢颖.违约责任[M].北京:中国法制出版社,2000.
[20] 张代恩.运输合同·保管合同·仓储合同[M].北京:中国法制出版社,2000.
[21] 何宝玉.英国合同法[M].北京:中国政法大学出版社,2005.
[22] 中华人民共和国铁道部.铁路旅客运输规程[Z].2010.

[23] 全国人民代表大会常务委员会.中华人民共和国海商法[Z].1992.
[24] 全国人民代表大会常务委员会.中华人民共和国民用航空法[Z].1995.
[25] 周艳军.物流法律法规[M].武汉:华中科技大学出版社,2009.
[26] 尹东年,郭瑜.海上货物运输法[M].北京:人民法院出版社,2000.
[27] 铁路货物运输法律知识读本编委会.铁路货物运输法律知识读本[M].北京:人民交通出版社,2002.
[28] 吴红霞.物流法律法规知识[M].上海:上海交通大学出版社,2008.
[29] 于定勇,郭红亮.现代物流法律制度[M].广州:暨南大学出版社,2003.
[30] 陈汝安.铁路客运保险的下一步怎么走[EB/OL][2013-01-22]. http://news.xinhuanet.com/2013-01-22/c/24261521.html.